ROBOT
로봇 백과

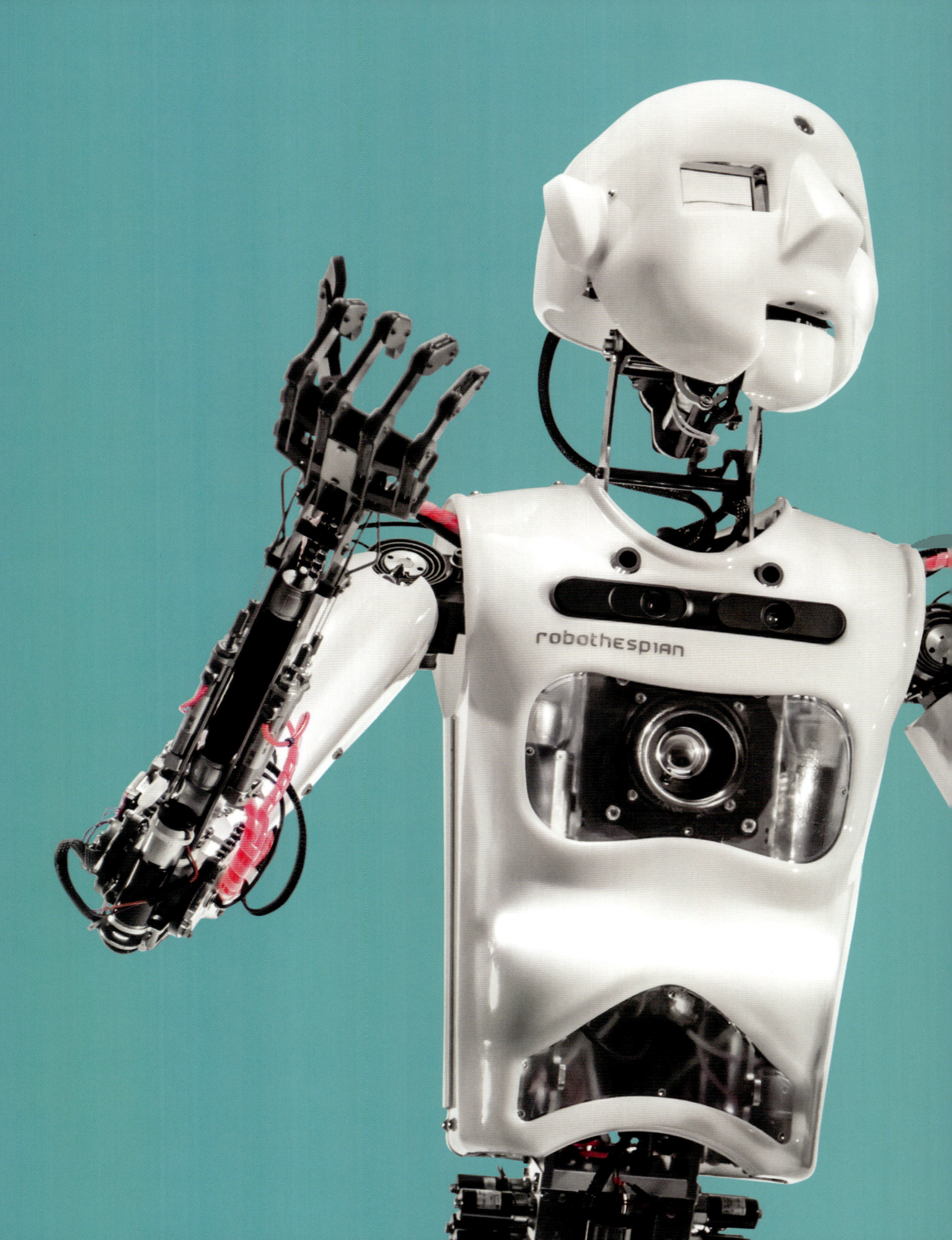

DK

ROBOT
로봇 백과

로라 불러, 클라이브 기포드, 앤드리아 밀스 글
루시 로저스 서문/ 이한음 옮김

비룡소

지은이
로라 불러는 어린이와 청소년을 위한 책을 쓰는 작가이다.
지은 책으로 『위험한 백과사전』 등이 있다.
클라이브 기포드는 논픽션 작가이며, 어린이와 청소년을 위한 책을
주로 쓴다. 『눈이 뱅뱅 뇌가 빙빙』으로 2014년 영국 왕립학회
아동·청소년 도서 상을 받았다.
앤드리아 밀스는 어린이와 청소년을 위한 책을 쓰는 작가이다.

자문
루시 로저스는 공학 박사이며, BBC 「로봇 워즈」 심사 위원,
영국 기계학회 선임 연구원을 역임했다. 문제를 해결하고 물건을 만드는
일을 좋아해서 메이커 협회를 세워 창작자들을 지원한다.
마이클 졸로시는 셰필드 대학 로봇 연구소와
컴퓨터 공학과에서 연구원으로 일하고 있다.

옮긴이
이한음은 서울대학교 생물학과에서 공부했고,
지금은 과학 저술가이자 번역가로 일하고 있다.

로봇 백과
1판 1쇄 펴냄 - 2019년 9월 10일
1판 2쇄 펴냄 - 2020년 10월 10일
지은이 로라 불러, 클라이브 기포드, 앤드리아 밀스
자문 루시 로저스, 마이클 졸로시 **옮긴이** 이한음
펴낸이 박상희 **편집장** 박지은 **편집** 김지호 **디자인** 정다울
펴낸곳 (주)비룡소 **출판등록** 1994.3.17.(제16-849호)
주소 06027 서울시 강남구 도산대로1길 62 강남출판문화센터 4층
전화 영업 02)515-2000 팩스 02)515-2007 편집 02)3443-4318,9
홈페이지 www.bir.co.kr **제품명** 어린이용 각양장 도서
제조자명 Leo Paper Products Ltd. **제조국명** 중국 **사용연령** 3세 이상

ROBOT
First published in Great Britain in 2018
by Dorling Kindersley Limited 80 Strand, London, WC2R 0RL

Copyright © 2018 Dorling Kindersley Limited
A Penguin Random House Company
All rights reserved.

Korean Translation Copyright © 2019 by BIR Publishing Co., Ltd.
This Korean translation edition is published by arrangement
with Dorling Kindersley Limited, London.

이 책의 한국어판 저작권은 저작권사와 독점 계약한 (주)비룡소에
있습니다. 저작권법에 의해 한국 내에서 보호를 받는 저작물이므로
무단 전재와 무단 복제를 금합니다.

ISBN 978-89-491-5291-2 74550
ISBN 978-89-491-5290-5 (세트)

이 도서의 국립중앙도서관 출판시도서목록(CIP)은
서지정보유통지원시스템 홈페이지(http://seoji.nl.go.kr)와
국가자료공동목록시스템(http://www.nl.go.kr/kolisnet)에서
이용하실 수 있습니다. (CIP제어번호 : CIP2019021267)

For the curious
www.dk.com

차 례

로봇 전성시대

8	들어가는 말
12	로봇이란 무엇일까?
14	로봇은 어떻게 작동할까?
16	고대의 오토마타
18	정교한 오토마타
20	진짜 로봇의 등장
22	문화 속의 로봇
24	현대의 로봇
26	로봇의 종류

집 안에서

- **30** 소셜 로봇 미로
- **32** 가정 로봇 스팟미니
- **34** 로봇의 이동 방식
- **36** 의료 로봇 엑소트레이너
- **38** 가정 로봇 젠보
- **40** 가사 도우미 로봇
- **42** 의료 로봇 휠리 7
- **44** 소셜 로봇 코즈모
- **46** 로봇의 지능
- **48** 소셜 로봇 레카

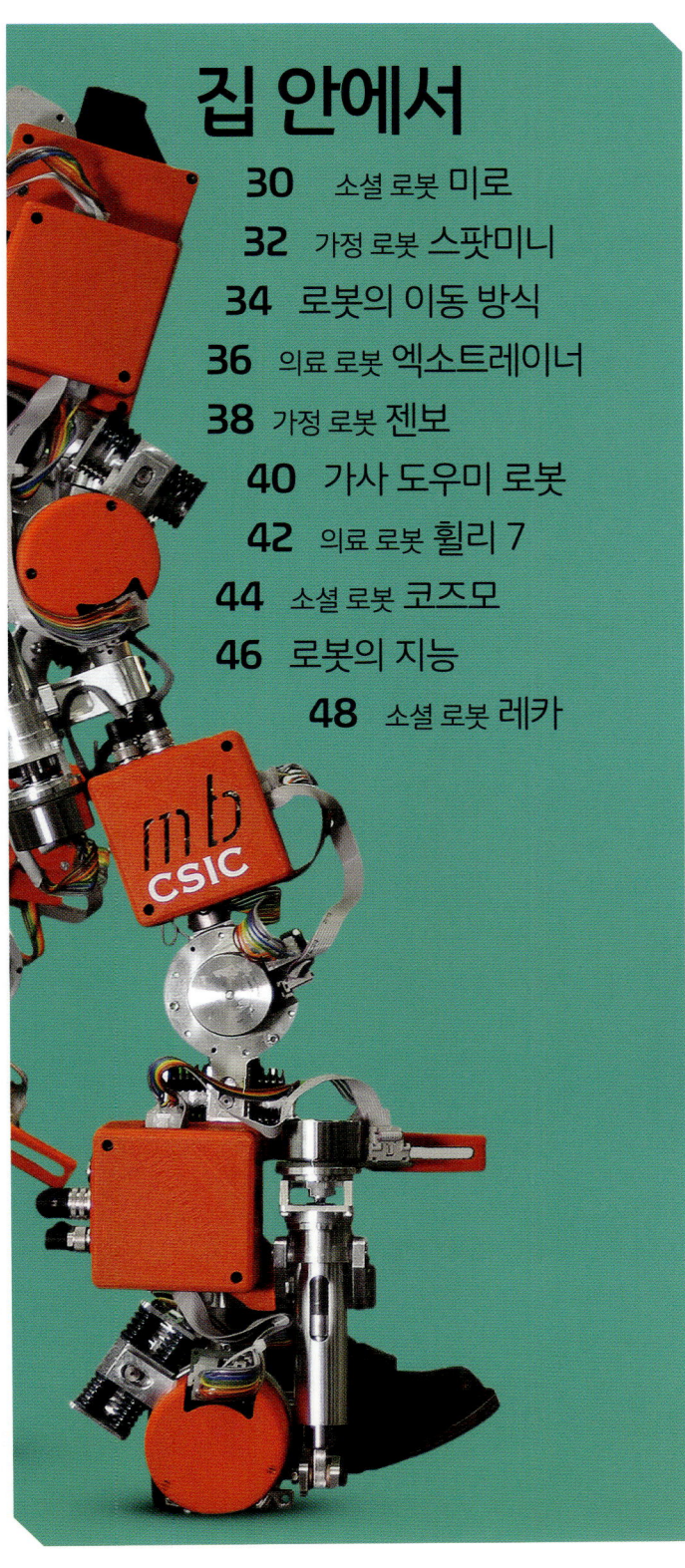

일터에서

- **52** 작업 로봇 LBR 이바
- **54** 협동 로봇 백스터
- **56** 온라인 프로그래밍
- **58** 조종 로봇 다빈치 수술 로봇
- **60** 힘든 작업
- **62** 오프라인 프로그래밍
- **64** 무리 로봇 킬로봇

일상생활에서

- **70** 소셜 로봇 페퍼
- **72** 가정 로봇 지타
- **74** 로봇의 학습
- **76** 인간형 로봇 아이컵
- **80** 인간형 로봇 소피아
- **82** 다양한 로봇들
- **84** 협동 로봇 유미
- **86** 가정 로봇 로보틱키친
- **88** 소셜 로봇 제노
- **90** 인간형 로봇 나오
- **94** 조종 로봇 메가봇
- **96** 소셜 로봇 파로
- **98** 생체 모방 로봇 바이오닉옵터
- **100** 조종 로봇 에프에프제로01

극한 지역에서

- **104** 작업 로봇 오션원
- **106** 센서와 데이터
- **108** 무리 로봇 바이오닉앤트
- **112** 생체 모방 로봇 옥토봇
- **114** 극한 로봇
- **116** 무리 로봇 이모션버터플라이
- **118** 특이한 움직임
- **120** 작업 로봇 엘룸
- **124** 생체 모방 로봇 바이오닉캥거루
- **126** 로봇의 행동 방식
- **128** 무리 로봇 로보비

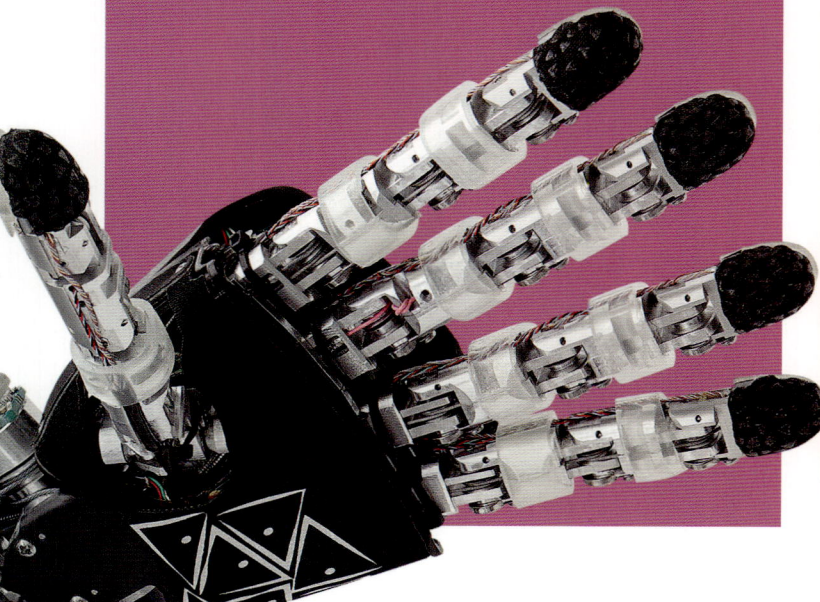

위험 상황에서

- **132** 우주 탐사 로봇 마스 2020
- **134** 로봇의 길 찾기
- **136** 조종 로봇 리틀리퍼 라이프세이버
- **138** 조종 로봇 메소드-2
- **140** 위험 지역
- **142** 작업 로봇 가디언TMS
- **144** 조종 로봇 침프
- **148** 지형 파악
- **150** 우주 로봇 R5 발키리

- **152** 용어 설명
- **156** 찾아보기

로봇 정보 기호 안내

본문에서 로봇의 상세 정보는 아래의 기호와 함께 소개됩니다.

국적
로봇이 개발된 나라

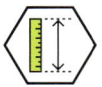

키
로봇의 높이

전원
로봇을 움직이는 동력원

제조자
로봇을 만드는 회사나 단체

개발/출시 연도
로봇 개발이 시작된 해
또는 판매가 이루어진 해

무게
로봇의 중량

특징
로봇이 다른 로봇과 구별되는 특징

들어가는 말

내가 어릴 때 로봇은 책이나 만화, 영화에서나 나오는 미래의 기계였다. 나는 가장무도회에 로봇 의상을 입고 간 적이 있었다. 판지에다가 은박지를 다닥다닥 붙여서 만든 어설픈 의상이었다. 그러나 이제 로봇은 더 이상 아직 오지 않은 미래가 아닌 지금 우리 곁에 있다. 이것은 나에게 무척 기쁜 일이다. 물론 요즘 로봇은 내가 어릴 때 상상했던 은박지를 다닥다닥 붙인 모습과는 많이 다르다. 또한 내가 상상도 못했던 여러 일들을 할 수 있다.

내가 좋아한 로봇은 책상 위에서 움직이는 태엽 장치 장난감이었다. 여러분은 어떤 모습의 로봇을 만들고 싶은가? 지금은 고를 수 있는 모양이 아주 많다. 그 로봇은 어떤 방식으로 움직일까? 바퀴나 무한궤도나 다리가 달려 있을까? 뱀처럼 기어갈까, 물고기처럼 헤엄칠까? 하늘을 날까? 우리가 볼 수 없는 것을 볼까? 우리가 맡지 못하는 냄새를 맡을까? 우리 곁에 있을까, 아니면 심해나 다른 행성처럼 우리가 갈 수 없는 곳을 조사할까? 또 로봇을 움직이기 위해 사람이 필요할까, 아니면 스스로 움직일 수 있을까? 사람들과 함께 일할까? 혹은 애완용이나 친구로 함께 생활할까?

지금 로봇은 우리를 위해 어떤 일들을 하고 있을까? 신체의 일부가 마비된 사람이 움직일 수 있도록 돕는 일부터 위험하고 지저분한 일까지 우리를 위해 갖가지 일을 한다. 이 책에는 지금 사용되는 다양한 로봇들이 소개되어 있다 각종 로봇의 크기, 복잡한 구조, 다양한 기능을 알 수 있다. 또한 로봇의 종류만이 아니라, 로봇이 어떻게 작동하고 감지하고 생각하는지도 자세히 알려 준다.

내가 어렸을 때 이후로 로봇은 엄청난 발전을 거듭했다. 로봇은 해가 지날수록 더욱 발전하여 우리 일상생활에 널리 쓰일 것이다. 그러니 로봇이 어떤 놀라운 일을 하고, 어떻게 작동하고, 어떻게 설계되고 제어되는지를 이해하면 앞으로 살아가는 데 큰 도움이 될 것이다.

공학 박사 루시 로저스

로봇 등장

로봇은 태엽 장치로 움직이는 단순한 나무와 금속 조립품에서 발전을 거듭하여 자동으로 움직이고 일하고 심지어 생각까지 할 수 있는 복잡한 기계가 되었다. 로봇은 공장에서 자동차를 만들고, 학생의 숙제를 돕기도 한다. 지금 로봇은 세상을 바꾸고 있다.

로봇이란 무엇일까?

로봇이라는 말을 들으면 뭐가 떠오를까? 불빛을 깜박거리면서 웃긴 목소리를 내는 반들거리는 인간형 로봇이 생각날 수도 있다. 로봇들이 죽 늘어서 있는 공장의 거대한 조립 라인을 떠올릴 수도 있다. 다정한 친구 같은 로봇이나, 좀 무시무시한 기계가 생각날 수도 있다. 단순히 스스로 감지하고 생각하고 움직일 수 있는 컴퓨터일 수도 있다. 이처럼 로봇은 크기, 모양, 지능이 다양하며, 로봇이 하는 일도 아주 다양하다.

로봇에 내장된 기능은 아니지만, 목걸이 같은 장신구는 봇을 더 동물처럼 느끼게 한다.

봇의 기본 부품
미로 같은 소셜 로봇은 사람이 프로그램을 짜 넣은 기계다. 미로가 감지하고 생각하고 움직일 수 있는 것은 여러 개의 회로판 덕분이다.

목걸이

몸 덮개 안쪽

접촉 센서
사람의 접촉을 감지할 수 있어 사람이 등을 어루만지면 미로가 반응한다.

회로판은 움직임부터 계산과 감지에 이르기까지, 로봇의 여러 기능을 제어한다.

블루투스 모듈   바퀴 구동 모듈   앞뇌 회로판

목, 치켜들기, 하품 모터

척수 프로세서   앞 센서 회로판   꼬리 모터 제어판

최초의 로봇
로봇은 현대의 발명품이 아니다. 기원전 400년경에 고대 그리스 수학자 아르키타스는 증기를 이용하여 하늘을 나는 비둘기를 만들었다.

로봇은 무엇을 할까?
로봇은 이미 움직이고 만들고 고치는 등 많은 일을 하고 있다. 그리고 점점 더 영리해지고 더 많은 일을 해낼 것이다.

왜 로봇을 쓸까?
로봇은 사람이 하기에는 너무 위험하거나 지저분하거나 지루한 일을 맡기기에 딱 좋다. 지치지도 지겨워하지도 않기 때문이다. 단, 할 일을 명확히 알려 주어야 한다.

미로

상호 작용하기
미로를 비롯한 많은 로봇들은 불빛, 움직임, 사람의 표정과 비슷한 여러 표정을 써서 자신의 감정과 생각을 알린다. 사람과 어울릴 때 센서를 이용한다.

감지하기
로봇은 다양한 센서를 이용하여 정보를 수집하고 판단을 내린다. 센서는 빛과 이미지, 소리, 접촉, 압력, 위치 등 다양한 정보를 모을 수 있다. 미로는 소리가 나는 쪽으로 귀를 움직인다.

생각하기
로봇의 지능은 다양한 회로판을 써서 구성한다. 각 회로판은 정보를 처리하고 명령을 내린다. 어느 정도 스스로 생각할 수 있는 로봇도 있고, 인터넷에 연결되어야 생각을 할 수 있는 로봇도 있다.

미로의 몸속

로봇의 여러 부분들은 연결 케이블을 통해 서로 정보를 주고받는다.

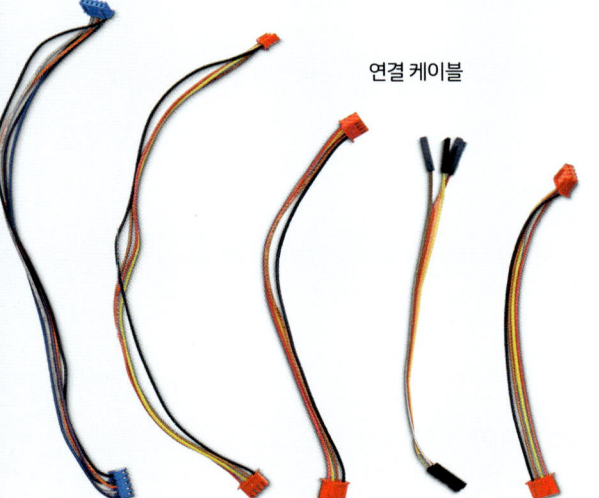

연결 케이블

상상을 현실로
로봇은 많은 책과 영화에 소재가 되었다. 반면에 과학 소설(SF) 작가들과 영화 제작자들의 아이디어는 많은 로봇 제작자들에게 영감을 준다.

움직이기
대부분의 로봇은 다리나 바퀴, 무한궤도로 정확하고 빠르고 매끄럽게 돌아다닌다. 로봇은 움직일 수 있는 팔, 머리, 다리, 꼬리 같은 부위들을 이용해 의사소통을 비롯한 여러 가지 일을 한다. 압축한 공기나 물로 움직이는 로봇도 있다.

로봇은 어떻게 작동할까?

대부분의 로봇을 이루는 기본 구성 요소는 같다. 전형적인 로봇은 부품들이 들어 있는 몸, 움직이는 구동부, 주변 환경에서 정보를 모으는 감지 시스템, 사물과 상호 작용하는 방법, 전원 공급 장치, 모든 것을 제어하는 컴퓨터 '두뇌'를 지닌다. 로봇이 어떤 일을 하느냐에 따라서 구성 요소들을 조합하는 방식은 얼마든지 달라질 수 있다. 그래서 오늘날 우리가 보는 아주 다양한 로봇들이 생겨났다.

몸의 구조

로봇의 몸은 부품을 보호할 만큼 튼튼하면서도, 충분히 움직일 수 있도록 유연한 부위도 지녀야 한다. 이 두 가지 조건을 만족시킨다면, 어떤 모양으로도 만들 수 있다. 컴퓨터 칩만큼 작은 것부터 집채만 한 것이나, 꿈틀거리는 뱀봇처럼 동물의 움직임을 흉내 낸 것까지 다양한 종류가 있다.

이동형 로봇

로봇이 돌아다니면서 일을 해야 할 때도 있다. 카메라가 내장된 이 그라운드봇 같은 이동형 로봇은 지진 지대나 무너진 건물처럼 위험한 곳을 탐사하고, 진흙, 눈, 폭우로 움직이기 까다로운 곳도 다닐 수 있다.

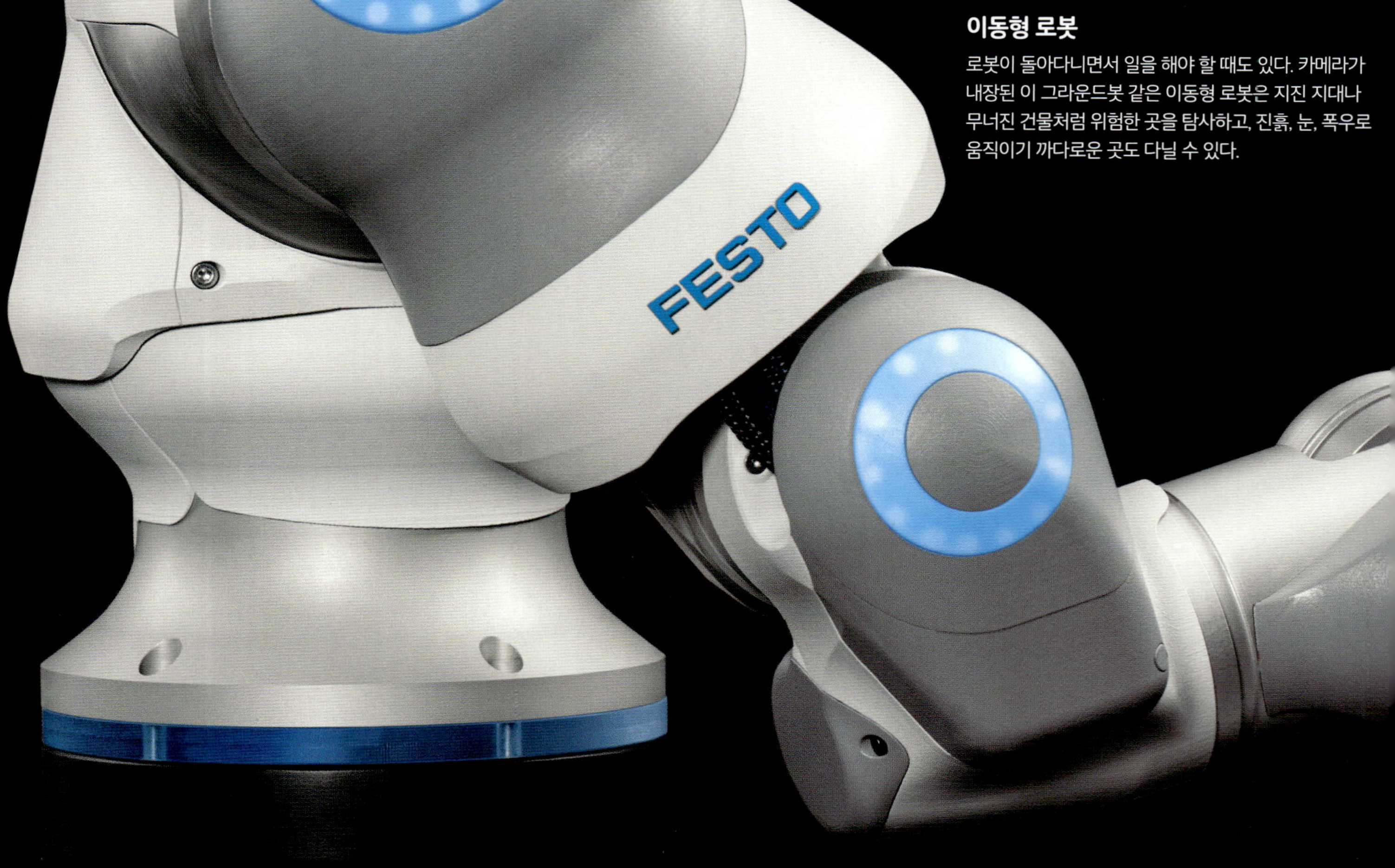

로봇 팔은 대개 어깨, 팔, 손목으로 이루어졌다.

로봇을 배후에서 조종하는 두뇌

로봇의 중앙 처리 장치, 즉 컴퓨터의 '두뇌'는 명령을 수행하여 로봇을 움직인다. 대부분의 로봇은 프로그램이 시키는 일만 할 수 있다. 로봇을 배후에서 조종하는 진짜 두뇌는 로봇 공학자의 머리에 들어 있다. 로봇 공학자는 로봇을 설계하고 만들고, 로봇이 일을 하는 데 필요한 명령문인 프로그램을 작성한다. 로봇이 맡은 일이 달라지면 로봇의 프로그램도 다시 짠다.

내장된 압력 센서는 로봇의 '두뇌'에 물체를 얼마나 세게 쥐고 있는지 알려 준다.

감지 시스템

이 치료 로봇 파로를 비롯한 많은 로봇들은 행동을 제어하고 적절히 반응할 수 있도록, 자료를 수집하고 주변 상황이 어떠한지를 로봇에게 알리는 센서를 갖고 있다. 카메라, 움직임과 압력을 감지하는 장치 같은 잘 알려진 센서들도 있다. 적외선, 초음파, 레이저를 써서 정보를 수집하는 더 복잡한 센서도 있다

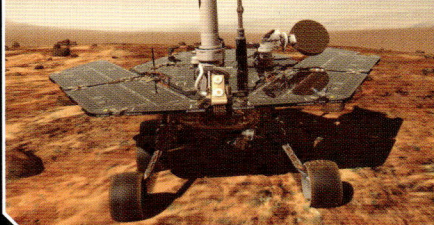

충전

로봇의 움직임을 돕는 기계 장치인 구동부를 움직이려면 전원이 필요하다. 배터리를 사용하거나 벽의 콘센트에 플러그를 꽂을 수도 있다. 압축한 공기나 액체로 움직일 수도 있다. 나사의 화성 탐사 로봇은 태양 전지판을 써서 배터리를 재충전한다.

말단 작동기는 유리병 같은 물체를 깨뜨리지 않고 움켜쥘 수도 있다.

편리한 도우미

팔이 손을 움직이듯이, 로봇 팔은 말단 작동기를 움직인다. 말단 작동기는 드릴, 수술 도구, 페인트 총, 용접 토치램프 같은 특수한 도구를 말한다. 하는 일에 맞추어서 물체를 움켜쥐고 옮기는 등의 특수한 말단 작동기가 필요하다.

고대의 오토마타

인류는 옛날부터 로봇 같은 기계를 상상했으며, 만들기도 했다. 나무로 만든 새에서 실물 크기의 으르렁대는 사자에 이르기까지, 단순히 재미로 만들거나 통치자에게 선물하기 위해 만든 것도 있다. 시간이나 별자리를 알려 주는 기계도 있다. 오토마타라는 이 놀라운 장치들은 진정한 로봇은 아니다. 지능도 없고, 할 수 있는 일도 얼마 없기 때문이다. 그러나 오토마타는 로봇의 시대가 올 수 있도록 길을 닦았다.

신화 속 괴물들

고대 그리스 신화와 전설에는 환상적인 인간형 기계들이 나온다. 대장장이 신 헤파이스토스가 만들었다는 청동 거인 탈로스가 한 예다. 탈로스는 해적들과 침입자들로부터 크레타섬 해안을 지켰다.

신화 속 영웅 이아손의 모험담에 탈로스는 키가 2.50미터라고 나온다.

안티키테라 기계

이 녹슨 오래된 조각들 자세히 살펴보면, 일정한 각도로 나뉜 고리와 삼각형 톱니가 갖추어진 기계 부품이 보인다. 고대 그리스인들은 이 흥미로운 안티키테라 기계로 해와 달, 별들의 움직임을 추적했을지도 모른다. 일종의 초창기 컴퓨터라고 생각할 수 있다.

고고학자들은 기원전 약 80년부터 바다 밑에 묻혀 있던 기계 부품 82점을 발굴했다.

물시계

8세기 전 중동의 기술자 알자자리는 많은 놀라운 발명품을 만들었다. 수력으로 움직이는 코끼리 시계도 가장 잘 알려진 것 중 하나다. 그가 1206년에 쓴 독창적인 기계 장치의 지식 책에는 이런 장치들을 만드는 방법이 적혀 있다.

30분마다 공이 굴러서 뱀의 입으로 들어간다.

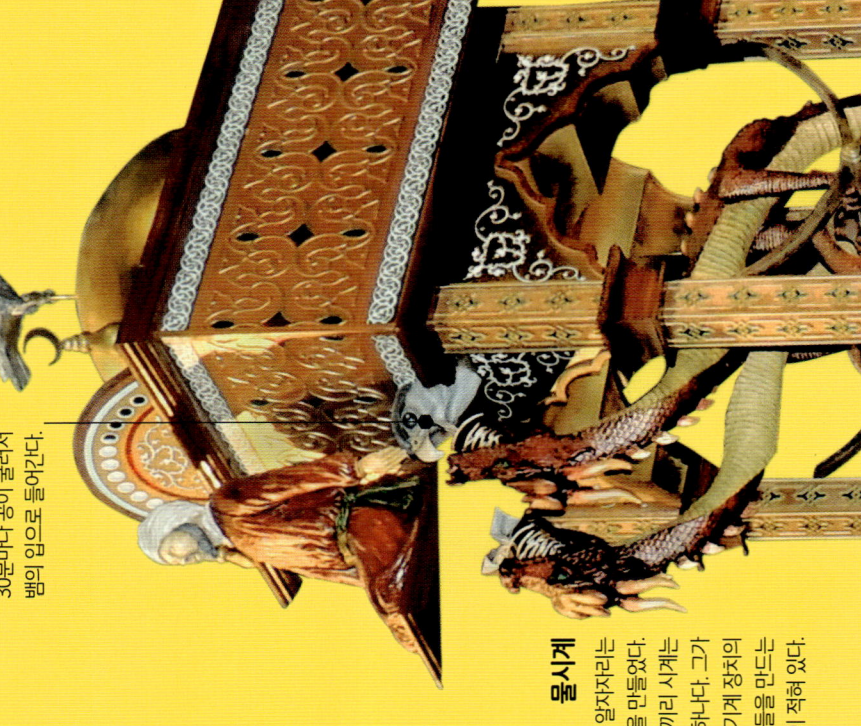

알렉산드리아의 경이들

고대 이집트의 도시 알렉산드리아에서는 기원전 3세기에서 기원전 1세기에 놀라운 기계 장치들이 만들어졌다. 기술자들은 꼭대기에 새가 앉아 있는 물시계, 물이나 포도주가 뿜어지는 분수, 기계 하인을 만들었다. 알렉산드리아의 헤론은 그중에서도 뛰어났다. 아이올로스의 공이라는 정교한 기계 장치도 그가 만들었다. 안에 든 물을 가열하면 공이 회전하는 장치다.

증기가 빠져나가면서 — 공이 회전한다.

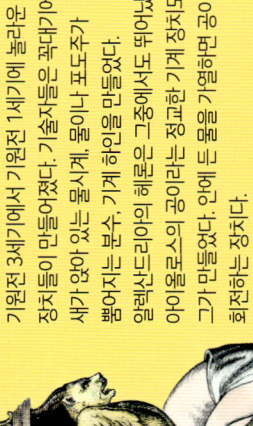

공이 신발끈을 때리면 — 공기리를 모든 사람이 북을 친다.

프라하의 천문 시계

1400년대에 많은 대성당과 도시에는 움직이는 시계가 설치되었다. 매시간 정각이 되면 오토마타들이 움직였다. 프라하 천문 시계는 가장 유명한 것으로, 프라하의 옛 의회당에 있으며 지금도 움직인다.

기계 수도사

1560년대에 스페인 국왕 펠리페 2세는 후아넬로 투리아노라는 시계공에게 발로 '걷고' 눈과 입술과 머리를 움직일 수 있는 실물 크기의 수도사 기계를 만들라고 의뢰했다. 약 450년이 지난 지금도 이 수도사는 움직인다.

수도사의 망토 안에 시계태엽 장치가 숨겨져 있다.

시중드는 사람

이 일본 꼭두각시 로봇은 가라쿠리 인형으로, 1800년경에 만들어졌다. 극장에서 공연을 하거나 부자들의 집에서 차를 내오는 일을 했다. 이 자동인형은 쟁반에 놓인 찻잔에 차를 따른 뒤 손님에게 다가가서 고개를 숙인 채 기다린다. 손님이 찻잔을 들면 물러난다.

정교한 오토마타

16세기에 창의적인 장인들은 사람과 동물을 모방한 놀라운 기계 장치들을 만들었다. 날개를 치면서 꽥꽥거리는 금속 오리부터 기계 군대에 이르기까지, 전 세계의 사람들을 사로잡는 흥미로운 창작물을 내놓았다. 이 기계들 중에 '오토마타'라고 하는 자동인형은 놀라울 만큼 복잡했으며, 지금까지 작동하는 것도 있다. 글을 쓰고, 노래를 부르고, 심지어 차를 내놓을 수 있는 정교한 인형들이다. 오늘날 우리가 최신형 로봇에 놀라듯이, 당시 사람들은 이런 경이로운 기계 장치에 놀랐다.

터키인 인형의 기계 팔은 안에 숨은 사람이 움직였다.

사기야!

1770년대에 헝가리 발명가 볼프강 폰 켐펠렌은 놀라운 발명품을 선보였다. 긴 옷과 터번 차림의 기계 인간이 도전자를 상대로 체스를 두는 장치였다. 그러나 이 '터키인 인형'은 사기였다. 체스판 아래 사람이 숨어서 움직였기 때문이다.

도르래와 추는 대개 옷 속에 숨겼다.

태엽 장치로 로봇을 움직인다.

기계 작가
스위스 발명가 피에르 자크드로즈는 1770년대 말에 세 점의 오토마타를 만들었다. 그의 걸작은 책상 앞에 앉은 소년이다. 잉크병에 펜을 담갔다가 꺼내어 종이에 40자를 쓸 수 있었다.

소년을 움직이는 데 약 6,000개의 부품이 쓰였다.

유포니아
1840년대에 요제프 파버가 만든 이 별난 기계는 풀무 장치를 썼다. 입을 움직여서 몇 가지 언어를 '말할' 수 있었다. 사람이 17개의 단추를 눌러 소리를 조합하여 단어들을 만들었다. 이 장치는 노래도 부를 수 있었다.

에니악

미군의 탄도 계산을 돕기 위해 1943~1945년에 만든 에니악은 최초의 대형 컴퓨터였다. 에니악의 공학자들은 에니악이 앞의 첫 10년 동안 인류가 출현한 이래로 한 계산들보다 더 많은 양의 계산을 했다고 주장했다. 에니악은 여성만으로 이루어진 프로그래머들이 에니악에 쓰인 코드를 짰다. 에니악 탄생 50주년일 때 공학자들은 현대 회로를 써서 에니악을 새로 재현했다.

스푸트니크 1호

1957년 10월, 소련은 최초의 인공위성인 스푸트니크 1호를 쏘아 올리는 데 성공함으로써 세계를 놀라게 했다. 겨우 바지 볼만 한 크기였던 스푸트니크는 전 세계에 엄청난 영향을 미쳤다. 소련의 성공에 자극을 받은 미국도 우주 탐사 계획에 뛰어들었고, 그 덕분에 기술이 빠르게 발전하면서 로봇 공학에도 지대한 영향을 미쳤다.

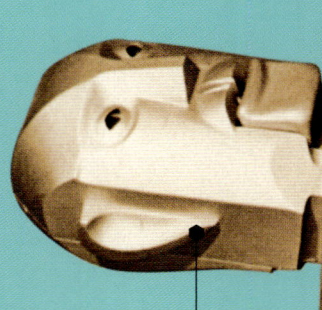

엘머와 엘시

윌리엄 그레이 월터는 1948년에 최초의 움직이는 로봇 동물을 엘머와 엘시라는 이름의 '거북'을 만들었다. 이들은 한 쌍의 방향을 바꿀 수 있었고, 가까이 움직이고 방향을 감지할 수 있었다. 접촉하거나 빛을 감지하면 각 로봇이 쌍둥이 모양이 전기 신호가 전달되었다.

일렉트로와 스파크로

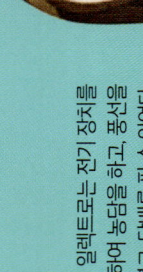

1939년 뉴욕 만국 박람회장에 키 2.1미터의 금속 인간 일렉트로가 등장했다. 이 로봇을 보기 위해 수백만 명이 몇 시간 동안 줄을 섰다. 일렉트로는 틈니바퀴와 전기 모터로 걷고, 팔을 움직이고, 머리를 돌리고, 손가락을 움직여서 수를 세고, 입을 움직이면서 700개의 단어를 말할 수 있었다. 함께 있는 로봇 개 스파크로는 뒷발로 서고, 짖고, 꼬리를 흔들 수 있었다.

일렉트로는 전기 장치를 이용해 농담을 하고, 풍선을 불고, 담배를 필 수 있었다.

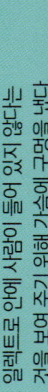

일렉트로 안에 사람이 들어 있지 않다는 것을 보여 주기 위해 가슴에 구멍을 뚫었다.

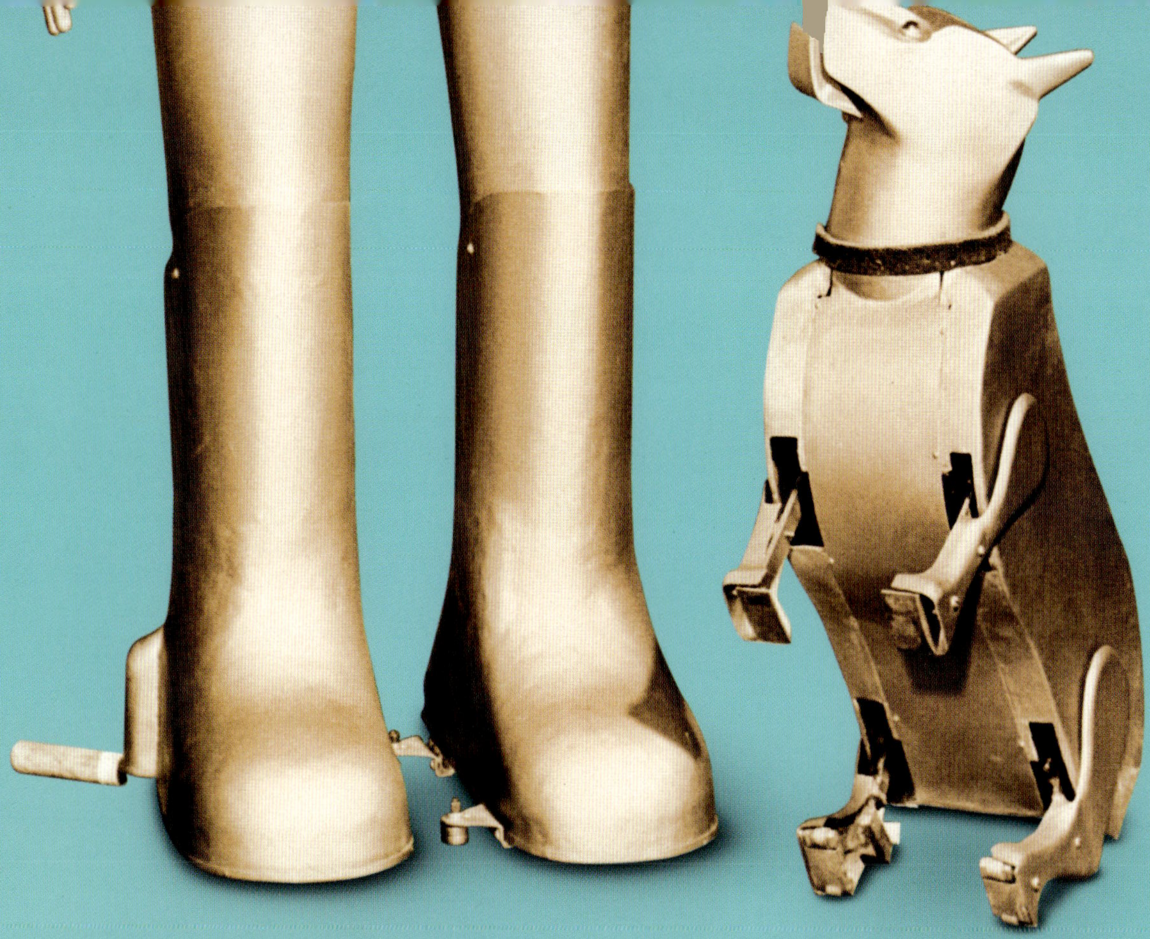

진짜 로봇의 등장

20세기에 전자 공학과 기술이 급속히 발전하면서 진정한 로봇 혁명이 시작되었다. 많은 과학자들은 더욱 정교한 로봇을 만들었다. 더 작고 더 값싸고 더 빠른 전자 기기들 덕분에 로봇은 빠르게 발전할 수 있었고, 미국과 예전 소련 사이의 우주 탐사 경쟁도 로봇의 발전에 중요한 역할을 했다. 인공 지능을 구현하는 일은 아직 힘겨운 도전 과제로 남아 있었지만, 로봇은 발전을 거듭했다. 과학 소설에 영감을 얻어서 빠르게 발전할 수 있었고, 미국과 예전 소련 사이의 우주 탐사 경쟁도 로봇의 발전에 중요한 역할을 했다.

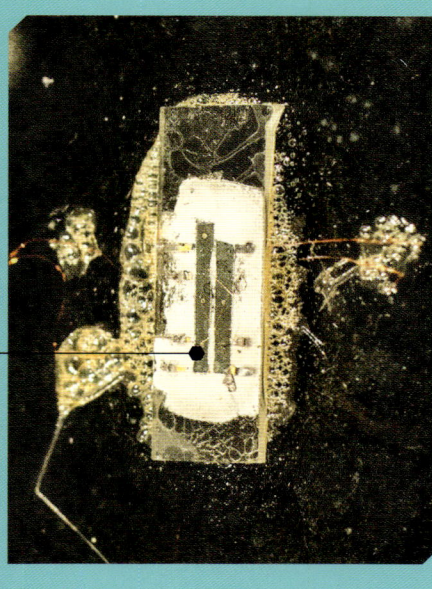

트랜지스터

1947년 트랜지스터라는 전자 부품이 발명되면서 모든 것이 바뀌었다. 이전의 부품보다 더 작고 오래가고 에너지를 덜 쓰는 부품이었다. 미국의 전기 공학자 잭 킬비는 1958년 집적 회로를 설계하면서 집적 회로라는 돌파구를 열었다. 현대 로봇과 소형 개인용 컴퓨터에서 집적 회로라는 이 작은 컴퓨터 칩 덕분에 발명될 수 있었다.

잭 킬비의 집적 회로 덕분에 컴퓨터와 로봇은 더 효율적이고 더 작아지고 더 영리해질 수 있었다.

로봇 팔

1961년에 로봇은 이미 인간을 대신할 준비가 되어 있었다. 유니메이트 1900 시리즈는 공장 자동화에 쓰인 최초의 대량 생산 로봇이었다. 1966년에 그 로봇 팔이 텔레비전에 나와 골프공을 치고, 음료를 따르고, 무대에서 악단을 지휘하는 모습을 미국 시청자들은 지켜보았다.

21

로숨의 만능 로봇
체코 극작가 카렐 차페크는 1920년 희곡 「로숨의 만능 로봇(R.U.R.)」에서 가상의 인간형 기계에 '로봇'이라는 단어를 썼다. 사람을 대신할 영혼 없는 로봇 일꾼을 만드는 회사를 다룬 이야기다.

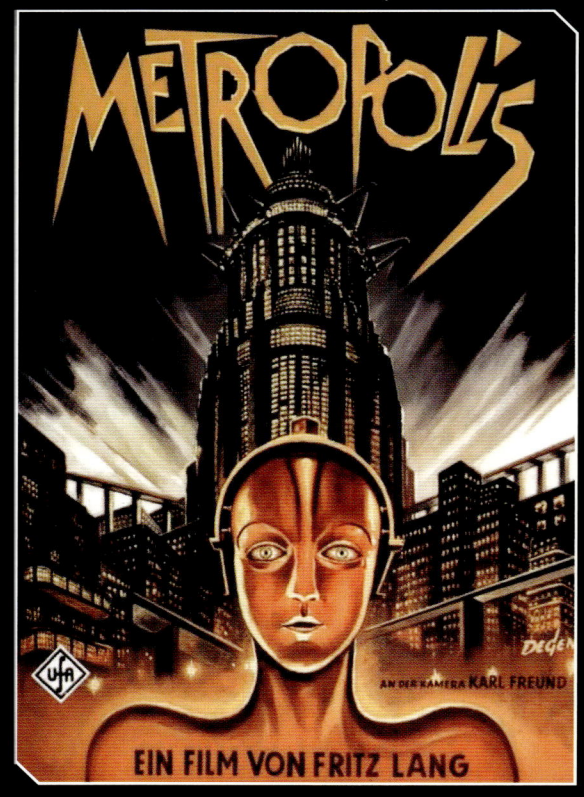

「메트로폴리스」
오스트리아 출신의 영화감독 프리츠 랑이 1927년에 만든 이 무성 영화에는 마리아라는 로봇이 등장한다. 메트로폴리스 시에서 일하는 노동자들을 지배하기 위해 미친 과학자가 만든 로봇이다.

로봇 로비
고전이 된 SF 영화 「금지된 세계」에서 교수의 말을 충실히 따르는 로봇 로비는 188가지 언어를 말할 수 있다. 전형적인 '주석 깡통' 형태의 로봇이 아닌, 금속 발톱과 반구형 머리를 지닌 로비는 사실 배우가 키 2.1미터의 로봇 모형을 입고서 연기한 것이다. 모형은 플라스틱, 유리, 금속, 고무로 만들었다.

문화 속의 로봇

로봇이 뭐냐고 물으면 대개 책, 연극, 텔레비전, 영화에 나오는 경이로운 기계를 떠올릴 것이다. 사실 '로봇'이라는 말은 1920년대에 「로숨의 만능 로봇(R.U.R.)」이라는 체코 희곡에서 처음 쓰였는데 '강제 노동'과 비슷한 의미였다. 무대, 텔레비전, 책에 등장하는 로봇들은 우리를 놀라게 하고 심지어 겁나게도 했다. 뛰어난 과학 소설은 오락용만이 아니라, 수십 년 동안 진짜 과학 연구에도 영감을 주었다. 공상과학소설은 로봇과 함께 살아갈 미래를 만들고 있는 기술의 사회적 및 윤리적 의미를 이해하는 데 도움을 준다.

터미네이터
로봇이 세계를 장악하여 인류를 상대로 전쟁을 벌일 수 있을까? 「터미네이터」(1984) 시리즈는 그런 상황을 전제로 한다. 터미네이터라는 사이보그 암살자는 인간처럼 보이지만, 인간을 없애는 것을 목표로 과거로 돌아가서 표적을 없애려 한다. 실패한다면? 다시 올 것이다.

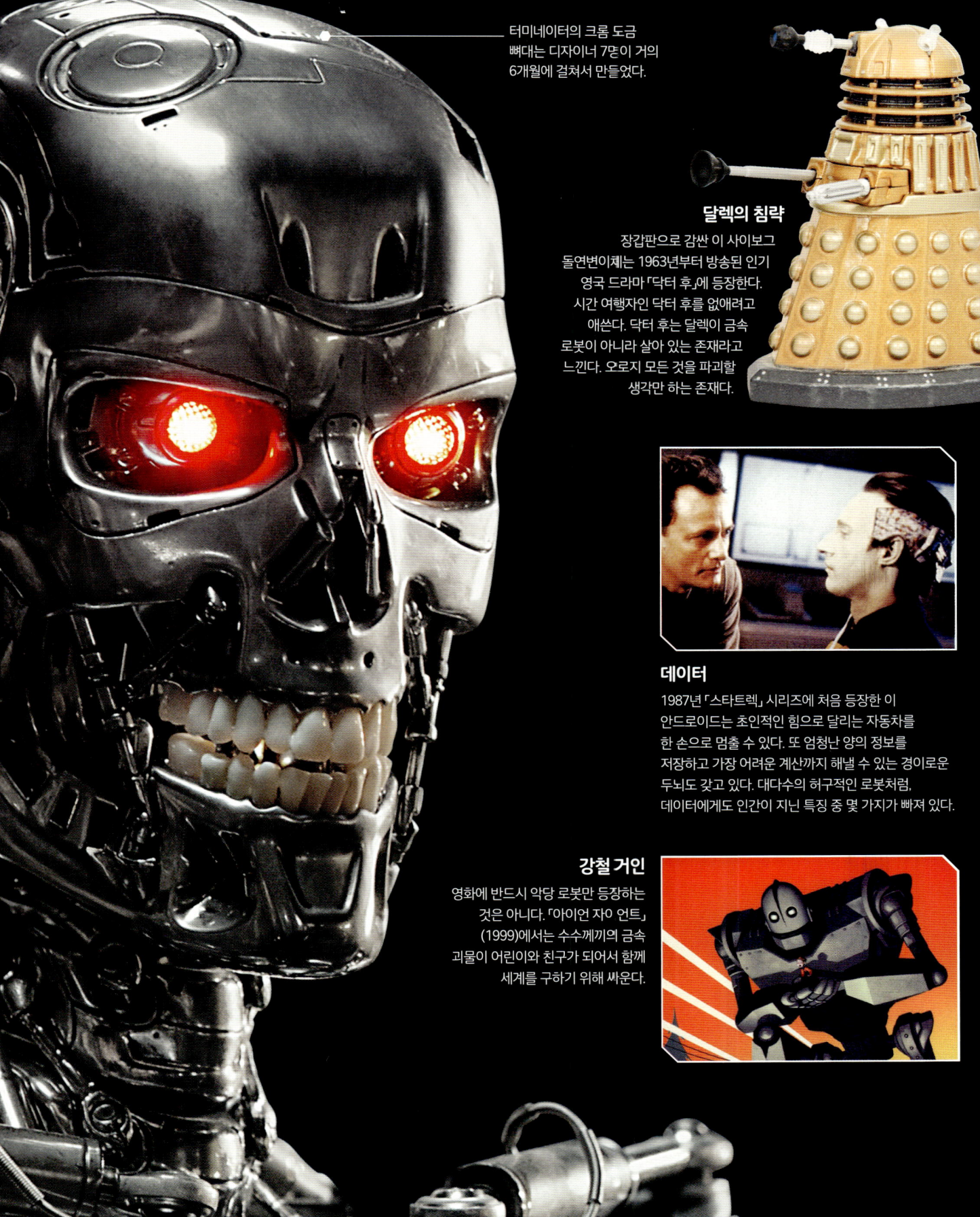

터미네이터의 크롬 도금 뼈대는 디자이너 7명이 거의 6개월에 걸쳐서 만들었다.

달렉의 침략
장갑판으로 감싼 이 사이보그 돌연변이체는 1963년부터 방송된 인기 영국 드라마 「닥터 후」에 등장한다. 시간 여행자인 닥터 후를 없애려고 애쓴다. 닥터 후는 달렉이 금속 로봇이 아니라 살아 있는 존재라고 느낀다. 오로지 모든 것을 파괴할 생각만 하는 존재다.

데이터
1987년 「스타트렉」 시리즈에 처음 등장한 이 안드로이드는 초인적인 힘으로 달리는 자동차를 한 손으로 멈출 수 있다. 또 엄청난 양의 정보를 저장하고 가장 어려운 계산까지 해낼 수 있는 경이로운 두뇌도 갖고 있다. 대다수의 허구적인 로봇처럼, 데이터에게도 인간이 지닌 특징 중 몇 가지가 빠져 있다.

강철 거인
영화에 반드시 악당 로봇만 등장하는 것은 아니다. 「아이언 자이언트」(1999)에서는 수수께끼의 금속 괴물이 어린이와 친구가 되어서 함께 세계를 구하기 위해 싸운다.

현대의 로봇

로봇은 오래전부터 TV와 영화에 등장했지만, 사실상 로봇다운 로봇은 21세기 초에야 만들어지기 시작했다. SF 영화에 나오는 인간형 로봇처럼 보이지 않을지 몰라도, 이 로봇들은 우리 삶의 다양한 영역으로 진출해 왔다. 반려 로봇에서 운송 드론까지, 도우미 로봇에서 입는 로봇에 이르기까지, 로봇은 현대 세계의 많은 부분을 차지하고 있다.

이 봇은 화면에 기호를 나타내서 사용자의 움직임에 반응한다.

소셜 로봇

지보 같은 음성 지원 로봇은 보고 듣고 배우면서 우리 삶을 행복하게 해 준다. 미래에는 이런 가정용 봇이 전기 주전자만큼 흔해질지도 모른다. 집 안의 다른 모든 가전제품을 작동시키는 일부터 뉴스와 일기 예보를 읽어 주는 일까지, 우리 곁에서 다양한 일을 할 수 있다.

하늘의 눈

무인 항공기(UAV)라고 부르든 비행 로봇이라고 부르든 간에, 드론은 우리 하늘을 채우고 있다. 비디오카메라로 재난 지역이나 군 작전 지역을 훑는 헥사콥터(위)부터 상품을 배달하는 드론에 이르기까지, 이런 로봇들은 사람이 갈 수 없는 곳에 빠르고 효율적으로 갈 수 있다.

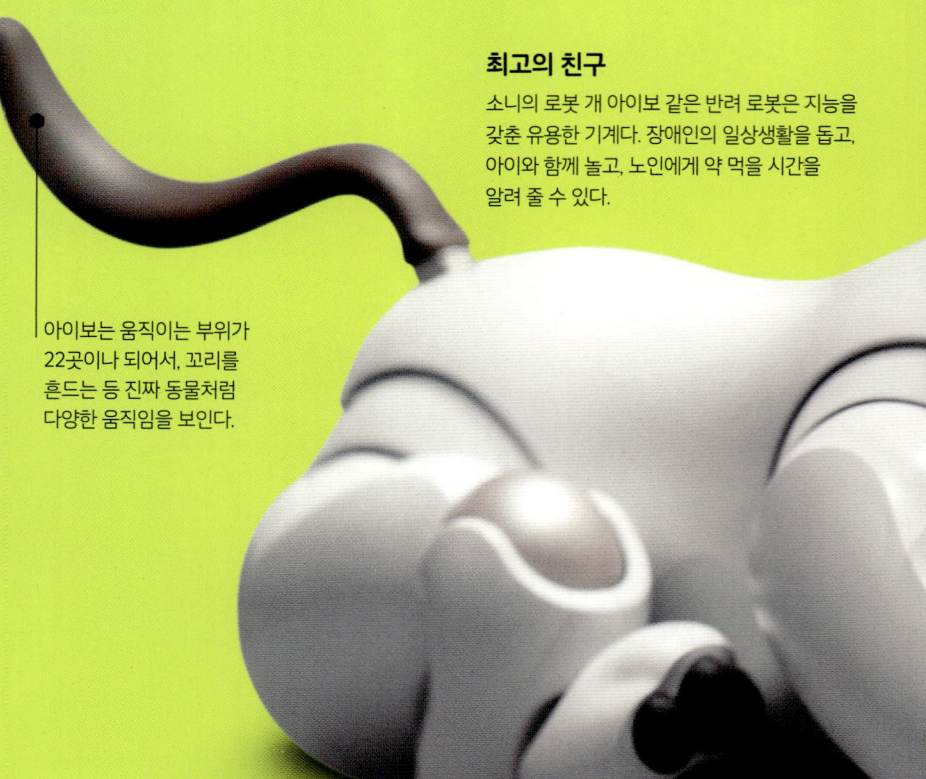

최고의 친구

소니의 로봇 개 아이보 같은 반려 로봇은 지능을 갖춘 유용한 기계다. 장애인의 일상생활을 돕고, 아이와 함께 놀고, 노인에게 약 먹을 시간을 알려 줄 수 있다.

아이보는 움직이는 부위가 22곳이나 되어서, 꼬리를 흔드는 등 진짜 동물처럼 다양한 움직임을 보인다.

스마트 자동차

컴퓨터는 자동차의 거의 모든 측면들을 혁신시켜 왔다. 진정한 로봇이라고 볼 수 있는 차까지도 나왔다. 리맥 C2 같은 최신 자동차는 어느 정도 자율 주행이 가능해 필요할 때면 스스로 운전을 할 수 있다. 운전자가 필요 없는 스마트 자동차는 지치지도 명령을 잊지도 않는다는 점에서 분명히 장점이 있다. 그러나 아직까지 그 기술의 안전성이 부족하다고 보는 사람들도 많다.

안전 틀은 아이가 움직일 때 균형을 잡도록 돕는다.

눈의 OLED(유기 발광 다이오드) 판은 반짝거리면서 얼굴 표정을 짓도록 돕는다.

입는 로봇

아틀라스 2030은 신경 근육 질환이 있는 아이가 걷도록 돕는 하체 겉뼈대 로봇이다. 실제 근육의 기능을 모방한 부품들로 이루어져 있다. 이런 입는 로봇은 신체장애가 있는 사람을 돕고 부상 회복을 도울 뿐 아니라, 신체 능력도 강화할 수 있다.

로봇의 종류

로봇은 모습과 크기가 제각각이며, 대개 하는 일에 따라서 분류한다. 건설 현장에서 일하는 로봇부터 수술을 돕는 로봇에 이르기까지, 저마다 하는 일이 다르다. 이 책에 실린 로봇들은 10종류로 나뉘지만, 두 가지 이상의 일을 할 수 있어서 둘 이상의 분류 범주에 속하는 로봇도 많다.

작업 로봇

로봇은 사람에게 위험하거나, 반복되어 지루할 수 있는 일에 점점 더 널리 쓰이고 있다. 작업 로봇은 험한 지형, 좁은 공간, 나쁜 날씨에도 개의치 않는다. 이런 로봇은 센서와 카메라를 써서 알아서 상황을 판단하여 작업을 한다. 가장 흔한 유형의 작업 로봇은 로봇 팔이다. 로봇 팔은 용접, 칠, 조립 등 다양한 일을 할 수 있다.

로봇 팔은 점점 더 강해지고 정밀해지고 있다.

소셜 로봇

사람과 상호 작용하도록 설계된 소셜 로봇은 사람의 행동을 이해하여 적절히 반응할 수 있도록 프로그램되어 있다. 이런 다정한 로봇은 우리의 친구나 교사가 될 수 있고, 함께 놀거나 필요할 때 도움을 줄 수도 있다. 자폐증이나 학습 장애 같은 질환이 있는 사람들을 돕도록 설계된 소셜 로봇도 있다.

레카는 학습 장애가 있는 아이들을 돕는 다기능 로봇 공이다.

우주 탐사 로봇

마스 2020 탐사 로봇은 화성에서 과학 실험을 할 것이다.

태양계의 천체들을 탐사하는 일에는 사람보다 로봇을 보내는 편이 더 안전하고 비용도 적게 든다. 우주 탐사 로봇은 지구 바깥의 혹독한 조건을 견디도록 만들어진다. 천체들에 가까이 지나가는 탐사선도 있고, 착륙하여 지구에 있는 과학자들에게 자료와 영상을 보내는 탐사선도 있다.

협동 로봇

사람들 곁에서 안전하게 함께 일하는 산업 로봇을 협동 로봇 또는 코봇이라고 한다. 함께 일하는 사람은 태블릿을 이용하거나 로봇을 직접 움직여서 일을 지시할 수 있다. 일단 프로그램이 확정되면, 협동 로봇은 사람과 같은 공간에서 일을 한다. 대개 포장을 하거나 전자 부품을 조립하는 등 반복되거나 정밀한 일을 맡는다.

유미의 강력한 팔은 다양하게 움직일 수 있다.

아이컵은 사람과 상호 작용을 하면서 배울 수 있는 인공 지능 로봇이다.

인간형 로봇

인간형 로봇은 사람과 비슷한 모습으로 만들어지며, 대개 머리와 얼굴, 팔다리가 있다. 두 다리로 걷는 종류도 있고, 바퀴나 무한궤도로 구르는 로봇도 있다. 인간형 로봇은 다른 로봇들에 비해 더 발달된 인공 지능을 지니며, 기억을 하거나 스스로 생각할 수 있는 종류도 있다.

생체 모방 로봇

자연의 동식물은 많은 로봇에게 영감을 준다. 자연의 생물을 흉내 내는 로봇을 생체 모방 로봇이라고 한다. 이런 로봇은 실제 생물에서 착안한 모습일 뿐 아니라, 높이 뛰거나 날거나 헤엄치는 등 생물의 놀라운 능력도 모방할 수 있다. 로봇 공학자들은 이런 로봇을 만들면서 다양한 기술을 개발한다.

바이오닉캥거루는 캥거루의 총총 뛰는 복잡한 움직임을 모방하기 위해 만들어졌다.

많은 킬로봇 무리의 프로그램을 동시에 바꿀 수 있다.

무리 로봇

단순한 로봇 수백 대의 무리는 하나의 거대한 지적인 로봇처럼 행동할 수 있다. 자연의 사회성 곤충에 착안하여 만든 이런 로봇들은 어떨 때는 혼자 일하는 로봇보다 더 효율적이다. 각 로봇은 서로 통신하면서 움직임을 조율한다.

조종 로봇

모든 로봇이 자율적으로 움직이는 것은 아니다. 사람이 원격으로 조종하는 로봇도 있고, 사람의 직접 움직이는 로봇도 있다. 몇몇 거대 로봇은 사람이 직접 탑승하여 조종석에 앉아서 조종한다.

침프는 위험에 처한 사람을 도울 수 있는 구조 로봇이다.

가정 로봇

가정 로봇은 청소, 쇼핑, 요리 같은 자질구레한 집안일을 돕는다. 시간표를 짜거나 정보를 검색하는 등 개인 비서 역할을 하는 로봇도 있다. 앞으로 로봇은 가정에서 점점 더 많은 일을 맡게 될 것이다.

젠보는 아이와 놀고, 어른의 여러 가지 일을 돕고, 빈집도 지킬 수 있다.

의료 로봇

로봇 기술은 의학과 보건 의료 분야에서 점점 두각을 나타내고 있다. 과학자들은 인공 팔다리와 로봇 휠체어에서 걷거나 물건을 드는 일을 돕는 겉뼈대에 이르기까지, 장애인을 돕는 다양한 로봇을 개발해 왔다.

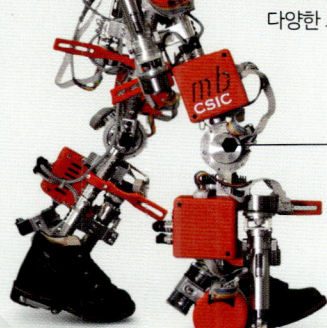

엑소트레이너는 척추 근육 위축증이 있는 아이를 돕는다.

친 운 에 서
로봇

집은 사람과 마음이 머무는 공간이지만, 사람을 돕기 위해 점점 더 많은 로봇들이 집 안으로 들어오고 있다. 이런 다정한 로봇들은 우리에게 즐거움을 주고, 집 안을 청소하고, 장애인을 돕고, 친구가 될 수 있다.

로봇 정보

제조자
컨시퀀셜로보틱스와
셰필드 대학교

국적
영국

개발 연도
2016년

무게
5kg

전원
배터리

작동 방식

미로는 생체 모방 로봇이다. 즉 자연에 있는 동물의 특징을 흉내 낸 로봇이라는 뜻이다. 미로는 다양한 센서들을 이용해 소리, 접촉, 빛 등의 갖가지 자극에 반응한다.

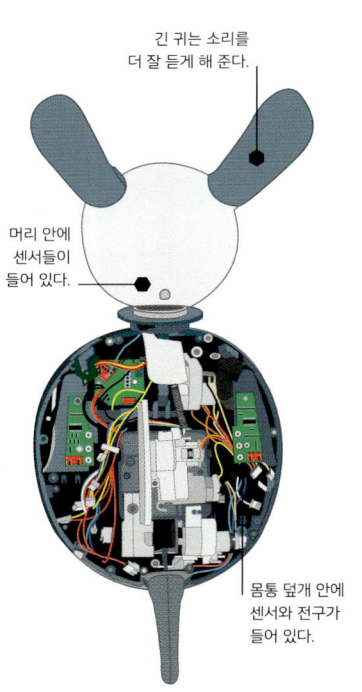

긴 귀는 소리를 더 잘 듣게 해 준다.

머리 안에 센서들이 들어 있다.

몸통 덮개 안에 센서와 전구가 들어 있다.

"동물계에는 로봇 공학의 미래를 알려 줄 열쇠가 있다."
미로의 제작가

눈은 미로의 활동 수준에 따라서 뜨거나 감거나 깜박인다.

미로는 스트레스를 받을 때 머리와 등을 쓰다듬으면 기분이 좋아졌다는 몸짓을 한다.

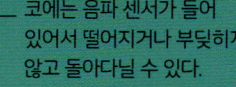

색깔이 있는 목걸이나 스카프를 둘러서 미로를 꾸밀 수도 있다.

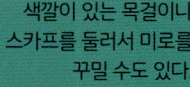

코에는 음파 센서가 들어 있어서 떨어지거나 부딪히지 않고 돌아다닐 수 있다.

뛰어난 감각

많은 동물처럼 미로도 감각이 뛰어나다. 커다란 눈은 주변을 입체시로 볼 수 있고, 회전하는 긴 귀에 든 스테레오 마이크로 소리가 어디에서 나는지 알아낸다. 센서가 아주 민감해서 살짝 쓰다듬거나 두드려도 알아차린다.

특징
다양한 센서,
카메라, 마이크

귀를 치켜들거나 돌리면서
소리의 방향을 찾는다.

빛 감지
미로의 빛 센서는 빛과 어둠을 감지하여 낮인지 밤인지 구별할 수 있다. 미로는 LED 불빛으로 다양한 '감정'을 표현한다. 미로는 주인의 감정을 학습하고 이해할 수 있다.

초록빛은
흥분, 행복,
차분함을
나타낸다.

흥분한 미로

빨간빛은
스트레스를
나타낸다.

스트레스를 받은 미로

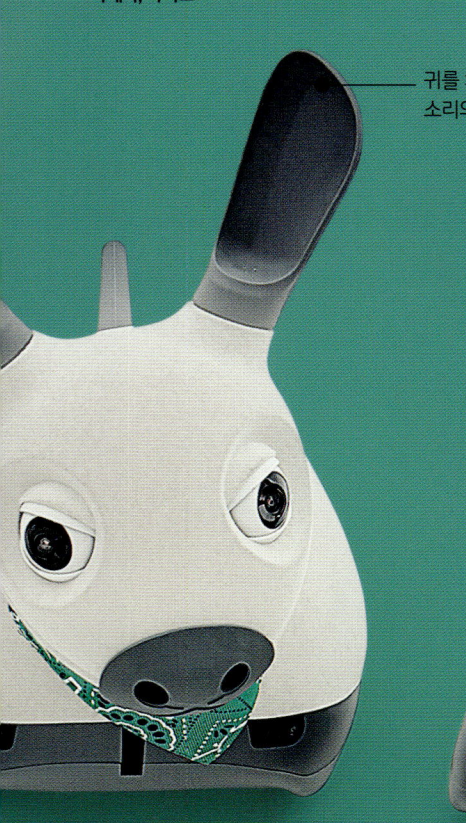

미로들은 서로를 지켜보고
가까이 다가감으로써
서로에게 반응한다.

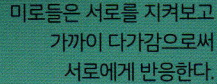

미로는 몸짓을 통해서도
자신의 '감정'을 드러낸다.

머리를 치켜들어서
관심이 있음을 드러낸다.

소셜 로봇
미로

미로는 동물의 뇌와 행동을 연구하는 전문가들이 만든 로봇이다. 진짜 동물의 매력을 지니면서 키우는 어려움은 전혀 없게 프로그래밍한 로봇이다. 미로는 산책시키고 먹이고 씻겨 줄 필요가 없으므로 아이와 노인들에게 최고의 친구가 될 수 있도록 개발되었다. 믿음직하고 튼튼하며 재미있는 동료인 이 귀여운 로봇은 진짜 반려동물만큼 애정과 사랑을 듬뿍 받을 만하다.

로봇 정보

제조자	국적	출시 연도	키	무게
보스턴다이내믹스	미국	2017년	84cm	30kg

집 안을 돌아다니기

미래에는 스팟미니가 가정과 직장에서 장애인이 돌아다니도록 도울 수 있지 않을까? 보스턴다이내믹스는 스팟미니가 특수 팔을 써서 무거운 문을 여는 동영상을 보여 주었다.

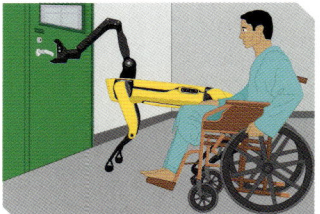
스팟미니가 머리에 붙은 팔로 문손잡이를 쥔다.

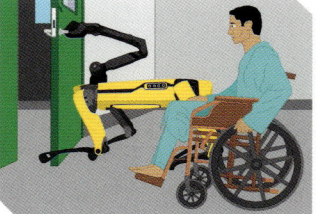
문이 닫히지 않도록 발로 막는다.

휠체어가 지나가도록 문을 붙들고 있다.

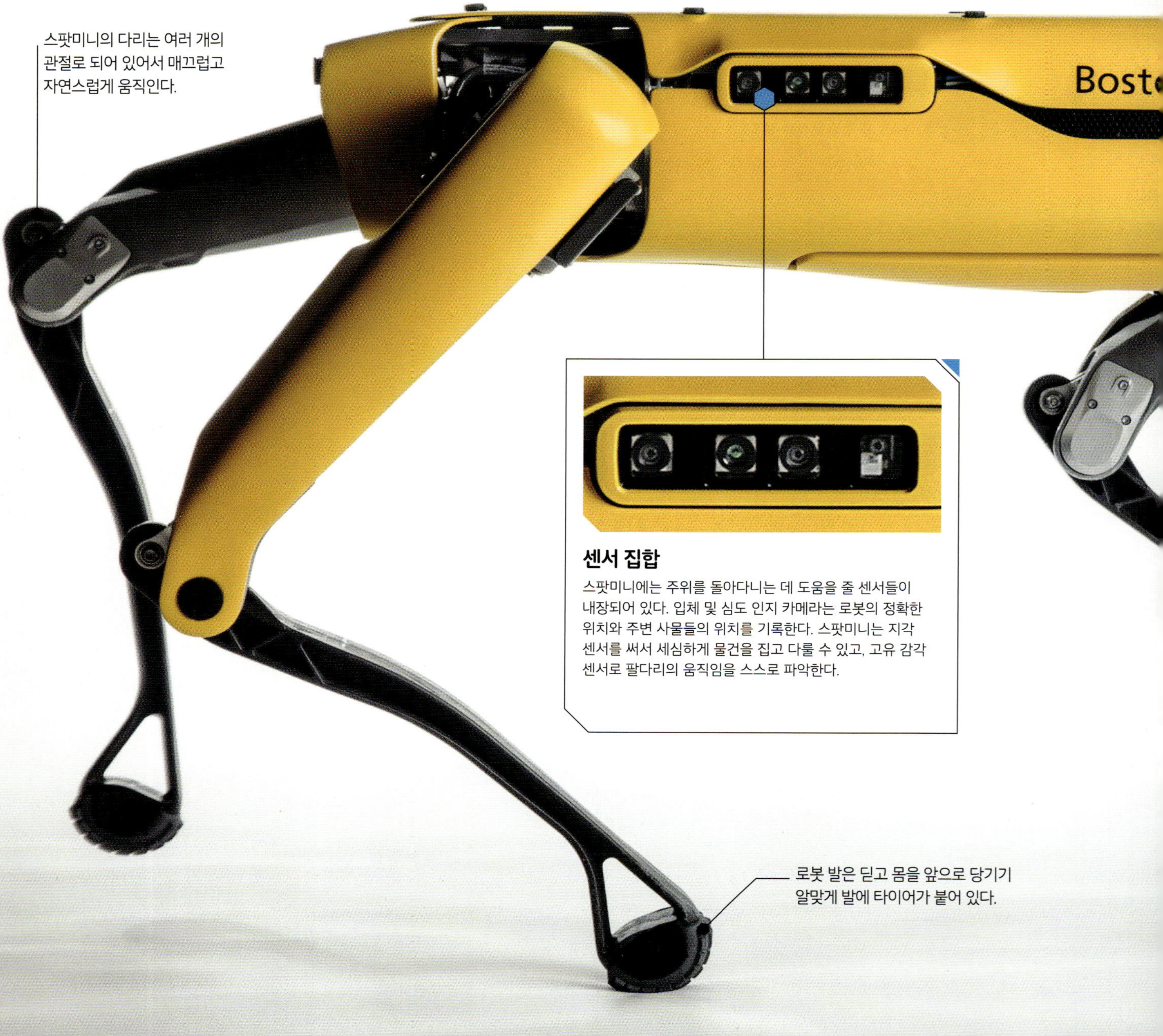

스팟미니의 다리는 여러 개의 관절로 되어 있어서 매끄럽고 자연스럽게 움직인다.

센서 집합

스팟미니에는 주위를 돌아다니는 데 도움을 줄 센서들이 내장되어 있다. 입체 및 심도 인지 카메라는 로봇의 정확한 위치와 주변 사물들의 위치를 기록한다. 스팟미니는 지각 센서를 써서 세심하게 물건을 집고 다룰 수 있고, 고유 감각 센서로 팔다리의 움직임을 스스로 파악한다.

로봇 발은 딛고 몸을 앞으로 당기기 알맞게 발에 타이어가 붙어 있다.

전원
배터리

특징
3D 시각

가정 로봇
스팟미니

사람의 가장 좋은 친구가 될 수 있는 스팟미니는 개를 모방하여 만든 다리가 넷인 도우미 로봇이다. 이 영리한 개는 공을 뒤쫓아 물어 오는 차원을 넘어선다. 작고 매끄러운 스팟미니는 물건을 집고, 계단을 오르고, 장애물을 피하는 데 전문가다. 시범 영상을 보면, 스팟미니는 몸에서 팔을 뻗어서 쉽게 문을 열 수 있다. 스팟미니는 한 번 충전하면 90분 동안 움직인다. 따라서 가장 활동적인 로봇 반려견일 것이다.

노란 플라스틱 덮개는 아주 튼튼하고 오래간다.

머리에 팔을 붙여서 물건을 움켜쥘 수 있다.

스팟

스팟은 보스턴다이내믹스가 개발한 또 다른 네발 로봇이다. 거친 지형에서 돌아다니도록 만들어졌다. 센서와 입체 시각을 써서 균형을 유지하면서 길을 찾아갈 수 있다. 한 번 충전에 45분 동안 작동할 수 있고, 23킬로그램까지 짐을 운반할 수 있다.

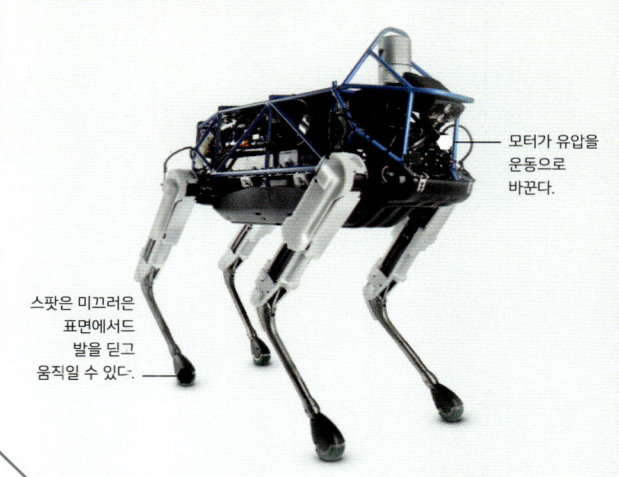

모터가 유압을 운동으로 바꾼다.

스팟은 미끄러운 표면에서도 발을 딛고 움직일 수 있다.

> **"이런 로봇들은 가능성을 탐구하며, 능력을 확장하려고 시도한다."**
> 보스턴다이내믹스 최고 경영자, 마크 레이버트

로봇의 이동 방식
:다리, 바퀴, 무한궤도

사람은 어떻게 움직여야 할지 거의 생각하지 않고 움직이지만, 로봇의 움직임은 꼼꼼하게 설계하고 프로그래밍을 해야 한다. 안정, 균형, 장애물을 넘는 능력은 해결해야 할 중요한 과제들이다. 땅 위에서 돌아다니는 로봇에 가장 흔히 사용하는 이동 수단은 다리, 바퀴, 무한궤도다. 로봇 공학자들은 이 세 가지 방식을 이용하여 움직이는 다양한 방법들을 고안해 낸다.

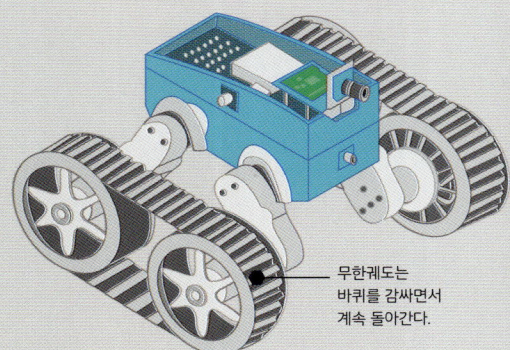

무한궤도는 바퀴를 감싸면서 계속 돌아간다.

무한궤도 로봇

탱크와 불도저에 쓰이는 것과 비슷한 무한궤도는 대개 바퀴보다 움직임이 더 느리다. 그래서 많은 로봇은 바퀴를 쓴다. 그러나 비탈이나 거칠고 예측할 수 없는 지형에서 움직일 때에는 무한궤도가 더 낫다. 무한궤도로 움직이는 로봇이 방향을 바꿀 때는 대개 한쪽 무한궤도만 이용하여 반대쪽에 쓸린 자국을 남긴다.

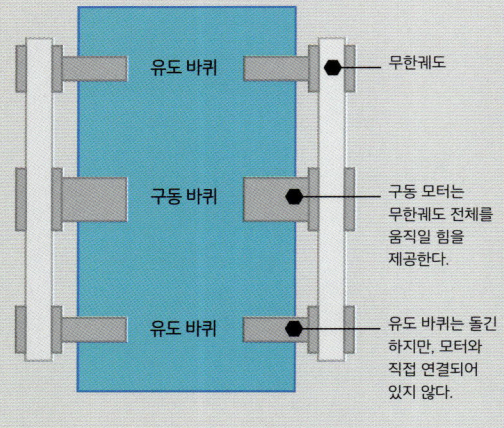

유도 바퀴 / 무한궤도 / 구동 바퀴 / 구동 모터는 무한궤도 전체를 움직일 힘을 제공한다. / 유도 바퀴 / 유도 바퀴는 돌긴 하지만, 모터와 직접 연결되어 있지 않다.

앞으로 / 뒤로

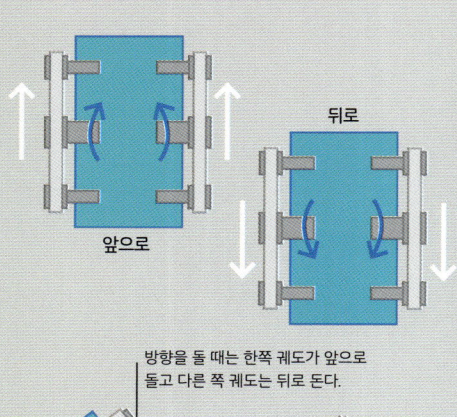

방향을 돌 때는 한쪽 궤도가 앞으로 돌고 다른 쪽 궤도는 뒤로 돈다.

좌회전 / 우회전

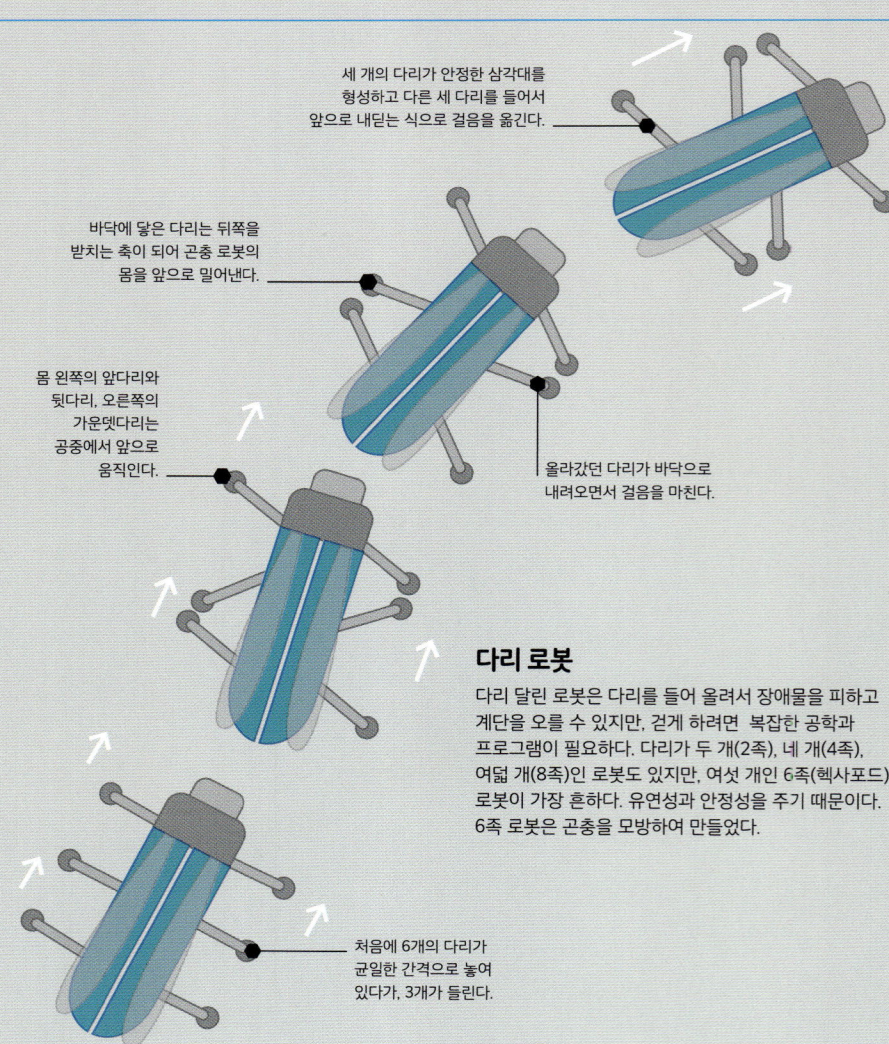

세 개의 다리가 안정한 삼각대를 형성하고 다른 세 다리를 들어서 앞으로 내딛는 식으로 걸음을 옮긴다.

바닥에 닿은 다리는 뒤쪽을 받치는 축이 되어 곤충 로봇의 몸을 앞으로 밀어낸다.

몸 왼쪽의 앞다리와 뒷다리, 오른쪽의 가운뎃다리는 공중에서 앞으로 움직인다.

올라갔던 다리가 바닥으로 내려오면서 걸음을 마친다.

다리 로봇

다리 달린 로봇은 다리를 들어 올려서 장애물을 피하고 계단을 오를 수 있지만, 걷게 하려면 복잡한 공학과 프로그램이 필요하다. 다리가 두 개(2족), 네 개(4족), 여덟 개(8족)인 로봇도 있지만, 여섯 개인 6족(헥사포드) 로봇이 가장 흔하다. 유연성과 안정성을 주기 때문이다. 6족 로봇은 곤충을 모방하여 만들었다.

처음에 6개의 다리가 균일한 간격으로 놓여 있다가, 3개가 들린다.

바퀴 로봇

땅 위에서 돌아다니는 로봇에게는 바퀴가 가장 빠르고 단순하면서 가장 효율적인 이동 방법일 때가 많다. 바퀴는 일부만이 바닥에 닿아 있기 때문에, 속도를 느리게 만드는 마찰력이 더 적다. 그래서 모터로 바퀴를 돌리기가 더 쉽다. 바퀴는 매끄러운 바닥을 돌아다닐 때 더 좋다. 돌멩이가 널려 있는 바닥에서는 다니기가 어렵다. 몇몇 행성 탐사 로봇은 로커보기라는 현가장치에 바퀴를 붙여서 이 문제를 해결한다. 바퀴가 장애물 위를 오르내릴 때 차체가 거기에 맞추어서 들리거나 구부러지도록 하는 장치다. 설계자들과 공학자들은 로봇이 어디에 쓰일지를 고려하여 바퀴를 구상한다.

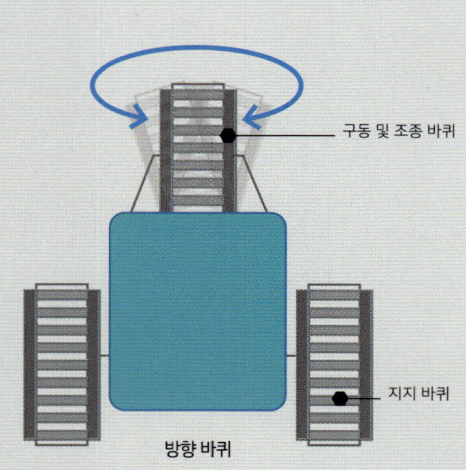

삼륜 구동 로봇
뒤쪽에 달린 두 바퀴로 로봇을 안정시키고 지탱한다. 앞쪽에 달린 하나의 바퀴는 로봇을 앞으로 움직이는 힘을 일으키고 왼쪽이나 오른쪽으로 방향을 트는 축 역할을 한다. 단순해서 설계하기는 쉽지만, 다른 구동 방식에 비해 좌우로 회전하기가 어렵다.

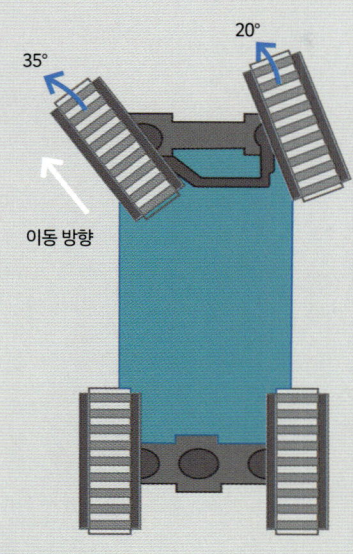

사륜 로봇
대부분의 네 바퀴 로봇은 애커먼 조향 장치를 쓴다. 뒷바퀴로 로봇을 앞으로 움직이며, 앞바퀴는 방향을 잡는다. 방향을 틀 때, 안쪽 바퀴(왼쪽)는 바깥쪽 바퀴보다 더 큰 각도로 비틀린다. 그러면 미끄러질 가능성이 줄어든다.

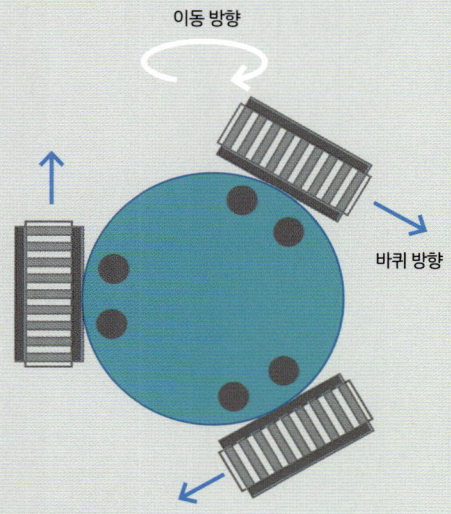

삼륜 옴니봇
바퀴를 비틀어서 방향을 트는 방식이 아니다. 방향을 바꿀 때에는 로봇의 제어 장치가 각 바퀴에 서로 다른 속도로 움직이라고 신호를 보낸다. 그러면 각 바퀴가 같은 속도로 움직일 때와 달리, 자체 축을 중심으로 회전하게 된다.

균형 잡기

사람은 뇌와 속귀, 600개가 넘는 근육을 써서 균형을 잡는다. 반면에 로봇은 기울기 센서와 관절각 센서 같은 장치를 이용해 자기 부품이 어디에 있는지 그리고 넘어질 위험이 있는지를 파악한다. 다리가 6개 이상인 로봇들은 대개 안정을 유지하기 위해 움직일 때 적어도 다리 중 절반은 바닥에 대고서 나머지 다리를 움직인다. 2족 로봇은 한쪽 다리를 들면 불안정해지므로, 보완하기 위해 엄청난 양의 계산 능력, 코딩, 센서가 필요하다. 바퀴가 한 개나 두 개인 로봇도 마찬가지로 균형을 유지하려면 끊임없이 조금씩 몸 상태를 조정해야 한다.

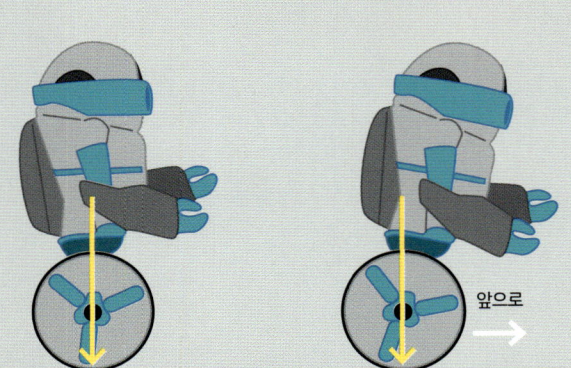

전진
정지해 있을 때 두 바퀴 로봇의 중력 중심은 선 자세를 유지하도록 바퀴 한가운데에 놓인다. 앞으로 움직일 때는 바퀴가 앞으로 돌 때 몸이 뒤로 밀리는 힘을 상쇄시키기 위해서 로봇은 몸을 앞으로 숙인다.

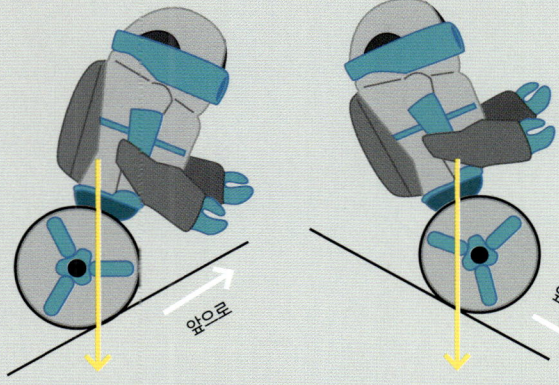

비탈에서
로봇은 비탈을 올라갈 때 몸을 앞으로 기울인다. 그러면 로봇의 무게와 중력 중심이 바퀴가 바닥에 닿는 부위에 놓이게 된다. 비탈을 내려갈 때는 정반대가 되어 몸을 뒤로 기울인다.

엑소트레이너

의료 로봇

로봇 정보

제조자	국적	개발 연도	무게
스페인 국립 연구원과 마르시바이오닉스	스페인	2016년	12kg

로봇 공학은 몸을 움직이는 데 지장이 있는 수백만 명이 사람들에게 도움을 주고 있다. 특히 장애아들에게 많이 쓰인다. 로봇 겉뼈대는 바깥에서 몸을 받치고 움직이도록 돕는 장치다. 엑소트레이너는 그중이 약해져서 잘 걷지 못하는 유전병인 척수 근육 위축증에 걸린 3~14세의 아이들을 돕도록 설계되었다. 아이들이 로봇을 입으면 일어서고 걸을 수 있다. 엑소트레이너는 착용자에게 맞추어서 관절 부위를 조정할 수 있다. 걸을 때 사람이 근육을 맞추어서 관절의 유연한 정도와 움직이는 각도를 수행할 수 있다.

작동 방식

엑소트레이너가 걸음을 옮기려면 두 다리의 관절 움직임을 비롯하여 여러 부위의 복잡한 움직임이 조화를 이루어야 한다. 엑소트레이너는 바닥이 얼마나 딱딱한가에 맞추어서 모든 관절이 뻣뻣한 정도를 자동적으로 조정한다. 발이 바닥에 닿을 때, 발목과 무릎 관절이 충격을 자동으로 줄여 준다.

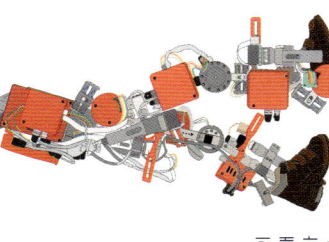

- 엉덩이 관절이 구부러지면서 다리가 앞으로 움직인다.
- 발목 관절은 신발이 바닥에 닿을 때 구부러진다. 뒤꿈치가 먼저 닿는다.

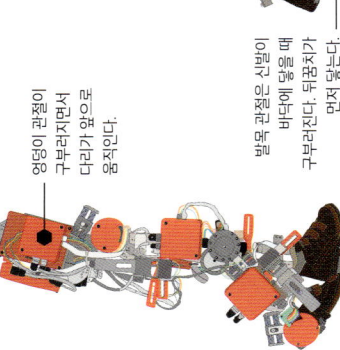

- 다리가 굽힌 다리를 서 있는 다리의 앞쪽으로 옮기면, 무릎 관절이 아래 다리를 표면에서 한 걸음이 끝난다.
- 다리가 5째로 넘어가 바닥에서 발을 들어 올릴 때 작동하면서 엉덩이와 무릎 관절을 구부린다.

어른용

어른용인 리워크 6.0 겉뼈대는 가벼우며, 엉덩이에 달린 배터리를 통해 움직인다. 사용자가 몸을 앞으로 기울이면 로봇이 자동으로 감지하여 엉덩이와 무릎에 있는 모터를 작동시킨다. 그러면 걷기 시작한다. 시간당 2.6킬로미터까지 속도를 낼 수 있다.

- 내장 컴퓨터가 모터를 조정하여 자연스럽게 걷도록 한다.
- 뼈대는 티타늄으로 되어 있다. 일부 부위가 신축성이 있어서 사용자의 몸에 맞추어서 늘리거나 줄일 수 있다.

37

전원
전기 모터

특징
근육 움직임을
자동으로 감지

아틀라스 2030

엑소트레이너는 앞서 나온 로봇인 아틀라스 2030을 개량한 것이다. 아틀라스 2030은 키가 95센티미터 이상인 아이가 쓸 수 있다. 또한 아이의 성장에 맞추어서 로봇의 크기도 조정할 수 있다.

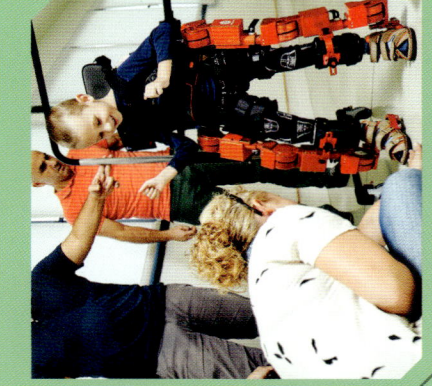

모음 조정해서 이용자의 다리에 착 달라붙도록 할 수 있다.

원반 모양의 무릎 관절은 전기 모터로 움직이며, 회전하면서 다리를 바닥에서 들어올린다.

신발은 갈아신을 수 있다. 발판 아래에 있다.

전기 모터를 작동시키는 배터리는 한 번 충전하면 5시간까지 쓸 수 있다.

로봇 정보

제조사	국적	개발 연도	키
에이수스	대만	2016년	62cm

가정 로봇
젠보

집 안에 기쁨과 행복을 가져오도록 설계된 다정한 가정 로봇이다. 나이에 상관없이 모든 식구들에게 즐거움을 줄 수 있도록 만들어졌다. 첨단 기술에 거리감을 느끼는 사람도 젠보와 쉽게 친해질 수 있다. 젠보는 스스로 움직이고 대화를 하고 말을 이해할 수 있다. 집에 사람이 있든 없든 간에 집 안을 살필 수 있다. 아이의 놀이 친구, 어른의 일손, 노인의 돌보미 역할도 할 수 있다.

원격 제어

이용자는 젠보 앱으로 보안 시스템, 조명, 텔레비전, 잠금장치, 냉난방 기기 등 다른 스마트 가전제품들도 원격 제어할 수 있다. 응급 의료 상황이 발생하면, 젠보는 사진과 음성 또는 동영상을 앱으로 보내어 도움을 요청할 수도 있다.

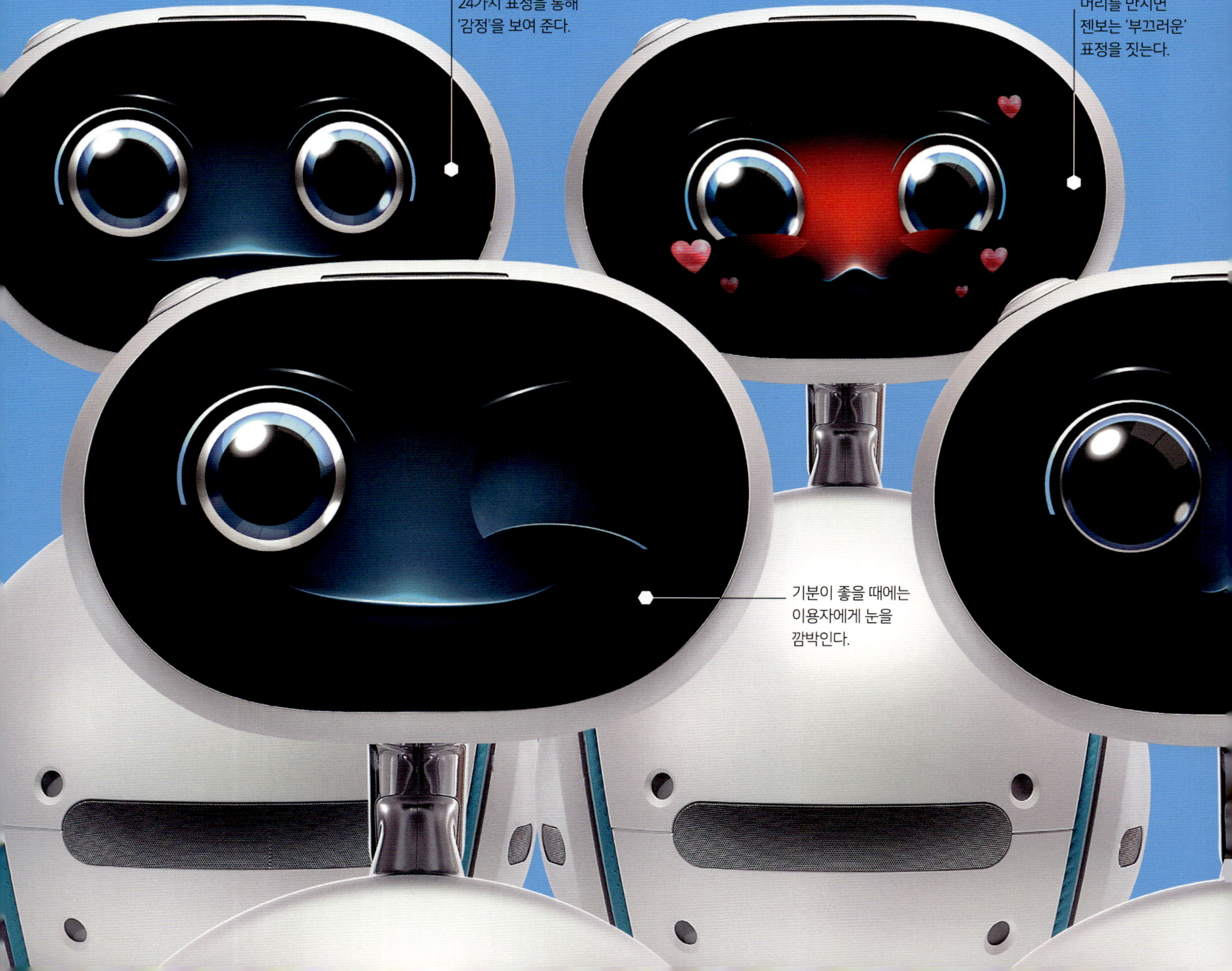

젠보는 '자신만만' 등 24가지 표정을 통해 '감정'을 보여 준다.

머리를 만지면 젠보는 '부끄러운' 표정을 짓는다.

기분이 좋을 때에는 이용자에게 눈을 깜박인다.

무게 10kg
 전원 배터리
 특징 이용자의 선호에 맞추어서 학습하고 적응함

터치스크린

젠보는 표정을 지을 뿐 아니라, 25.6센티미터의 멀티 터치 화면으로 영화를 보여 주고, 영상 통화를 하고, 요리법을 보여 줄 수도 있다. 나이 든 사람도 얼마든지 쓸 수 있도록 화면이 아주 쉽게 구성되어 있다. 또 간단한 음성 명령어로 상품을 주문하고, 전화를 걸고, 소셜 미디어도 이용할 수 있다.

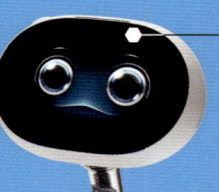

머리에는 카메라와 3D 심도 카메라, 빛 센서가 있다.

계단 같은 곳에서 떨어지지 않도록 4개의 낙하 방지 센서가 들어 있다.

바퀴의 LED 불빛은 젠보의 전력이 얼마나 남았는지, 그리고 일을 하는 중인지 알려 준다.

음파 센서는 길을 찾는 데 도움을 준다.

앞모습

데이터 전송과 업데이트용 USB 포트도 있다.

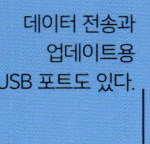

기본 얼굴 표정

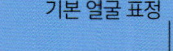

행복할 때 짓는 표정

이용자는 다양한 표정을 조합하여 젠보의 성격을 구성할 수 있다.

정원봇

정원 관리 로봇인 **코비**는 풀을 자르고 낙엽을 모으고, 잔디도 말끔히 깎는다. GPS와 센서를 써서 장애물을 피하면서 일할 수 있다. 일기 예보를 계속 지켜보다가, 겨울에 기온이 너무 떨어지면 일을 중단해야 한다고 주인에게 경보를 보낸다. 겨울에는 스노타이어로 돌아다니면서 쌓인 눈을 바람으로 12미터까지 날리면서 치운다.

▼ 코비는 배터리로 움직이며, 시간당 5킬로미터의 속도까지 낼 수 있다. 무소음 모터와 안전장치를 갖추고 있다.

▲ 코비는 낙엽을 집어서 쌓는다.

가사 도우미 로봇

매일 집 안을 쓸고 닦는 일을 정말로 좋아하는 사람은 아무도 없다. 하지만 로봇은 결코 지겨워하지 않으면서 그런 일을 할 수 있다! 이런 로봇들은 자주 하는 일을 기억하며, 집 안에서 반복되는 일들을 도맡아 한다. 늘 허드렛일을 할 준비가 되어 있을 뿐 아니라, 게으름을 피우지도 지치지도 않는다.

▲ 물은 수동으로 사람이 직접 로봇에 넣어 준다.

물걸레 로봇

이 작은 로봇을 바닥에 놓고 작동시키면 물걸레질을 한다. 배터리로 움직이는 **브라바젯** 물걸레 로봇은 물걸레질과 마른걸레질을 다 할 수 있다. 두 바퀴로 돌아다니면서 물을 뿜고, 문지르고, 훔치는 행동을 반복한다. 한 번 충전하면 25제곱미터까지 닦을 수 있다. 크기가 아주 작아서 매우 비좁은 구석까지 들어갈 수 있다.

건강 지키기

가정 건강 로봇인 **필로**는 원할 때 약을 가져오고 질문에 답한다. 얼굴을 식별하는 얼굴 인식 소프트웨어를 써서, 각 사람의 보건 의료 정보를 학습하고 기억한다. 심각한 상황이 발생하면, 조언과 도움을 받을 수 있도록 의료진과 연결도 해 준다.

▲ 내장된 HD 카메라와 센서로 개인의 보건 의료 관리를 돕는다.

'청소' 단추를 누르면 전원이 켜지고, 한 번 더 누르면 청소를 시작한다.

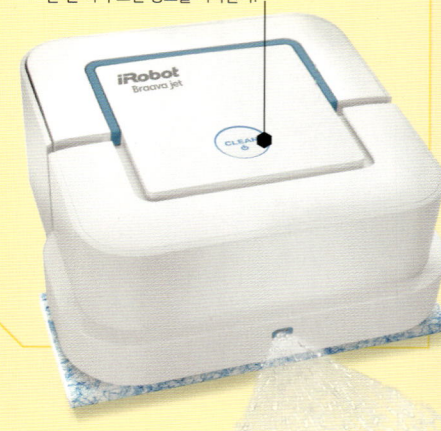

먼지 회오리

최고의 먼지 사냥꾼인 **룸바 900** 시리즈는 첨단 주행 시스템, 시각 위치 확인, 센서를 써서 카펫과 타일 위를 돌아다니면서 모든 쓰레기를 싹 쓸어서 빨아들인다. 룸바 900은 스스로 알아서 배터리를 충전하면서, 집 안 구석구석을 계속 돌아다니면서 먼지 한 톨까지 청소한다.

범퍼에 가벼운 접촉이 일어나면 벽이 있음을 알아차린다.

'청소' 단추를 눌러서 청소를 시작하거나 끝낼 수도 있다.

카메라로 각 방의 지도를 작성한다.

▶ 이 매끄러운 멋진 로봇은 높이가 낮아서 가구 밑까지 들어가 청소할 수 있다.

▲ 앱을 써서 당장 청소를 시작하게 할 수도 있고, 청소 예약 시간을 정할 수도 있다.

▲ 룸바 900은 집 안에 있는 방들의 지도를 작성하여 지능적으로 돌아다니면서 청소를 한다.

수영장 청소

수영장은 물놀이에는 완벽한 곳이지만, 청소하기란 여간 어렵지 않다. 하지만 **미라**를 깊은 수영장 바닥에 집어넣으면, 사람이 몸에 물을 묻힐 필요 없이 알아서 청소를 한다. 내장된 진공청소기, 펌프, 여과 장치가 물을 계속 순환시키면서, 부산스럽지 않게 깨끗이 청소한다. 미라는 시간당 18,000리터가 넘는 물을 순환시키면서, 낙엽과 벌레 같은 커다란 것부터 조류와 세균 같은 작은 입자까지 걸러낸다.

▲ 바퀴로 움직이면서 수영장 바닥에 가라앉은 쓰레기를 모은다.

▲ 청소가 끝나면, 쓰레기통을 꺼내어 비우면 된다.

로봇 정보

제조자
후박스로보틱스

국적
브라질

출시 연도
2016년

작동 방식

이용자는 5가지 얼굴 표정으로 휠체어를 움직일 수 있다. 표정마다 휠체어를 움직이는 방식이 다르다. 앞, 뒤, 왼쪽, 오른쪽, 멈춤이다. 소프트웨어가 카메라 영상을 분석하여 이 표정 중 하나를 검출하면, 휠체어의 조이스틱에 끼워준 로봇 집게인 김미에게 신호를 보낸다. 그러면 김미가 조이스틱으로 휠체어를 움직인다.

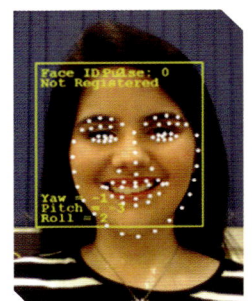
환한 웃음

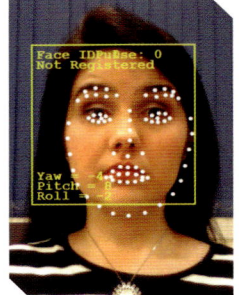
눈썹 치켜뜨기

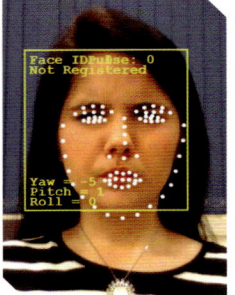
눈썹 내리기

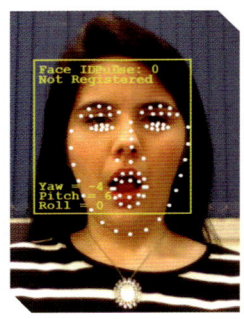
턱 내리기

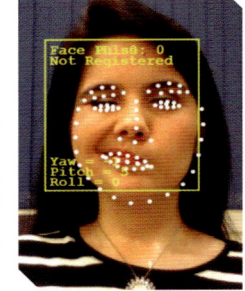
반쪽 웃음

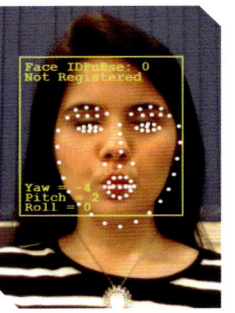
입맞춤

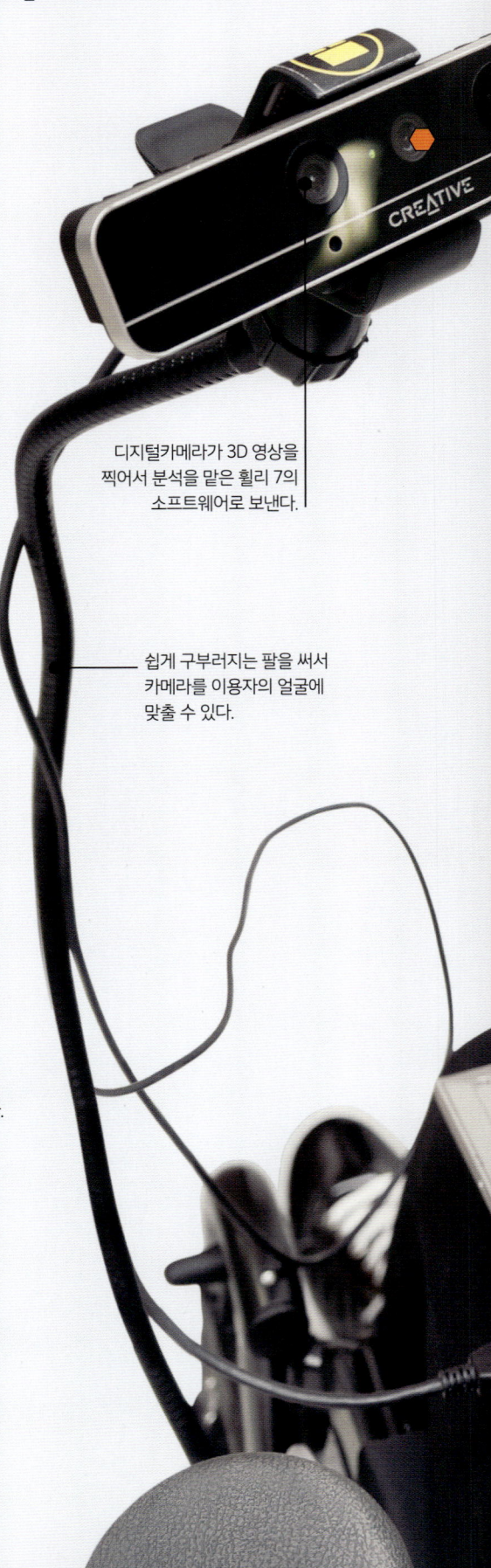

디지털카메라가 3D 영상을 찍어서 분석을 맡은 휠리 7의 소프트웨어로 보낸다.

쉽게 구부러지는 팔을 써서 카메라를 이용자의 얼굴에 맞출 수 있다.

카메라는 이용자의 얼굴을 계속 지켜본다.

김미 집게는 휠체어의 조이스틱을 제어한다.

휠리 7을 설치한 휠체어

전원
배터리

특징
실시간 얼굴 인식

의료 로봇
휠리 7

눈썹을 치켜뜨거나 혀를 내미는 것만으로도 기계를 조종할 수 있다? 비서 로봇인 휠리 7기 바로 그렇게 할 수 있다. 이동이 어려운 사람들을 돕도록 설계된 이 장치는 특수한 디지털카메라로 얼굴 표정을 인식하여 전동 휠체어를 움직이라는 명령으로 전환한다. 이름의 '7'은 설치가 아주 쉽다는 것을 의미한다. 7분이면 일반 휠체어에 설치할 수 있다.

표정 검출

휠리 7의 소프트웨어는 사람의 얼굴에서 78개 지점을 분석한다. 각 지점 사이의 거리 변화를 판단함으로써 '환한 웃음', '입맞춤', '혀 내밈' 등 9가지 표정을 검출할 수 있다.

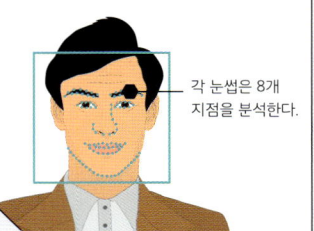

각 눈썹은 8개 지점을 분석한다.

얼굴 인식 소프트웨어가 카메라 영상을 분석하여 표정을 파악한다.

로봇 정보

제조자
안키

국적
미국

소셜 로봇
코즈모

머리가 크고 키가 작은 로봇인 코즈모는 늘 재미있는 일을 찾아 돌아다닌다. 이 자유로운 영혼은 모험을 찾아서 돌아다니다 놀잇거리를 잔뜩 지고 온다. 코즈모는 게임에서 이기면 승리의 춤을 추지만 지면 매우 부루퉁해진다. 코즈모는 피곤해지면 충전 도크로 가서 잠을 자는데, 코 고는 소리도 들린다. 그냥 장난감일 뿐이라고 무시하지 말자. 코즈모는 사람의 얼굴 표정을 알아보고 반응할 만큼 지능이 높으니까.

코즈모는 로봇 팔을 지레처럼 써서 상자를 들어 올리거나 내려놓는다.

코즈모는 인터랙티브 큐브를 이용하여 다양한 놀이를 한다.

전면 카메라, AI 시각 시스템, 얼굴 인식 소프트웨어를 써서 코즈모는 주변 환경과 사람들의 표정을 끊임없이 살핀다.

큐브를 쌓는 코즈모

표정 바꾸기
코즈모는 내장된 '감정 엔진'을 써서 '감정'을 표현한다. HD 화면으로 파란 눈의 크기와 모양을 바꾸어서 아주 다양한 감정을 드러낸다. 얼굴 인식 기술을 써서 코즈모는 주변을 살피다가 친숙한 얼굴이 보이면 불빛을 켠다.

평상시   행복   슬픔

출시 연도	키	무게	전원	특징
2016년	25cm	1.36kg	배터리	첨단 로봇학과 인공 지능

작동 방식

스마트폰이나 태블릿에 연결하면 코즈모에 더욱 활기를 불어넣을 수 있다. 이용자는 무료 앱을 내려받아서 코즈모와 연결하면, 재미있는 게임과 독특한 인터랙션(상호 작용) 같은 여러 기능에 접속할 수 있다. 얼굴에 있는 카메라는 상자 같은 주변 환경에 있는 것들을 포착할 수 있고, 사람의 얼굴 표정도 읽을 수 있을 만큼 정교하다.

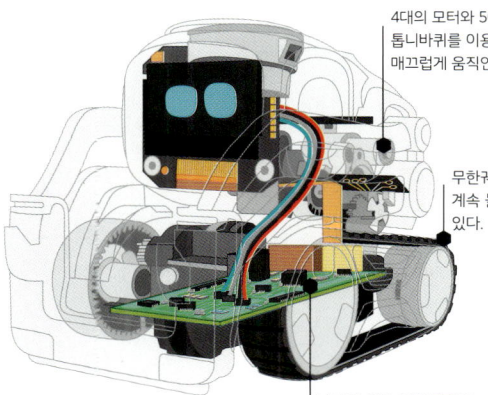

4대의 모터와 50개가 넘는 톱니바퀴를 이용해 매끄럽게 움직인다.

무한궤도를 써서 계속 돌아다닐 수 있다.

내장된 중앙 처리 장치가 모은 자료를 처리한다.

> **"이런 수준의 깊이와 개성을 지닌 로봇은 지금까지 영화에서나 보았을 것이다."**
> 앤키 최고 경영자, 보리스 소프먼

코즈모는 낙하 실험을 거쳐서 고른 300개가 넘는 부품으로 이루어진다.

코즈모의 무한궤도는 깨끗하고 평탄한 표면에서 가장 잘 작동한다.

프로그램 짜기

이용자는 코즈모 코드 랩을 써서 코즈모의 프로그램을 바꿀 수도 있다. 프로그래밍을 전혀 모르는 초보자도 코즈모에게 새로운 프로그램을 입력할 수 있다. 화면에 보이는 코드 블록을 골라서 끼워 맞추면서 코즈모의 표정, 얼굴과 대상 인식, 조작, 이동 같은 기능을 수정한다. 그렇게 프로그램을 짜 넣은 뒤 코즈모를 작동시키면 된다.

무선 안테나는 지상에 있는 제어기로부터 신호를 받는다. 조종자는 회전 날개의 속도를 조절함으로써 드론의 고도와 방향을 바꿀 수 있다.

자율 로봇

자율 로봇은 사람의 입력이나 감독 없이 장시간 일할 수 있다. 로봇이 자율성을 지니려면, 주변 환경을 인식할 필요가 있다. 이를 지각이라고 한다. 지각 능력은 다양한 센서와 소프트웨어를 써서 갖출 수 있다. 센서가 지각한 것을 토대로 결정을 하고, 그 결정을 실행할 수 있어야 한다. 일부 수중 탐사 로봇과 가정의 여러 청소 로봇은 높은 수준의 자율성을 지닌다.

반응형 AI

반응형 AI는 지능의 기본 형태 중 하나이며, 한정된 활동 범위 안에서 데이터를 처리하고 결정을 내리는 기계에 쓰인다. 이 AI는 대개 자신이 하는 일을 깊이 이해하거나 자신의 판단과 행동을 기억하는 일은 하지 않는다. 지능적인 체스 프로그램은 반응형 AI를 사용하곤 한다. 이런 AI는 어떤 수를 두었을 때 상대방이 어떤 수를 둘 가능성이 가장 높은지 시뮬레이션을 하여 추측한다. 한계가 있긴 해도, 상황에 따라서는 매우 유용한 역할을 한다. 2006년 반응형 AI인 딥프리츠는 러시아 체스 세계 챔피언 블라디미르 크람니크를 이겼다.

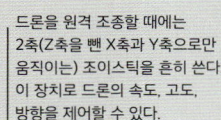

드론에 달린 비디오카메라는 항공 사진과 동영상을 찍는다.

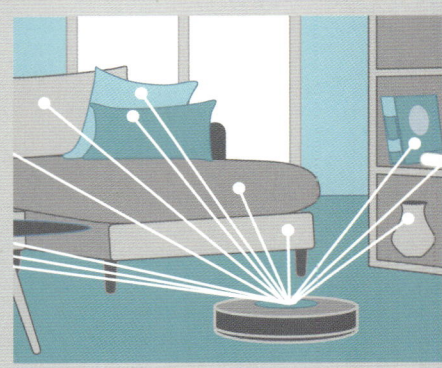

룸바 980

이 진공 청소 로봇은 카메라와 센서를 통해 모은 자료를 토대로 자신의 위치를 포함하여 주변 환경의 상세한 시각 지도를 작성하고, 계속 새로 수정한다. 어디로 갈지, 어떤 청소 전략을 쓸지를 스스로 선택하고, 지도를 써서 장애물을 피할 수 있다. 계단에서 떨어지지 않도록, 낙하 방지 센서로 계속 주위를 살핀다.

원격 조종 기계

원격으로 조종되는 기계는 가장 낮은 수준의 지능을 지닌 장치이다. 아주 유용하지만 스스로 생각하지는 못한다. 판단의 대부분과 전체 제어를 사람이 맡고 있다. 그래서 많은 로봇 전문가들은 이런 기계는 로봇이 아니라고 본다. 드론과 무인 항공기는 조종하는 사람의 명령을 받으며, 조종자는 무선 신호를 통해서 드론과 교신을 한다.

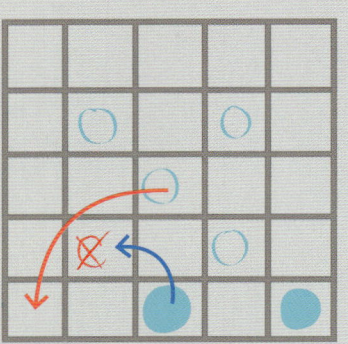

AI 분석

AI는 체커를 두는 동안 말들의 위치를 끊임없이 분석한다. 위에 표시된 수는 상대가 남은 두 개의 말 중 하나를 따낼 것이라고 예측되기 때문에 내버린다.

드론을 원격 조종할 때에는 2축(Z축을 뺀 X축과 Y축)으로만 움직이는 조이스틱을 흔히 쓴다. 이 장치로 드론의 속도, 고도, 방향을 제어할 수 있다.

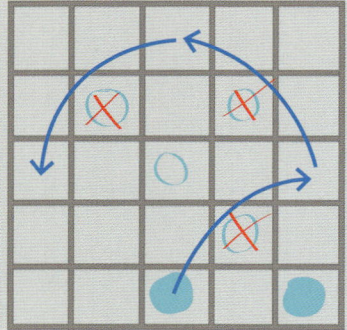

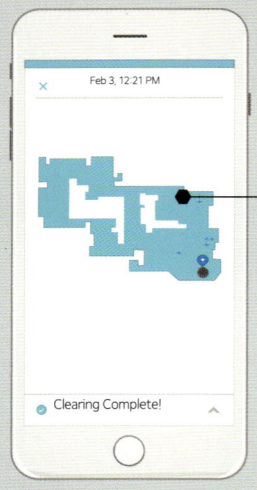

로봇이 작성하는 지도는 스마트폰을 통해 로봇 이용자도 볼 수 있다. 로봇이 어디를 청소했는지도 알 수 있다.

AI 결정

AI는 한 번에 상대방의 말 3개를 한꺼번에 따내는 수를 두기로 결정한다. 그러면 판세를 뒤집을 수 있으므로, 이 수를 택한다. AI는 수를 둘 때마다 이 수를 두면 상대방이 어떤 수를 둘 가능성이 높은지를 계속 시뮬레이션으로 파악한다.

지도 작성

로봇은 어디를 청소했는지, 청소하다가 어떤 문제에 직면했는지를 기록한다. 출력이 낮아지면 알아차려서 자동으로 충전기가 있는 곳으로 간다. 충전한 뒤에 앞서 하던 곳으로 다시 돌아가서 청소를 시작한다.

로봇의 지능

로봇에게 '지능'이 있다고 말할 때, 그 말은 실제로 어떤 의미일까? 전문가마다 의견이 다르지만 지능은 지식과 기술을 습득하여, 문제를 풀거나 유용한 일을 하는 등 어떤 식으로든 응용할 수 있는 능력을 가리킨다. 우리가 로봇이라고 생각하는 장치들 중에는 센서를 써서 정보를 모을 수 있는 것이 많지만, 모든 로봇이 그 정보를 토대로 알아서 판단을 내리고 그에 따라 행동할 수 있는 것은 아니다. 진정으로 지적인 로봇은 판단을 내리고, 새 일에 적응하고, 앞서 배운 정보와 기술을 새 일에 맞게 응용할 수 있다.

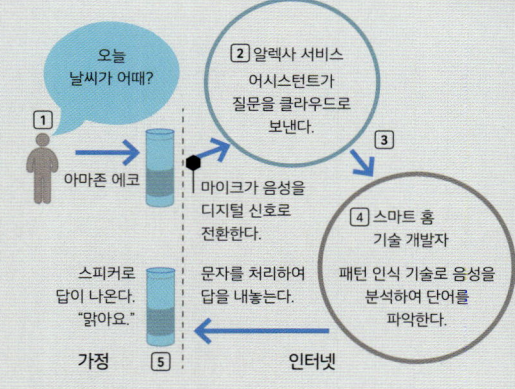

가정 비서

개인 비서 기기는 음성을 인식하고 사용자의 요구와 질문에 응답한다. 그래서 지능이 매우 높은 것처럼 보인다. 하지만 사실은 클라우드에 있는 강력한 인공 지능 비서—컴퓨터 네트워크에 있는 소프트웨어와 서비스의 집합—와 질문과 응답을 주고받는 일이 하는 일의 대부분이다. 클라우드의 AI 알고리즘은 앞서 있었던 수많은 질문을 분석하여 가장 많이 쓰인 응답을 하도록 되어 있다. 답을 검색하여 찾아낸 뒤, 인터넷을 통해 개인 비서로 보낸다.

자동화 상점

인공 지능, 다양한 센서, 전용 컴퓨터 알고리즘을 조합하여 새로운 유형의 하이브리드 지능을 구축하려는 노력이 이루어지고 있다. 이 하이브리드 지능 덕분에, 미래의 슈퍼마켓에서는 계산원, 쇼핑 바구니, 계산대의 긴 줄이 없어질지 모른다. 사려는 상품을 자신의 장바구니에 그냥 넣고서 걸어 나가면 된다.

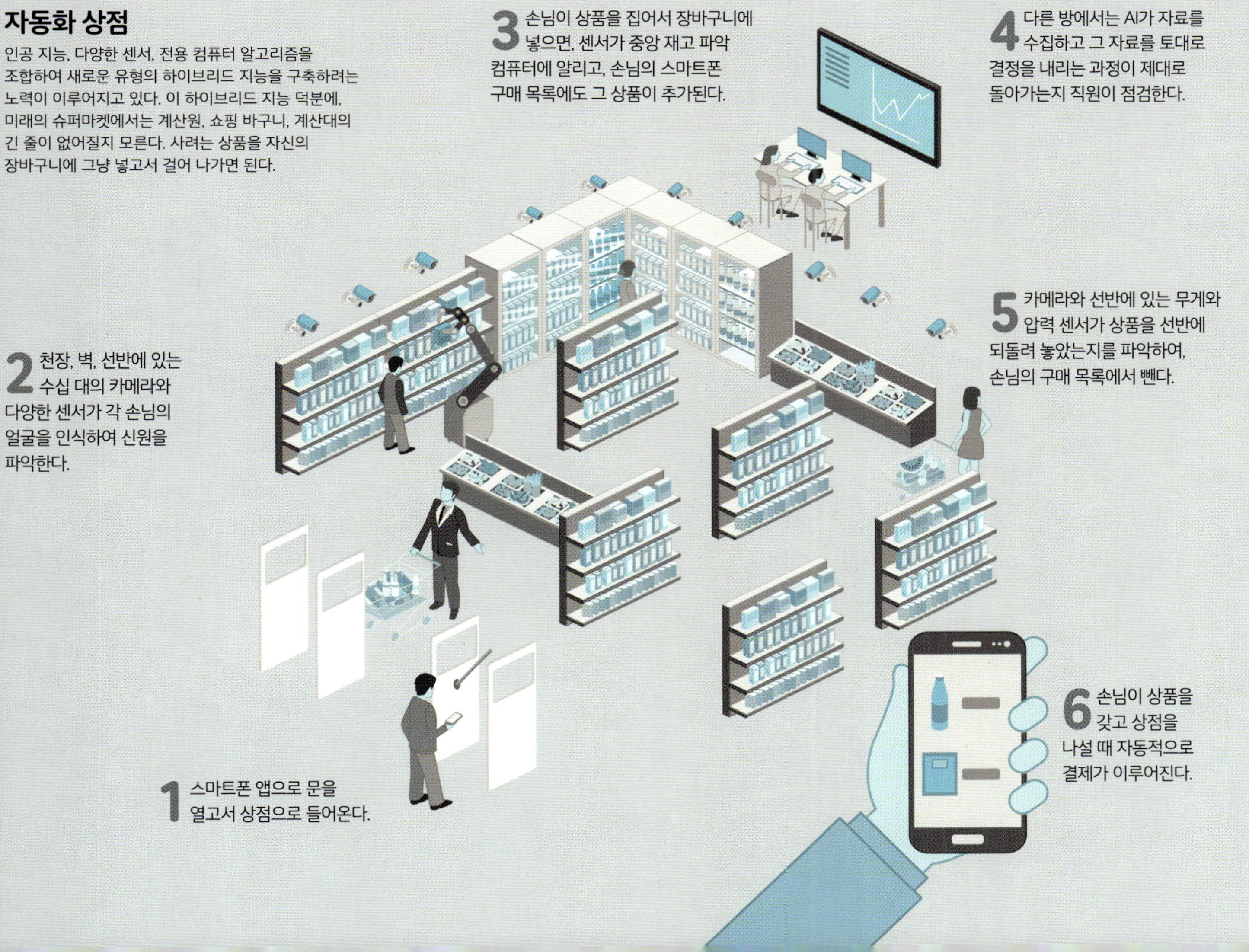

1 스마트폰 앱으로 문을 열고서 상점으로 들어온다.

2 천장, 벽, 선반에 있는 수십 대의 카메라와 다양한 센서가 각 손님의 얼굴을 인식하여 신원을 파악한다.

3 손님이 상품을 집어서 장바구니에 넣으면, 센서가 중앙 재고 파악 컴퓨터에 알리고, 손님의 스마트폰 구매 목록에도 그 상품이 추가된다.

4 다른 방에서는 AI가 자료를 수집하고 그 자료를 토대로 결정을 내리는 과정이 제대로 돌아가는지 직원이 점검한다.

5 카메라와 선반에 있는 무게와 압력 센서가 상품을 선반에 되돌려 놓았는지를 파악하여, 손님의 구매 목록에서 뺀다.

6 손님이 상품을 갖고 상점을 나설 때 자동적으로 결제가 이루어진다.

로봇 정보

제조자	국적	개발 연도	전원	특징
레카	프랑스	2015년	배터리	다양한 감각기와 내장 화면

소셜 로봇
레카

영리하고 귀여운 로봇은 학습 장애가 있는 아이들에게 새로운 세상을 열어 준다. 놀이, 학습, 의사소통을 하는 귀여운 얼굴의 레카가 그렇다. 여러 가지 감각 기능을 갖춘 이 공 모양의 로봇은 개인의 요구에 맞추어서 프로그램을 수정할 수 있으며, 부모와 브호자를 위해 보고서도 작성하고, 장기간에 걸쳐서 아이의 학습과 발달에 도움을 준다.

감정의 공
레카는 얼굴 표정과 LED 색깔을 바꾸어서 아이가 이해할 수 있도록 다양한 '감정'을 전달한다. 레카를 통하여 얼굴 표정을 파악하는 능력을 기름으로써, 아이는 다른 아이들이나 어른들에게서 비슷한 표정을 알아보고 반응할 수 있다.

활동 준비
레카는 사람이 손을 대자마자, 눈을 뜨고 웃으면서 수면 모드에서 놀이 모드로 전환된다. 규칙적으로 놀이 시간을 가지면서 일관된 정보를 가르친다. 특수한 요구를 지닌 아이들과 상호 작용할 때는 반복 학습이 매우 중요한 역할을 하기 때문이다.

아이는 다채로우면서 차분한 LED 불빛, 부드러운 소리, 느긋하게 만드는 진동에 가장 먼저 반응한다. 스트레스와 불안을 줄인다고 검증된 것들이다.

태블릿을 이용하여 사진, 동영상, 게임을 할 때에는 레카의 로봇 얼굴을 화면으로 쓸 수도 있다. 기억 게임을 반복해서 하면 아이의 학습 능력이 향상된다.

내던지거나 마구 다루면 레카는 슬픈 표정을 짓는다.

내장된 모터로 구를 수 있다.

> **"학습 불균형을 줄임으로써 예외적인 아이들이 예외적인 삶을 살아가도록 돕는 것이 우리 임무다."**
>
> 레카 창업자, *라디슬라스 드 톨디*

작동 방식

아이는 태블릿 앱을 써서 레카를 작동시킬 수도 있다. 아이가 레카 및 태블릿과 하는 상호 작용은 기록되어 도표로 전환된다. 부모와 보호자는 이 도표를 보고서 아이가 얼마나 나아지고 있는지를 알 수 있다. 또 앱을 써서 레카를 통해 아이와 게임도 할 수 있다.

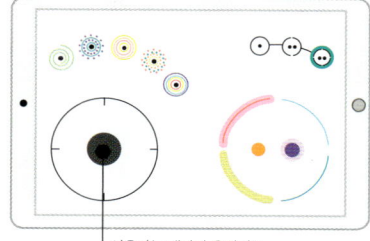

이용자는 레카가 움직이는 방향을 정할 수 있다.

레카의 미소는 어린이의 심리 발달에 도움을 준다.

은 토아봇

대다수의 로봇은 전 세계의 공장에서 위험하거나 지루하거나 지저분한 일을 하고 있다. 현대 로봇들은 일하는 시간과 노력을 크게 절약해 주며, 고장 없이 일을 하는 기간도 점점 길어지고 있다.

로봇 정보 | 제조사 쿠카 | 국적 독일 | 출시 연도 2014년

작업 로봇
LBR 이바

지금 전 세계에서 새로운 유형의 로봇이 공장에 도입되고 있다. 부드러운 덮개와 멋지게 포장된 센서 집합을 갖춘 LBR 이바(지능적 산업 협력 로봇)는 유연하게 움직이면서 어디에든 장착할 수 있는 가벼운 로봇 팔이다. 여러 가지 안전장치가 들어 있어서 생산적인 협력이 가능하다. 충돌하거나 다칠 걱정 없이 바로 옆에서 함께 일할 수 있다.

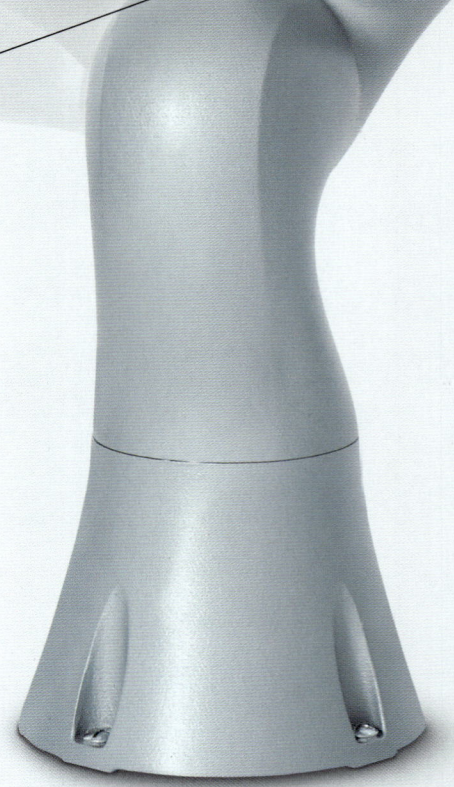

> "이렇게 예민한 로봇이 나왔으므로, 전혀 새로운 응용 방식을 고안할 수 있다."
> 쿠카 공학자, 크리스티나 헤클

어떤 대상과 예기치 않게 접촉하면, 팔의 각 관절은 움직임을 멈춘다.

제어 장치

사용자는 직접 시범을 보이거나 스마트패드 제어 장치를 써서 명령을 내림으로써 LBR 이바에게 작업 프로그램을 짜 넣을 수 있다. 이 복잡한 모양의 터치스크린 장치는 무게가 1.1킬로그램이며 로봇과 무선으로 통신한다. 화면 왼쪽의 누름단추들은 로봇 팔의 각 관절을 밀리미터 단위로 조정할 수 있다.

긴급 정지 단추

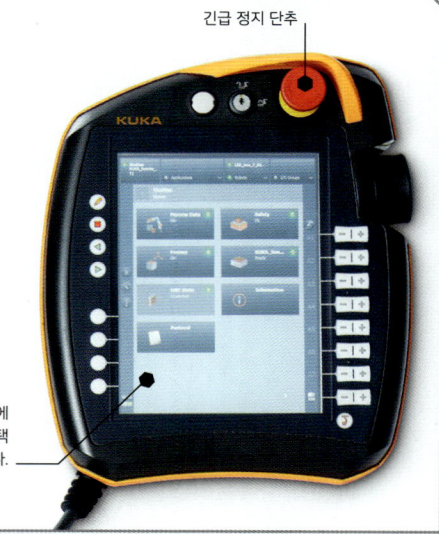

터치스크린에 아이콘과 선택 단추가 보인다.

키	무게	전원	특징
1.3m	30kg	전기	자체 경로와 행동을 짤 수 있음

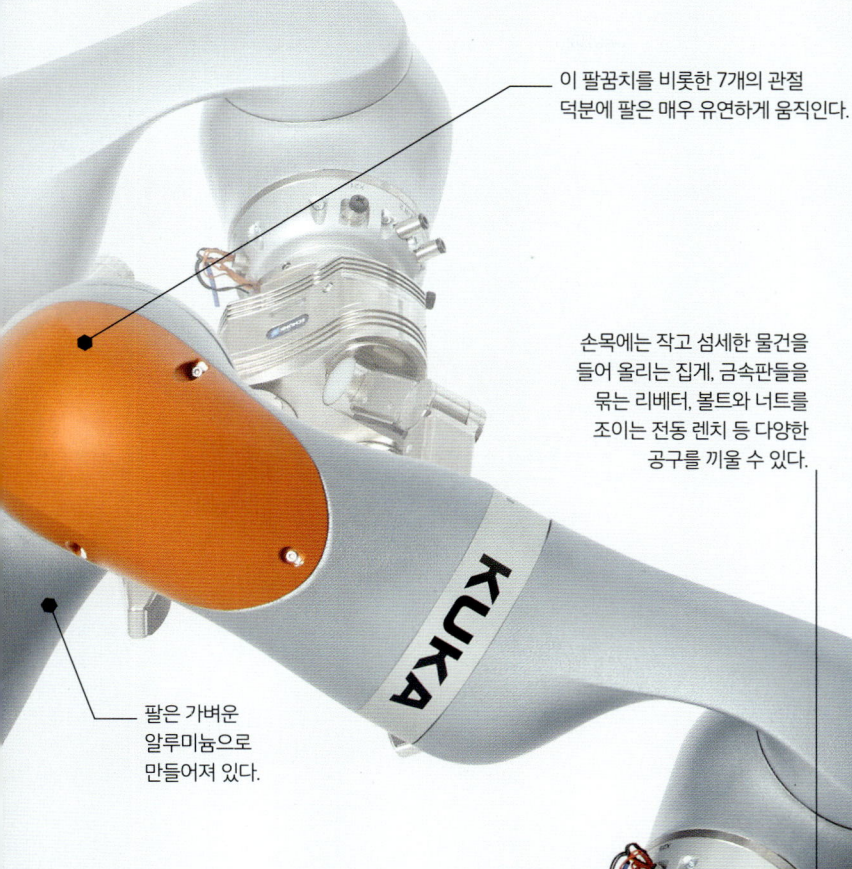

이 팔꿈치를 비롯한 7개의 관절 덕분에 팔은 매우 유연하게 움직인다.

손목에는 작고 섬세한 물건을 들어 올리는 집게, 금속판들을 묶는 리베터, 볼트와 너트를 조이는 전동 렌치 등 다양한 공구를 끼울 수 있다.

팔은 가벼운 알루미늄으로 만들어져 있다.

작동 방식

7개의 관절 각각은 움직이는 범위가 넓고, 매우 정밀한 전기 모터로 움직인다. 관절들의 협력을 통해 로봇 팔을 좁은 공간과 구석까지 뻗을 수 있다. 팔은 0.1밀리미터 이내로 정밀하게 움직인다. 그래서 전자제품 같은 작고 복잡한 물건을 조립하는 데 알맞다.

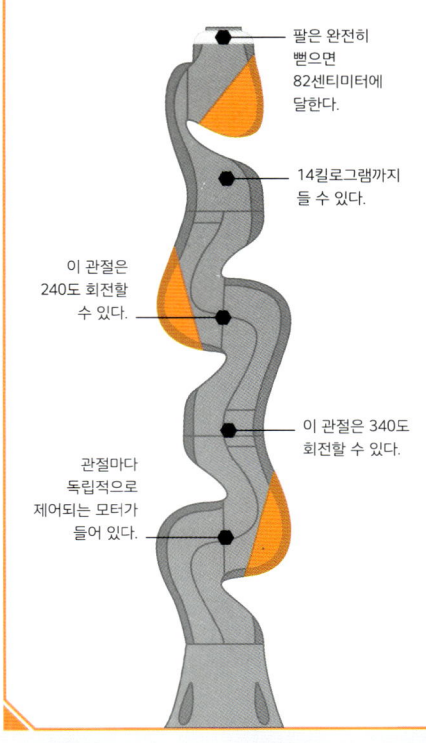

- 팔은 완전히 뻗으면 82센티미터에 달한다.
- 14킬로그램까지 들 수 있다.
- 이 관절은 240도 회전할 수 있다.
- 이 관절은 340도 회전할 수 있다.
- 관절마다 독립적으로 제어되는 모터가 들어 있다.

집게

충격 흡수 기능이 있는 집게는 18밀리초 만에 물건을 쥘 수 있다. 스마트패드 제어 장치나 프로그래밍으로 쥐는 힘을 조절할 수 있다.

달걀 같은 손세한 물건을 다룰 때에는 힘을 약하게 하고, 무겁고 튼튼한 물체를 다루거나 뭔가를 꽉 조일 때에는 힘을 세게 할 수 있다.

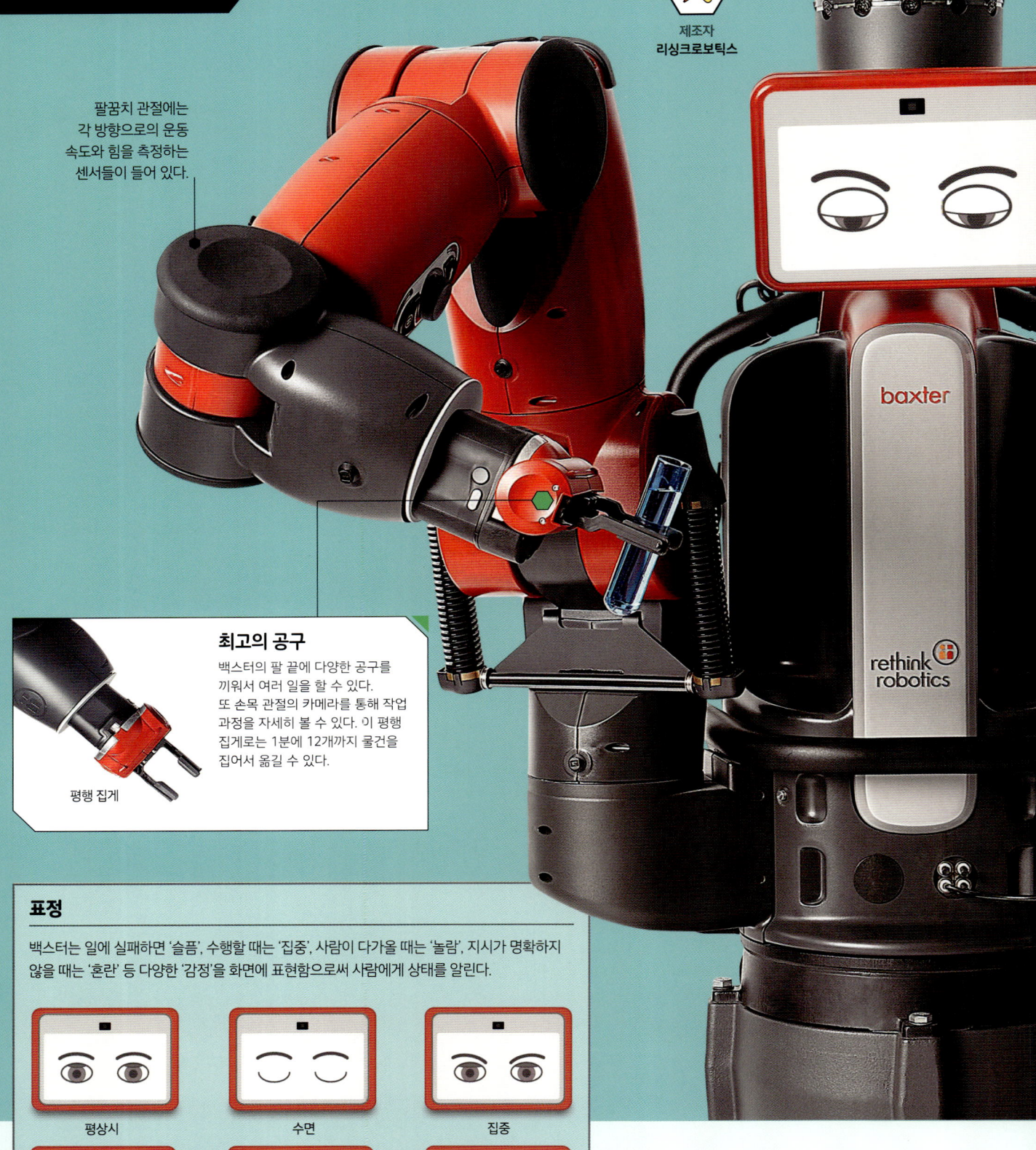

54 　로봇 정보

제조자
리싱크로보틱스

팔꿈치 관절에는 각 방향으로의 운동 속도와 힘을 측정하는 센서들이 들어 있다.

최고의 공구
백스터의 팔 끝에 다양한 공구를 끼워서 여러 일을 할 수 있다. 또 손목 관절의 카메라를 통해 작업 과정을 자세히 볼 수 있다. 이 평행 집게로는 1분에 12개까지 물건을 집어서 옮길 수 있다.

평행 집게

표정
백스터는 일에 실패하면 '슬픔', 수행할 때는 '집중', 사람이 다가올 때는 '놀람', 지시가 명확하지 않을 때는 '혼란' 등 다양한 '감정'을 화면에 표현함으로써 사람에게 상태를 알린다.

평상시　　수면　　집중
놀람　　혼란　　슬픔

국적
미국

 출시 연도
2012년

 키
1.9m

 무게
138.7kg

 전원
배터리

특징
저항과 충돌을 검출하는
센서가 내장된 전동 관절

협동 로봇
백스터

가장 다재다능한 협동 로봇 중 하나인 백스터는 표정이 풍부한 얼굴에, 쉽게 훈련시킬 수 있는 두 팔이 달린 로봇이다. 백스터의 머리, 몸, 팔에 있는 카메라 5대와 관절에 있는 힘 센서는 백스터가 주변에 있는 것들, 특히 사람과 부딪히지 않도록 돕는다. 그리고 백스터는 무언가에 부딪히면, 즉시 움직임을 멈춤으로써 함께 일하는 사람의 안전도 지킨다.

각 팔은 전기 모터로 움직이며, 120센티미터까지 뻗는다. 2.2킬로그램까지 들 수 있다.

백스터에게 새로운 일을 훈련시킬 때에는 내비게이터 단추를 누른다.

진공 집게는 펌프로 빨아들여서 섬세한 물건을 쥔다.

바퀴 달린 발판으로 쉽게 이동할 수 있다.

앞모습

작동 방식

프로그램을 짜 넣지 않고도 백스터에게 일을 가르칠 수 있다. 훈련 모드로 바꾼 뒤, 사람이 백스터의 팔을 잡고서 이렇게 저렇게 움직이면, 로봇은 기억했다가 정확히 따라할 수 있다.

백스터에게 컨베이어 벨트에 있는 물건을 집어서 상자에 넣으라고 가르치려면 사람이 백스터의 팔을 물건 위에 갖다 놓고서 내비게이터 단추를 누른다.

백스터의 손목 카메라는 물건에 초점을 맞추어서 화면에 띄운다. 사람이 맞는 물건이라고 확인하면, 백스터가 집는다.

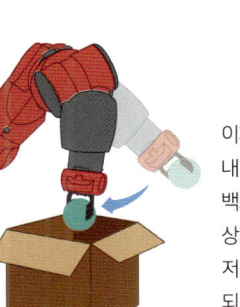

이제 사람이 로봇 팔을 물건을 내려놓을 곳으로 옮긴다. 백스터는 센서를 써서 물건을 상자에 넣는다. 이 작업 과정을 저장하면, 백스터는 그 일을 되풀이할 수 있다.

펜던트를 이용한 프로그래밍

사람이 티칭 펜던트라는 휴대 장치를 써서 로봇을 프로그래밍하는 방식이다. 펜던트의 제어판을 써서 조작자는 로봇에게 어디에서 어디까지 움직이고, 어떤 행동을 하라고 순차적으로 명령을 내린다. 이런 명령들은 프로그램으로 저장된다. 프로그램을 작동시키면 로봇은 그 행동을 되풀이하면서 일을 한다. 프로그램이 너무 크면 부프로그램이라는 더 작은 단위로 나누기도 한다. 그러면 사람이 로봇을 가르치기도 더 쉬워지고, 나중에 교체하기도 더 쉬워진다. 티칭 펜던트 방식은 자동차 용접, 도색, 물건을 집어서 옮기기, 다른 공장 기계들을 싣고 내리는 일을 하는 산업 로봇에 흔히 쓰인다.

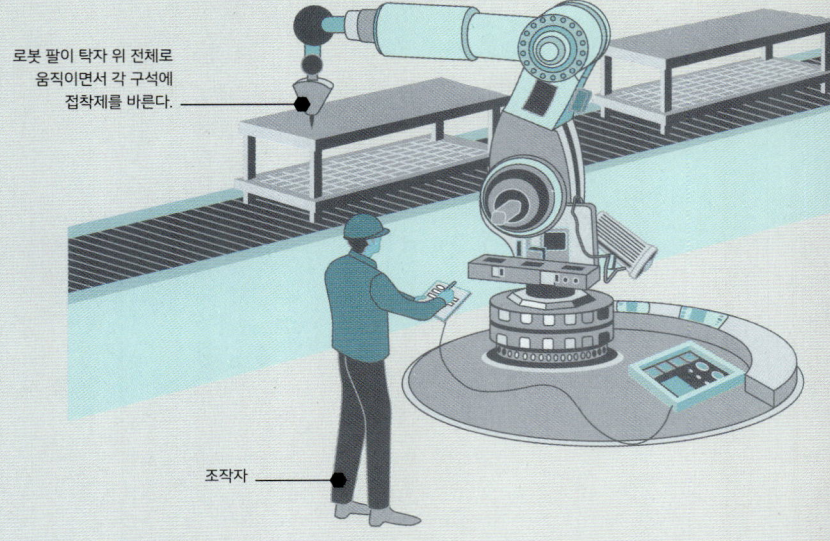

로봇 팔이 탁자 위 전체로 움직이면서 각 구석에 접착제를 바른다.

조작자

1 가르치기

조작자는 티칭 펜던트로 산업 로봇에게 생산 라인에 있는 탁자의 각 구석에 접착제를 바르라고 명령한다. 안전성과 정확성을 기하기 위해서 가르치는 단계에서는 지점 사이를 비교적 느리게 움직이도록 명령한다.

펜던트의 특징

티칭 펜던트는 케이블로 로봇이나 컴퓨터에 연결하거나, 무선으로 로봇과 통신할 수도 있다. 최신 펜던트에는 첨단 컴퓨터 기술이 들어 있다. 더 쉬운 입력 방법을 써서 점점 더 복잡해지는 로봇을 제어하고 수행할 작업을 가르친다. 펜던트는 대개 단추가 많아서 모양이 복잡하고 방진, 방수, 충격에 견딜 수 있다. 펜던트는 제어할 로봇의 일에 맞게 제작된다. 조작을 쉽게 할 수 있도록 여러 가지 기능들을 갖추고 있다.

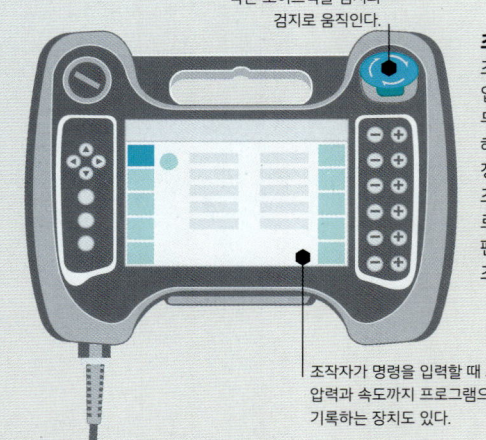

작은 조이스틱을 엄지와 검지로 움직인다.

조이스틱
조이스틱은 막대 모양의 단순한 제어 장치나 입력 장치를 뜻한다. 가장 단순한 형태는 무언가를 위아래와 좌우로 움직일 수 있게 해 주는 것이다. 가장 복잡한 형태는 360도 정밀한 조종도 가능하다. 펜던트 조작자는 조이스틱을 써서 한 지점에서 다른 지점으로 로봇을 움직일 수도 있다. 각 지점에서 펜던트의 자판 등을 써서 위치를 미세하게 조정할 수도 있다.

조작자가 명령을 입력할 때 쓰는 압력과 속도까지 프로그램으로 기록하는 장치도 있다.

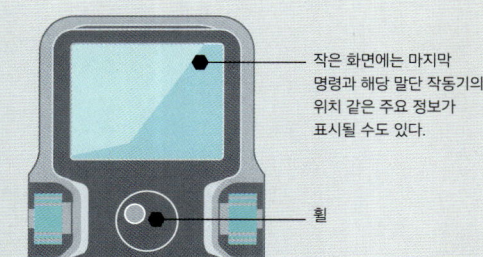

작은 화면에는 마지막 명령과 해당 말단 작동기의 위치 같은 주요 정보가 표시될 수도 있다.

휠
수평 또는 수직으로 돌려서 화면에 일련의 선택 사항들을 표시하면서 고를 수 있도록 휠이 있는 펜던트도 있다. 로봇의 한 관절을 몇 도 움직이라는 등 숫자를 입력할 때 쓰는 숫자판도 있다.

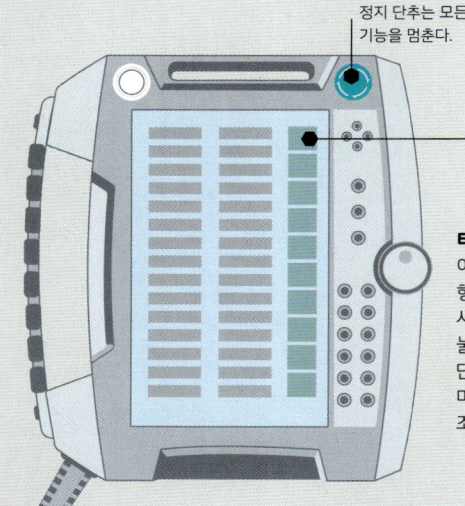

정지 단추는 모든 기능을 멈춘다.

컬러 터치스크린은 아이콘을 누르고 두드릴 때 반응한다.

터치스크린
이런 펜던트는 화면에 단순한 아이콘 형태로 명령과 선택 사항이 나와 있고, 사용자는 단순히 손가락으로 아이콘을 눌러서 선택을 할 수 있다. 또 긴급 정지 단추와 여러 누름단추들이 붙어 있다. 미래의 티칭 펜던트는 스마트폰 앱으로 조작하는 형태가 될 수도 있다.

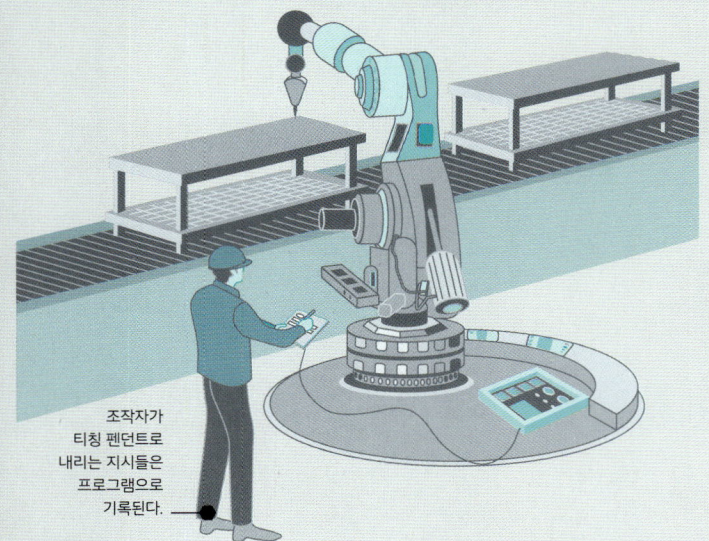

조작자가 티칭 펜던트로 내리는 지시들은 프로그램으로 기록된다.

2 기록하기와 시험하기
가르치는 단계에서 로봇은 움직임과 행동을 기록하여 프로그램으로 저장한다. 기록한 뒤에 시험적으로 프로그램을 작동시키면서 제대로 작업되는지 검사를 할 수도 있다. 조작자는 어느 단계에서든 프로그램을 멈추고서 수정이나 편집을 하여 정밀도를 높이거나 작동 속도를 맞출 수 있다.

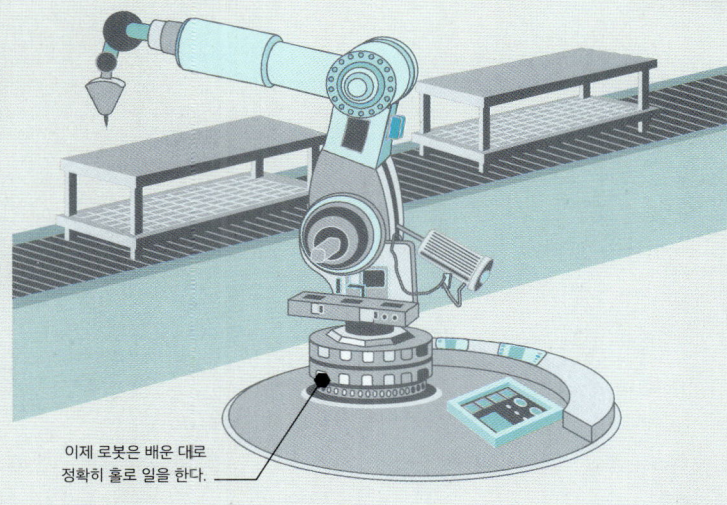

이제 로봇은 배운 대로 정확히 홀로 일을 한다.

3 행동
수정을 하고 검사를 끝내면, 티칭 펜던트를 분리하고 로봇을 작동시킬 수 있다. 로봇이 작업을 더 빨리 수행하도록 로봇 부품들이 움직이는 속도를 높일 수도 있지만, 생산 라인에서 일하는 다른 로봇이나 기계와 속도를 맞추어야 한다.

온라인 프로그래밍

새로운 로봇이 생산 라인에 도입되면, 이 로봇은 반짝거리고 말끔해 보일지 몰라도 명령을 내리기 전까지는 별 쓸모가 없다. 이때 공장의 생산 라인 등 작업장에서 로봇의 프로그램을 직접 짜 넣는 것을 온라인 프로그래밍이라고 한다. 주로 새로 설치한 로봇에게 명령을 내리거나 있던 로봇에게 다른 일을 맡길 때 쓰인다. 온라인 프로그래밍은 시간이 오래 걸릴 수도 있다. 다행히도 이 과정을 단순화하고 단축시키는 방법들이 개발되어 왔다.

시범을 통한 프로그래밍

로봇 기술이 발전함에 따라 점점 더 인기를 끄는 온라인 프로그래밍 방법 중 하나는 리드스루 프로그래밍이다. 사람이 직접 시범을 보여서 로봇에게 일을 가르치는 방식이다. 사람은 로봇을 잡고서 일을 하는 순서에 맞추어 정확히 움직이며 로봇을 가르친다. 로봇은 각 명령과 움직임을 기억 장소에 저장한다. 나중에 그 움직임을 정확히 되풀이하면서 작업을 수행할 수 있다. 이 방법을 쓰면 프로그래밍 지식이 거의 또는 전혀 없는 사람도 로봇을 얼마든지 가르칠 수 있다. 단, 조작자는 로봇이 수행할 작업을 능숙하게 할 수 있어야 한다.

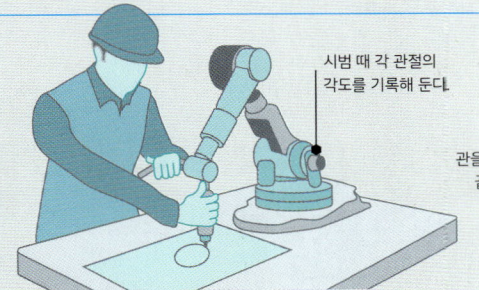

시범 때 각 관절의 각도를 기록해 둔다.

저장된 프로그램에 따라서 로봇의 관절들이 움직인다.

관을 통해서 로봇 팔의 끝에 달린 도포기로 물감이 공급된다.

1 시범
사람은 로봇 팔을 잡고 움직여서 광고판에 글자와 숫자를 적는 데 필요한 움직임을 알려 준다. 작업의 각 단계에서 로봇은 자기 부위들의 위치와 수행된 행동을 기록하여 기억 장소에 저장한다.

2 행동
일을 하라는 명령을 받으면, 로봇은 작업에 필요한 행동들을 빠르고 정확하게 계속 반복할 수 있다. 이 프로그래밍 방법은 대개 티칭 펜던트를 쓰는 것보다 시간이 덜 걸린다.

로봇 정보			
제조자 인튜이티브서지컬	국적 미국	출시 연도 2000년	전원 전기

조종 로봇

다빈치 수술 로봇

수술하는 로봇이라고 하면 겁을 낼 사람도 많지만, 다빈치 수술 로봇은 평범한 로봇이 아니다. 미세한 수술 도구를 정밀하게 움직일 수 있는 장치로서, 쌀알만큼 작은 도구를 1밀리미터 이내로 움직이기도 한다. 하지만 자동적으로 수술을 하지는 못하고 외과 의사가 조종하여 쓴다. 현재 전 세계에서 거의 4,000대의 다빈치 수술 로봇이 쓰이고 있으며, 2000년 이래로 300만 건이 넘는 수술을 해 왔다.

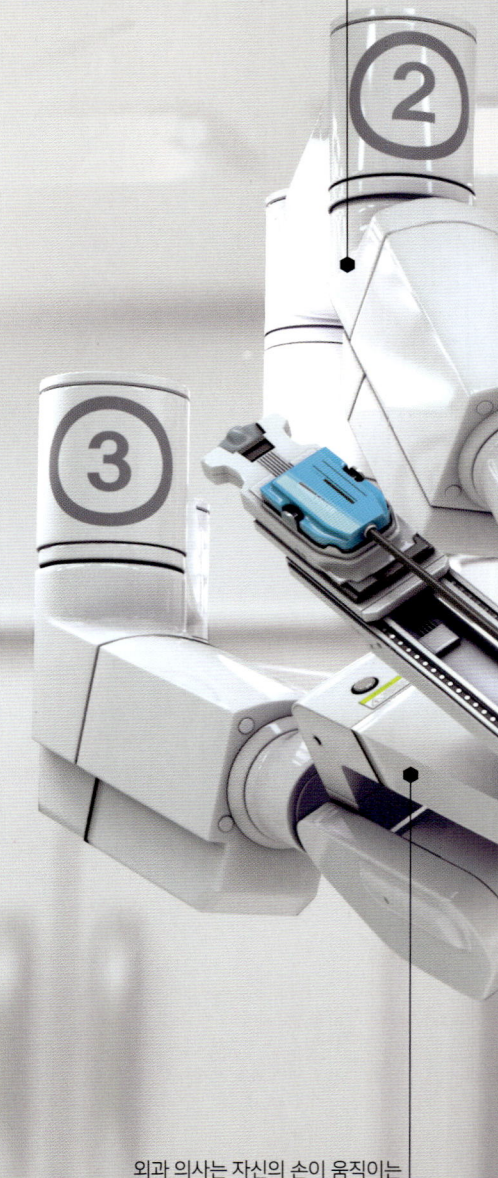

모터가 달린 각 관절은 사람이 원하는 대로 유연하게 움직인다.

외과 의사는 자신의 손이 움직이는 거리의 일부만큼만 로봇 팔이 움직이도록 조정할 수 있다. 그래서 수술 때 로봇을 더 세밀하게 제어할 수 있다.

작동 방식

외과 의사는 조종간 앞에 앉아서 발의 페달과 손의 제어 장치를 써서 로봇에게 지시를 한다. 외과 의사의 움직임에 맞추어 로봇팔이 환자의 몸속에서 미세한 기구를 조작한다. 수술진은 환자의 몸속에서 이루어지는 수술 장면을 화면으로 계속 지켜본다.

작은 손목 도구는 매우 유연하다.

로봇은 수술하는 영상을 비전 카트와 외과 의사의 조종간으로 보낸다.

환자 카트

비전 카트

조수

간호사

외과 의사가 조종간을 잡은 채 직접 수술을 할 때처럼 손을 움직이면 로봇이 정확히 따라한다.

조종간 앞의 외과 의사

조종간은 수술 장면을 고화질 3D 영상으로 확대해 보여 준다.

비전 카트는 수술 장면을 수술실 직원 전체가 볼 수 있도록 보여 준다.

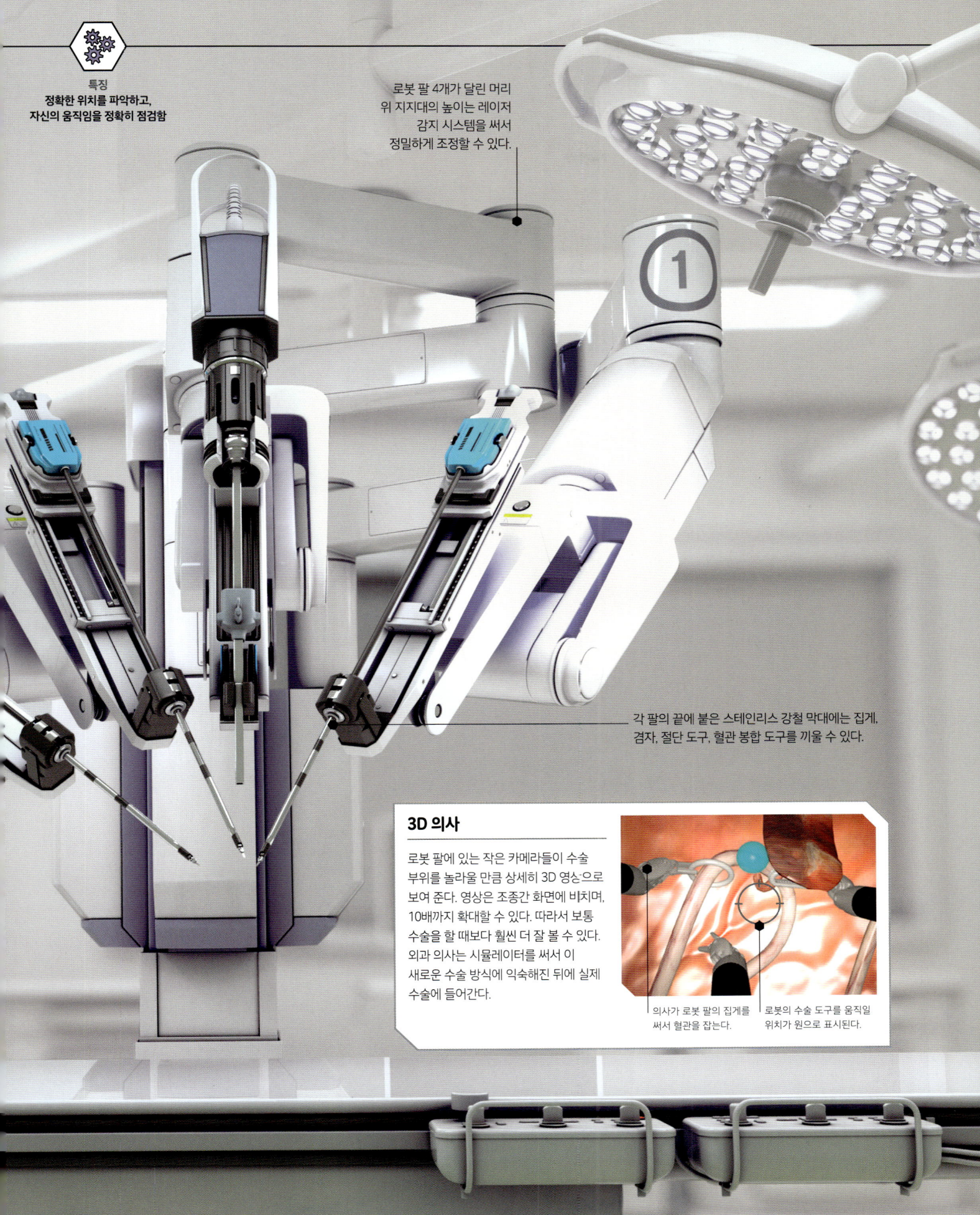

특징
정확한 위치를 파악하고, 자신의 움직임을 정확히 점검함

로봇 팔 4개가 달린 머리 위 지지대의 높이는 레이저 감지 시스템을 써서 정밀하게 조정할 수 있다.

각 팔의 끝에 붙은 스테인리스 강철 막대에는 집게, 겸자, 절단 도구, 혈관 봉합 도구를 끼울 수 있다.

3D 의사

로봇 팔에 있는 작은 카메라들이 수술 부위를 놀라울 만큼 상세히 3D 영상으로 보여 준다. 영상은 조종간 화면에 비치며, 10배까지 확대할 수 있다. 따라서 보통 수술을 할 때보다 훨씬 더 잘 볼 수 있다. 외과 의사는 시뮬레이터를 써서 이 새로운 수술 방식에 익숙해진 뒤에 실제 수술에 들어간다.

의사가 로봇 팔의 집게를 써서 혈관을 잡는다.

로봇의 수술 도구를 움직일 위치가 원으로 표시된다.

최고의 대리 주차

대리 주차 로봇인 **스탠**은 센서를 써서 차를 들어서 가까운 주차장으로 옮긴다. 스탠은 최고의 대리 주차 서비스를 제공한다. 고객은 그냥 공항에 차를 세우고, 터치스크린으로 예약을 확인하고, 차를 잠근 뒤 떠나면 된다. 나머지는 로봇이 알아서 한다. 스탠은 현재 프랑스 파리의 샤를 드골 공항에서 운영 중이다. 로봇 한 대가 최대 400대의 주차 공간을 활용한다.

▶ 스탠은 자동차의 네 바퀴 밑을 들어서 주차장으로 옮긴다.

뛰어난 경비원

로봇 **코발트**는 경비원과 똑같이 사무실, 가게, 창고를 지키는 일을 한다. 이 실내 로봇은 밤낮으로 건물을 순찰하면서 수상쩍은 움직임이 있으면 보고한다. 코발트는 60개의 센서, 카메라, 음성 장치로 문 열림, 파이프 누출, 예상외의 방문객 등 다양한 문제들을 파악한다. 일산화탄소와 연기를 검출하는 센서도 있고, 직원의 신분증을 읽어서 확인하는 스캐너도 있다.

◀ 이 사람만 한 로봇은 터치스크린 화면으로 사람과 활발하게 상호 작용을 한다.

▲ 코발트는 사람들의 활동을 방해하지 않으면서 공간을 순찰한다.

구부러지는 팔

레이저 스네이크는 레이저를 갖춘 로봇으로, 위험한 장소에서 놀라운 능력을 발휘한다. 뱀처럼 생긴 로봇 팔에는 유연한 관절, 고화질 카메라, LED 전구가 들어 있고, 전자 부품과 제어 장치는 원격 조종된다. 발전소의 원자로를 해체할 때 레이저 스네이크가 들어가서 방사성을 띤 부품들을 해체한다. 사람의 안전을 지키는 한편, 비용도 줄일 수 있다.

고출력 레이저로 절단한다.

▶ 레이저스네이크는 안에 전선, 관, 레이저를 집어넣을 수 있도록 속이 비어 있다.

힘든 작업

현대 생활은 너무나 바쁘게 돌아가므로 시간, 노력, 돈을 절약해 줄 새로운 방법은 언제든 환영을 받는다. 그래서 로봇이 맡는 일이 점점 더 늘어나고 있다. 2030년이면 수억 대의 로봇이 사람과 함께 일할 것이라고 예상된다. 슈퍼마켓 선반에 물건을 쌓는 단순한 일에서부터 원자력 발전소의 위험한 작업에 이르기까지, 최신 로봇들은 다양한 일을 맡고 있다.

슈퍼마켓 도우미

선반에 상품을 쌓는 데 전문가인 **탤리**는 동료 및 고객 곁에서 12시간씩 일할 수 있다. 카메라와 센서를 써서 통로를 지나다니면서 상품들의 유통 기한, 놓인 위치, 비어 가는 속도를 살핀다. 시험 운영 때 탤리는 96퍼센트가 넘는 정확도로 20,000개의 물건을 세고 검사할 수 있었다.

▲ 탤리는 바퀴로 통로를 돌아다닌다.

▲ 상점 주인은 클라우드 기반의 앱을 통해서 탤리가 모으는 자료를 살펴볼 수 있다.

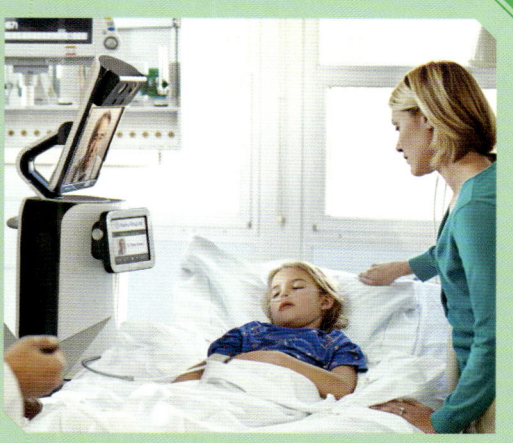

▲ 양방향 카메라 시스템으로 의사와 환자가 원격 상호 작용을 할 수 있다.

병원 도우미

RP-비타는 의료 전문가들이 동료 및 환자와 건강 정보를 공유하는 데 도움을 주도록 설계된 로봇이다. 의사가 환자와 접촉하지 않으면서도 환자를 돌보고 정보를 접할 수 있게 하므로, '원격' 진료 로봇이라고 한다. RP-비타를 써서 디지털 청진기와 초음파기 같은 의료 기기에 원격으로 접속하는 등 다양한 방식으로 의료 정보를 접할 수 있다. RP-비타는 미국의 일부 병원에서 이미 쓰이고 있다. 의사는 이 로봇을 이용해서 세계 어디에서든 환자와 소통할 수 있다.

◀ RP-비타는 자동 충전 기능을 통해서 응급 상황에서도 계속 충전 상태를 유지한다.

감시용 공

이 공 모양의 **그라운드봇**은 카메라와 센서를 갖추고 있다. 공항, 항구, 창고 같은 공공장소에서 보안 수준을 높이는 일을 하며 일반 보안 시스템보다 비용이 훨씬 적게 든다. 원격 조종이나 프로그램을 써서 작동시킨다. GPS를 갖춘 이 가벼운 로봇은 소리 없이 시간당 10킬로미터의 속도로 16시간까지도 돌아다니면서 감시를 할 수 있다.

▶ 공 안에 여러 카메라와 센서가 들어 있다.

오프라인 프로그래밍

로봇은 상세하고 구체적인 지시를 받아야 일을 수행할 수 있다. 오프라인 프로그래밍은 프로그래머가 소프트웨어를 써서 프로그램을 구상하고 작성하고 검사한 다음에 비로소 로봇에게 설치하는 방식이다. 조작자가 일을 하는 방법을 로봇에게 작업 현장에서 가르치는 방식인 온라인 프로그래밍은 시간이 많이 걸릴 수도 있다. 오프라인 프로그래밍은 로봇과 별개로 프로그램을 작성한 뒤 실제로 쓸 준비가 다 되었을 때 로봇에게 설치하므로 시간을 절약할 수 있다. 프로그램은 로봇에 무선으로 설치하거나, 메모리카드나 케이블 같은 직접 연결 방식으로 설치할 수도 있다.

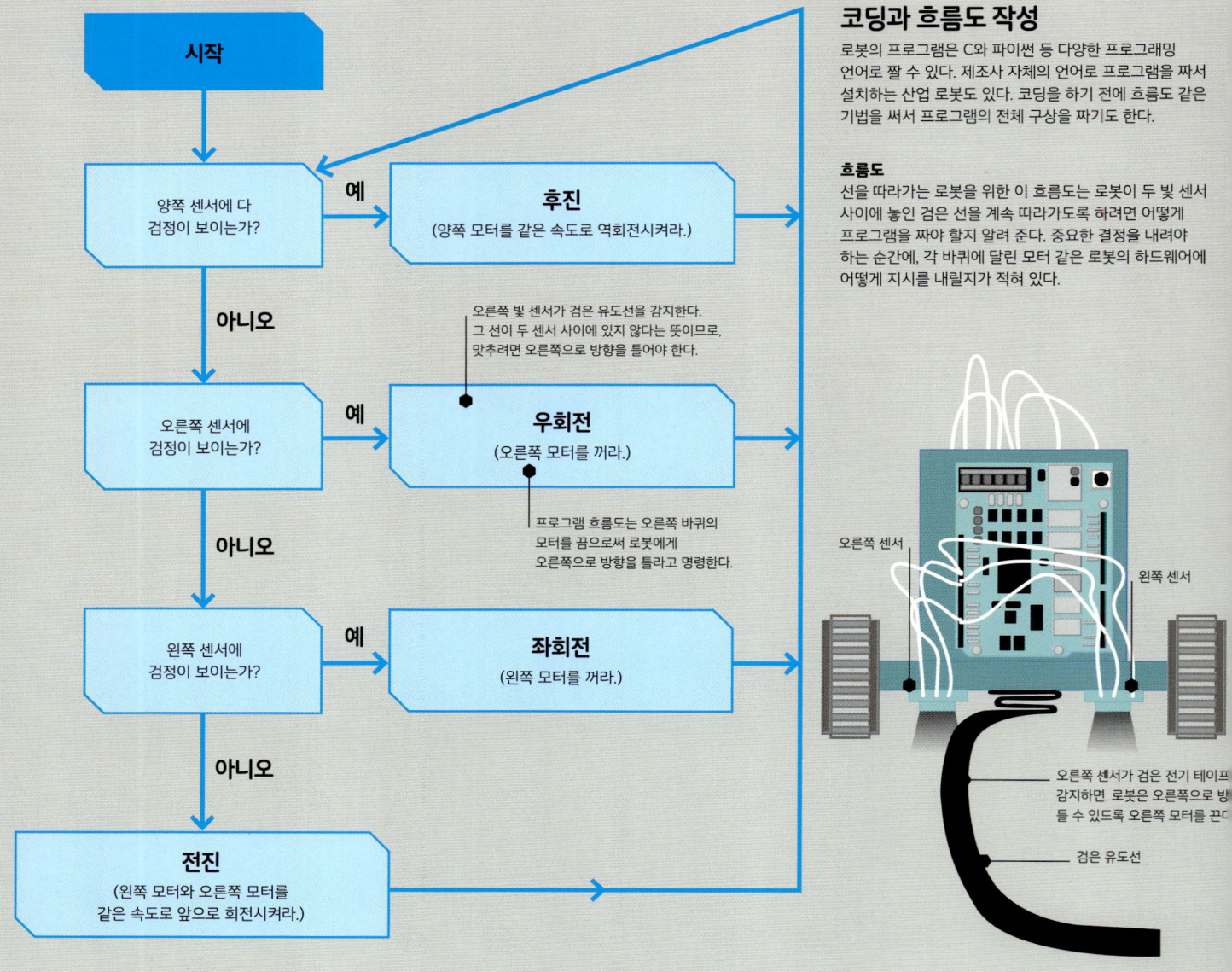

코딩과 흐름도 작성

로봇의 프로그램은 C와 파이썬 등 다양한 프로그래밍 언어로 짤 수 있다. 제조사 자체의 언어로 프로그램을 짜서 설치하는 산업 로봇도 있다. 코딩을 하기 전에 흐름도 같은 기법을 써서 프로그램의 전체 구상을 짜기도 한다.

흐름도

선을 따라가는 로봇을 위한 이 흐름도는 로봇이 두 빛 센서 사이에 놓인 검은 선을 계속 따라가도록 하려면 어떻게 프로그램을 짜야 할지 알려 준다. 중요한 결정을 내려야 하는 순간에, 각 바퀴에 달린 모터 같은 로봇의 하드웨어에 어떻게 지시를 내릴지가 적혀 있다.

블록 연결

로봇의 수가 급증함에 따라, 더 많은 사람들이 로봇을 프로그래밍할 수 있도록 더 쉬우면서 더 일반적인 프로그래밍 방법들이 개발되고 있다. 로봇 운영 체제(ROS)가 한 예다. 로봇 프로그램을 짜는 데 쓰는 프로그래밍 도구의 집합을 말한다. 로봇 블로클리는 ROS를 기반으로 하지만, 스크래치 프로그래밍 언어와 비슷한 방식으로 명령문들을 여러 색깔의 블록으로 구성하여 사용자가 코딩을 더 쉽게 할 수 있도록 만든 것이다. 블록들을 끼워 맞춤으로써 명령과 결정을 순차적으로 할 수 있다. 다음은 로봇이 파란색을 볼 때마다 움직이도록 한 코드다.

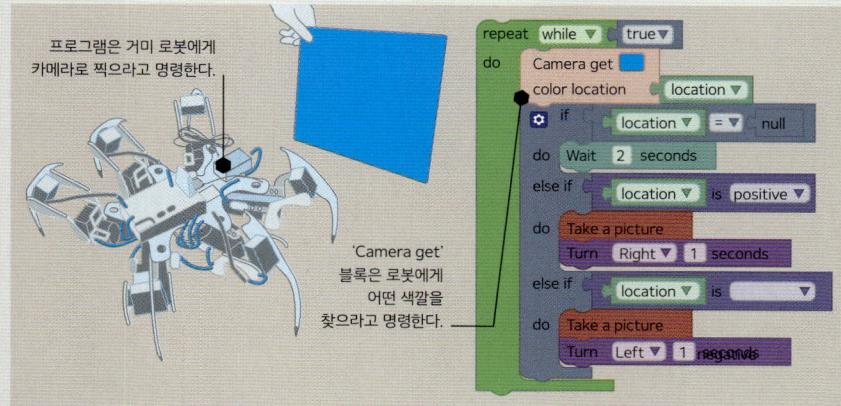

프로그램은 거미 로봇에게 카메라로 찍으라고 명령한다.

'Camera get' 블록은 로봇에게 어떤 색깔을 찾으라고 명령한다.

녹색 'repeat' 블록은 이 프로그램 루틴이 계속 반복되도록 명령한다.

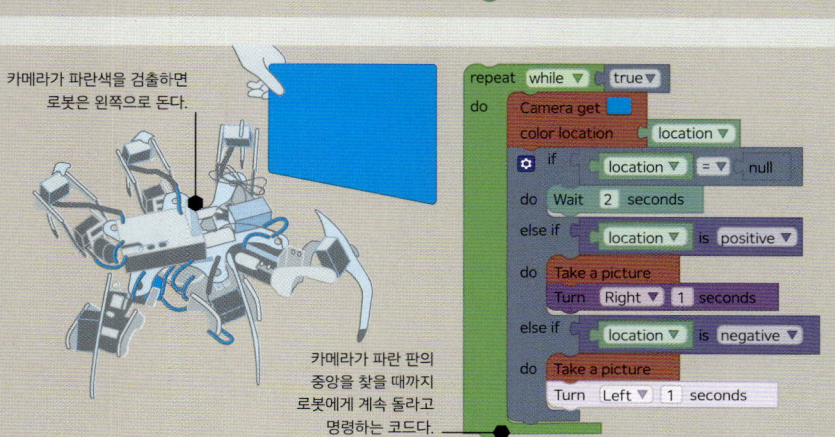

카메라가 파란색을 검출하면 로봇은 왼쪽으로 돈다.

카메라가 파란 판의 중앙을 찾을 때까지 로봇에게 계속 돌라고 명령하는 코드다.

파란색 'decision' 블록은 파란색이 보이면 어느 방향으로 돌라고 알려 준다.

'Wait' 명령은 로봇에게 2초 동안 작동을 멈추라고 말한다.

보라색 'motion' 명령은 로봇에게 정해진 시간(여기서는 1초) 동안 한 방향으로 돌라고 명령한다.

로봇 시뮬레이터

오프라인 프로그래밍에서 점점 더 중요해지고 있는 로봇 시뮬레이터는 프로그래머에게 실제 로봇을 모사한 컴퓨터 모형을 제공한다. 가장 현실적인 시뮬레이터는 로봇의 3D 모형뿐 아니라, 거의 모든 세부 사항까지 정확히 묘사한 작업장과 로봇이 수행할 일까지 묘사한다. 프로그래머는 프로그램을 짠 뒤에 시뮬레이터에서 작동시키면서 결과를 파악하고 충돌이나 안전 문제가 없는지 살펴볼 수 있다. 진짜 로봇을 쓸 때 생길 비용이나 문제를 줄일 수 있게 된다. 프로그램을 편집하고 수정하고 검사하는 과정을 되풀이한 다음, 준비가 다 끝나면 로봇에게 설치한다.

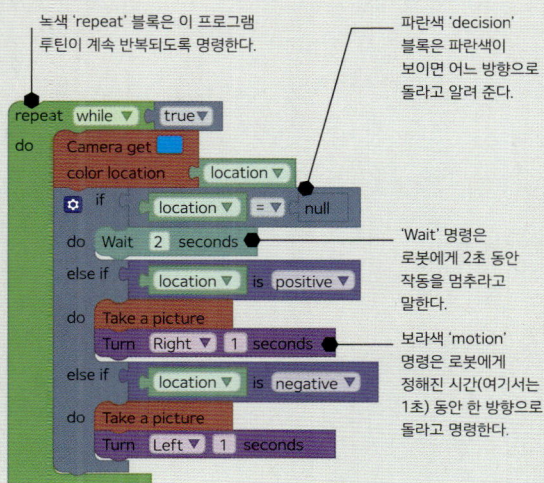

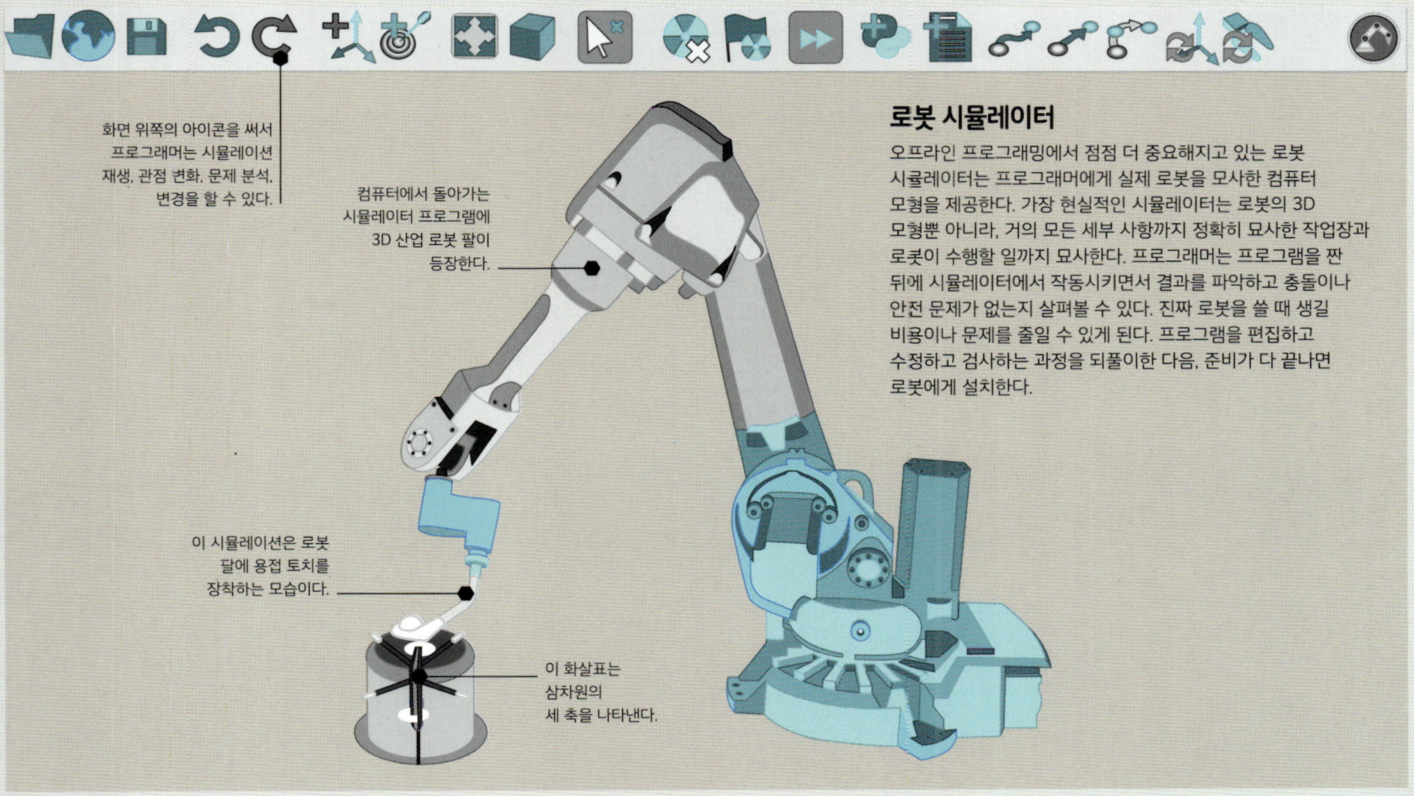

화면 위쪽의 아이콘을 써서 프로그래머는 시뮬레이션 재생, 관점 변화, 문제 분석, 변경을 할 수 있다.

컴퓨터에서 돌아가는 시뮬레이터 프로그램에 3D 산업 로봇 팔이 등장한다.

이 시뮬레이션은 로봇 팔에 용접 토치를 장착하는 모습이다.

이 화살표는 삼차원의 세 축을 나타낸다.

로봇 정보

제조자	국적	출시 연도	키	특징
K-팀과 하버드 대학교	스위스와 미국	2011년	34mm	스스로 무리를 지어 함께 일할 수 있음

충전 고리는 로봇의 다리와 회로를 형성하여 배터리를 충전할 수 있다.

케이블을 이 핀에 연결하여 새로운 명령문이나 프로그램을 받을 수 있다.

무리 로봇

킬로봇

미래에는 수십 대의 이동형 로봇들이 무리를 지어서 유용한 일을 할 수 있을 것이다. 이 로봇들은 재난 지역을 청소하는 것부터 먼 우주를 탐사하는 일까지 할 것이다. 이런 로봇을 개발하는 연구자들은 보다 저렴한 로봇을 만들기 위해 애쓰고 있다. 킬로봇은 작고 단순하고 값싸며, 위쪽의 무선 제어기에서 나오는 적외선 신호를 써서 개별적으로 또는 동시에 여러 대를 프로그래밍할 수 있다. 적외선 신호를 써서 통신하면서 서로 거리를 파악하고, 어떤 형태로 모이도록 하거나 길을 따라가도록 하거나, 줄지어 다니게 할 수 있다. 킬로봇 수백 대가 모여서 함께 일하는 모습은 장관이다.

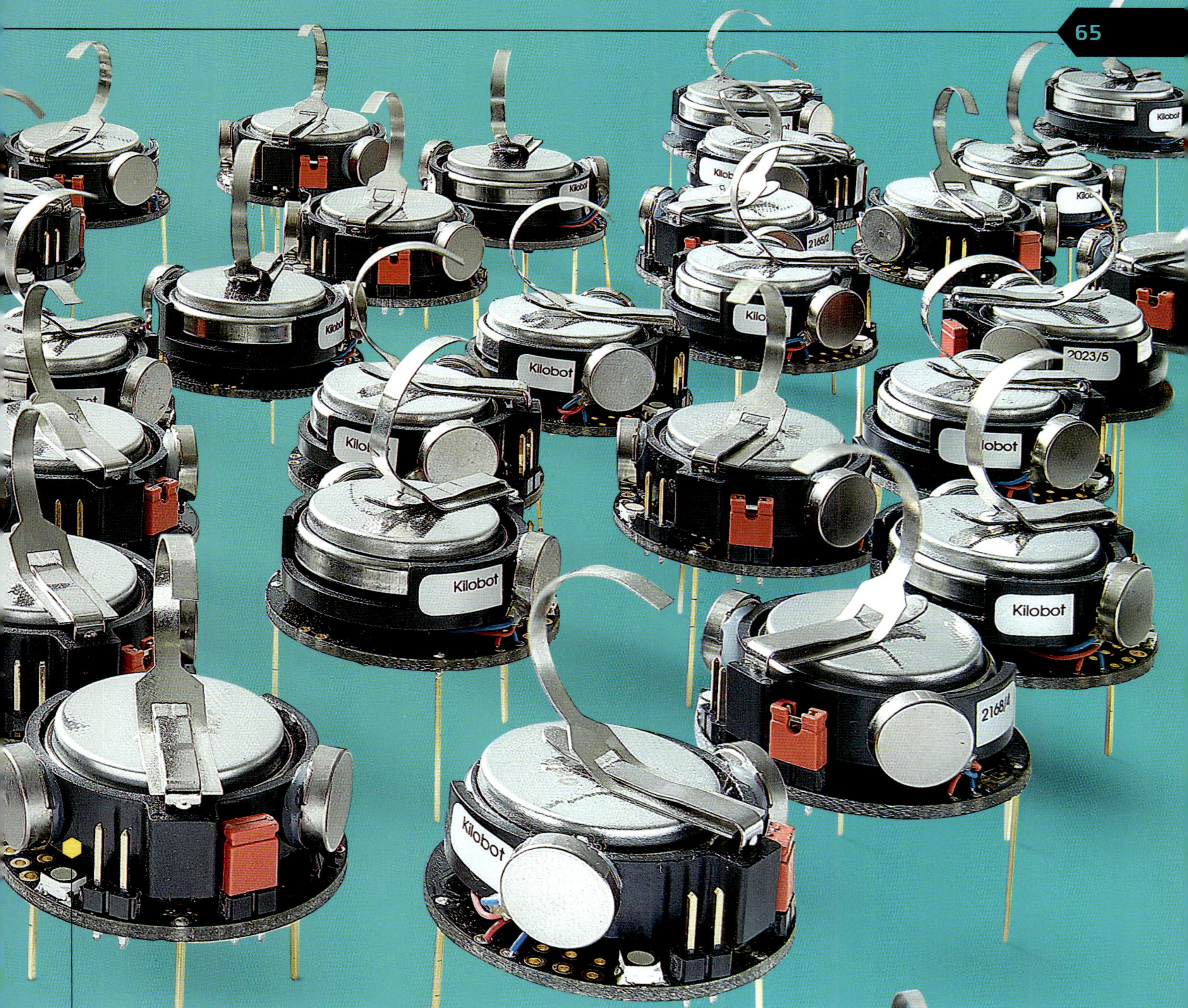

제어판

바닥의 회로판에는 마이크로프로세서 컨트롤러와 적외선 통신 장치가 들어 있다. 각 킬로봇의 적외선 송신기가 신호를 보내면, 그 신호는 바닥에 부딪혀 반사되어서 최대 7센티미터 이내에 있는 다른 킬로봇의 수신기에 닿는다.

적외선 수신기
진동 모터

아주 작은 봇

킬로봇은 진동 모터(휴대 전화에 쓰이는 것을 쓴다) 2개로 움직인다. 둘 다 진동하면 뻣뻣한 다리가 앞으로 움직인다. 초당 1센티미터까지 움직일 수 있다. 에너지를 아주 적게 쓰므로 3.7볼트의 작은 배터리로 한 번 충전하여 2.5시간까지 움직일 수 있다.

충전 고리
충전지
적외선 송신기
뻣뻣한 다리

집단 행동

킬로봇 무리는 아무렇게나 흩어져 있다가 명령을 받으면 진동하는 다리로 톡톡거리면서 금세 모인다. 이 저렴한 로봇에 쓰인 컴퓨터 알고리즘은 경로를 정하고, 경로에서 벗어나는 로봇이 없도록 막는다. 이 창의적인 작은 기계들은 협력 과제를 아주 빠르게 해낸다. 킬로봇 85대가 화살표 모양을 이룬 모습이다.

로봇은 외로워

로봇은 서서히 일상생활의 일부가 되고 있다. 정보를 제공하는 일부터 배우고 즐기는 것을 돕는 일까지, 로봇은 사람에게 필수적인 존재가 되기 시작했다. 미래에는 로봇이 요리한 음식을 먹거나 로봇과 수다를 떠는 일이 평범한 일상이 될지도 모른다.

70 로봇 정보

제조자
소프트뱅크로보틱스

국적
프랑스

듣기

페퍼의 머리에는 지향성 마이크가 4대 있어서 소리가 어느 방향에서 오는지 감지한다. 또 이 마이크들은 페퍼가 누군가의 목소리를 듣고 감정을 파악하고 그에 맞추어서 대화를 할 수 있도록 돕는다.

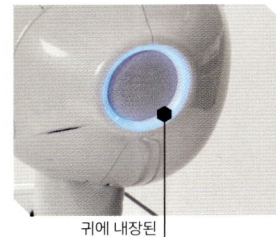

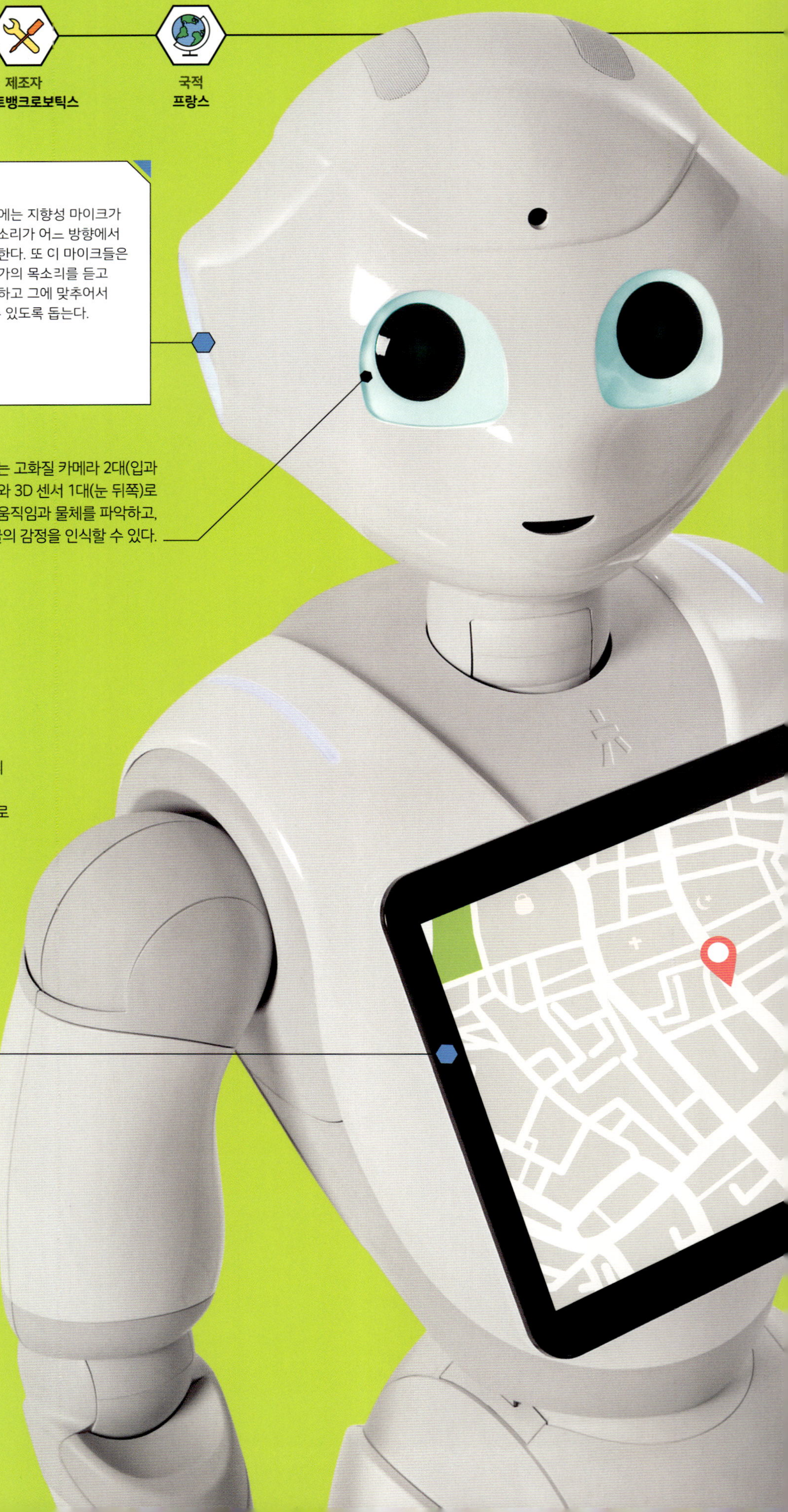

귀에 내장된 스피커로 음성과 음악 소리를 낸다.

페퍼는 고화질 카메라 2대(입과 이마)와 3D 센서 1대(눈 뒤쪽)로 움직임과 물체를 파악하고, 얼굴의 감정을 인식할 수 있다.

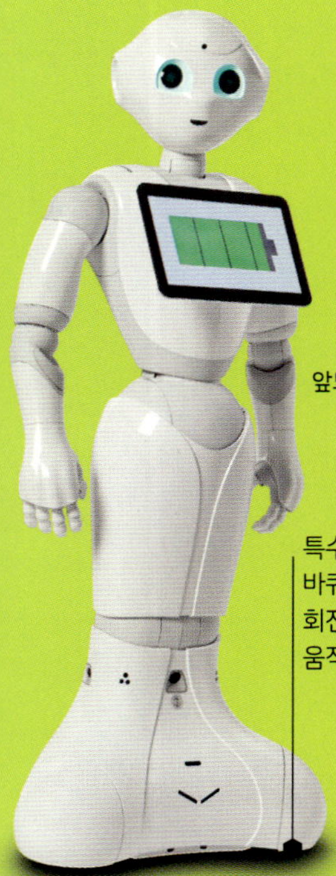

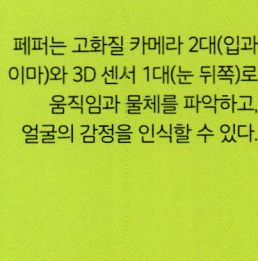

앞모습

특수 설계된 3개의 바퀴로 제자리 회전을 하고 앞뒤로 움직일 수 있다.

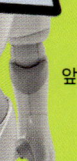

태블릿

가슴에 장착된 터치스크린 화면은 사진, 동영상, 웹 페이지, 지도 등 페퍼의 조종자가 원하는 모든 정보를 보여 줄 수 있다. 또 대화 상대방에 관한 정보를 모으는 데에도 쓰인다.

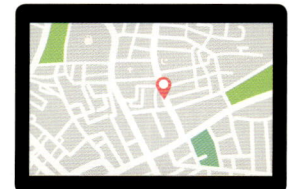

출시 연도	키	무게	전원	특징
2015년	1.2m	28kg	배터리	실시간으로 사람의 감정을 읽고서 반응할 수 있음

소셜 로봇
페퍼

이 대화형 로봇은 사람과 상호 작용하면서 사람을 돕도록 설계되었다. 제조사는 페퍼가 사람의 감정을 읽고서 실시간으로 반응할 수 있는 최초의 인간형 로봇이라고 말한다. 페퍼는 초음파 송신기와 수신기 2대, 레이저 센서 6대, 장애물 검출기 3대를 장착하고 있다. 2015년에 출시된 이래로, 페퍼는 식당, 은행, 호텔, 병원, 쇼핑몰에서 다양한 일을 하고 있다.

부드럽게 쥐기
페퍼의 손은 부드럽고 유연하게 만들어져 있다. 손가락은 쉽게 구부러지고 잘 쥘 수 있도록 고무로 덮여 있다. 고무라서 아이가 페퍼와 악수를 해도 안전하다.

> **"페퍼는 가장 자연스럽고 직관적인 방식으로 의사소통을 하도록 만들어진 진정한 휴머노이드 친구다."**
> 소프트뱅크로보틱스

팔과 손의 접촉 센서는 놀이를 하고 사회적 상호 작용을 하는 데 쓰인다.

반응

페퍼는 사람들이 마치 살아 있는 존재와 상호 작용하는 양 느끼도록, 모습과 움직임이 인간과 비슷하도록 설계되었다. 어깨와 팔꿈치의 관절 덕분에 팔을 올리고, 돌리고, 손목을 비트는 등 자연스럽고 매끄럽게 움직인다. 목과 허리에도 관절이 있다.

고개를 끄덕일 수 있다.

팔꿈치 관절 덕분에 아래팔의 움직이는 범위가 넓다.

페퍼는 반응할 때 몸짓도 한다.

맞다고 고개를 끄덕일 때 / 기뻐할 때 / 웃을 때

로봇 정보

가정 로봇
지타

배낭, 카트, 여행 가방은 잊자. 지타가 대신 들어 주니까. 굴러다니는 이 둥근 로봇은 사람의 뒤를 졸졸 따라다니면서 짐을 운반한다. 자이로스코프가 들어 있어서 짐은 쓰러지지 않는다. 지타에 무거운 물건과 개인 물품을 넣으면, 홀가분하게 돌아다닐 수 있다. 일단 짐을 넣고서 걸어가면, 이 첨단 이동 저장 상자는 당신을 안내인으로 삼아서 주변의 지도를 작성하고 다니는 경로를 기억한다. 무엇보다도 지치는 법이 없다. 지타는 온종일 돌아다닐 수 있다!

두 개의 커다란 타이어로 자유롭게 움직인다.

옆모습

자세 유지하기

로봇, 배, 항공기는 자이로스코프로 균형을 유지한다. 이 기계적 항법 장치는 경로가 바뀔 때 움직이는 물체의 균형을 잡는다. 자이로스코프 틀 안에 장착된 로터라는 회전 원반은 어느 방향으로든 움직일 수 있다. 이때 짐벌이라는 부착된 고리가 내부 운동에 상관없이 축이 늘 같은 방향을 향하도록 유지한다. 지타는 자이로스코프를 써서 짐을 똑바로 유지한다. 따라서 이동할 때 짐이 그다지 흔들리지 않는다.

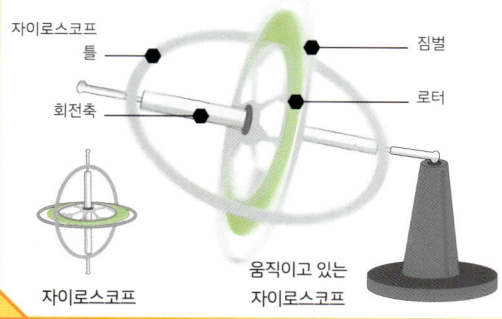

자이로스코프 틀 · 짐벌 · 회전축 · 로터 · 자이로스코프 · 움직이고 있는 자이로스코프

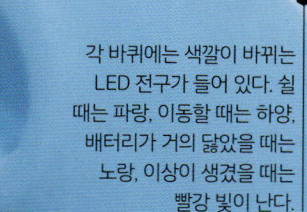

각 바퀴에는 색깔이 바뀌는 LED 전구가 들어 있다. 쉴 때는 파랑, 이동할 때는 하양, 배터리가 거의 닳았을 때는 노랑, 이상이 생겼을 때는 빨강 빛이 난다.

제조자
피아조패스트포워드

국적
미국

키
66cm

전원
정상적인 걷는 속도에서
8시간 가는 배터리

특징
카메라, 센서,
위치 확인 시스템

안전제일
지타의 짐칸은 손가락 지문으로 잠근다. 다시 열려면 손가락 지문과 비밀번호를 입력해야 한다. 도둑질하기도 쉽지 않다. 지타가 360도 카메라와 센서로 계속 주위를 살피기 때문이다.

지문 센서

하늘색, 멋진 몸체, 둥근 모습의 지타는 길에서 눈에 잘 띈다.

로봇의 학습

교통 흐름을 예측하는 자율 주행차부터 음성 인식 기능을 갖춘 지적인 로봇 비서에 이르기까지, 로봇은 사람과 마찬가지로 경험을 통해 배우도록 설계된다. 일부는 습득한 지식을 적용하여 일을 하는 방식을 개선하거나, 새로운 상황에도 대처할 수 있다. 로봇 공학자들은 사람처럼 배우고, 적응하고, 새로운 정보를 활용할 수 있는 로봇을 개발하기 위해 노력한다. 많은 발전이 이루어져 왔지만, 아직 가장 지적인 로봇조차도 사람처럼 다재다능하게 일을 할 수는 없다.

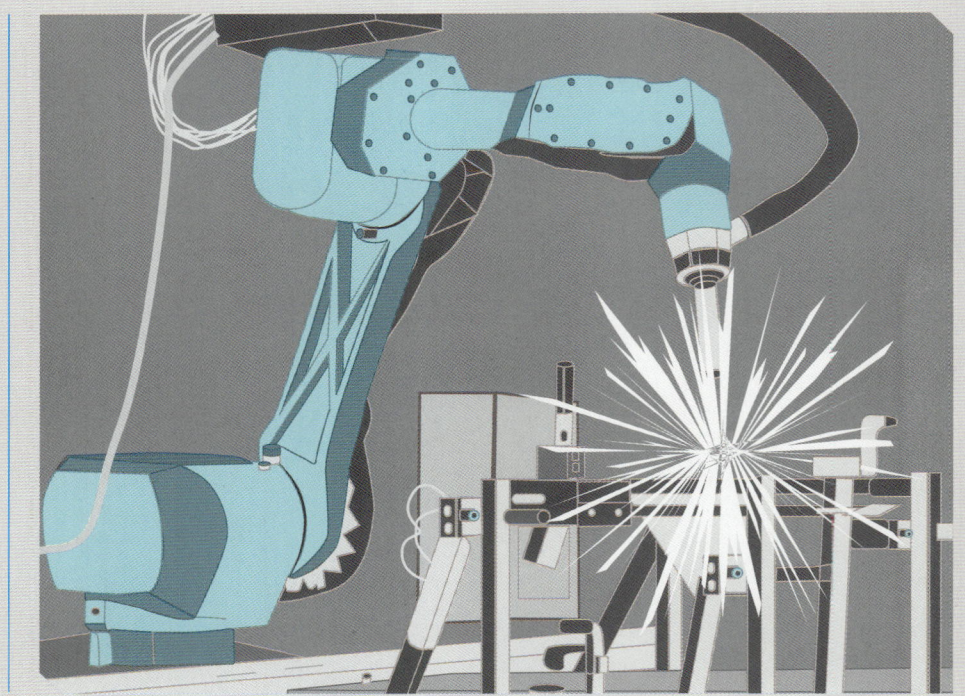

용접
미래의 인공 지능 로봇 팔은 금속 부품을 용접할 때 기억을 토대로, 용접 방식을 자동적으로 개선하고 향상시킨다.

범용 인공 지능

지적인 로봇을 연구하는 많은 이들의 최종 목표는 인간이 지닌 창의적이고 유연하고 폭넓은 지능에 맞먹는(또는 초월하는) 기계를 만드는 것이다. 기계가 범용 인공 지능을 지니려면, 사람처럼 자율적으로 계획하고 추론하고 문제를 해결할 수 있어야 한다. 또 과거 경험으로부터 유용한 정보를 떠올리고 그것을 전혀 다른 새로운 상황에 적용할 수도 있어야 한다. 그런 로봇은 프로그래밍을 다시 하지 않고서도 새로운 일을 처리할 수 있고, 사람이나 다른 기계와 쉽게 상호 작용을 할 수 있으므로 대단히 유용할 것이다.

그림 그리기
범용 인공 지능을 지닌 로봇은 프로그래밍을 다시 하지 않아도 화가처럼 그림을 그릴 수 있을 것이다. 집게로 그림붓을 감지하고 인식하자마자, 매혹적인 작품을 그리기 위해 문제를 풀고 결정을 내려 그림을 그리기 시작할 것이다.

기계 학습

기계 학습은 로봇이나 컴퓨터가 사람의 직접적인 프로그래밍을 통해서가 아니라, 데이터로부터 배우는 능력이다. 기계가 센서에서 모은 정보로부터 패턴을 알아차리거나 중요한 지식을 터득한다는 것을 뜻한다. 로봇의 시각계는 기계 학습을 통해 대상을 식별하고 분류하는 법을 터득할 수 있다. 아래는 로봇이 데이터를 써서 심도 맵을 구성하고 비교하여 집 안의 물건을 인식하는 과정이다.

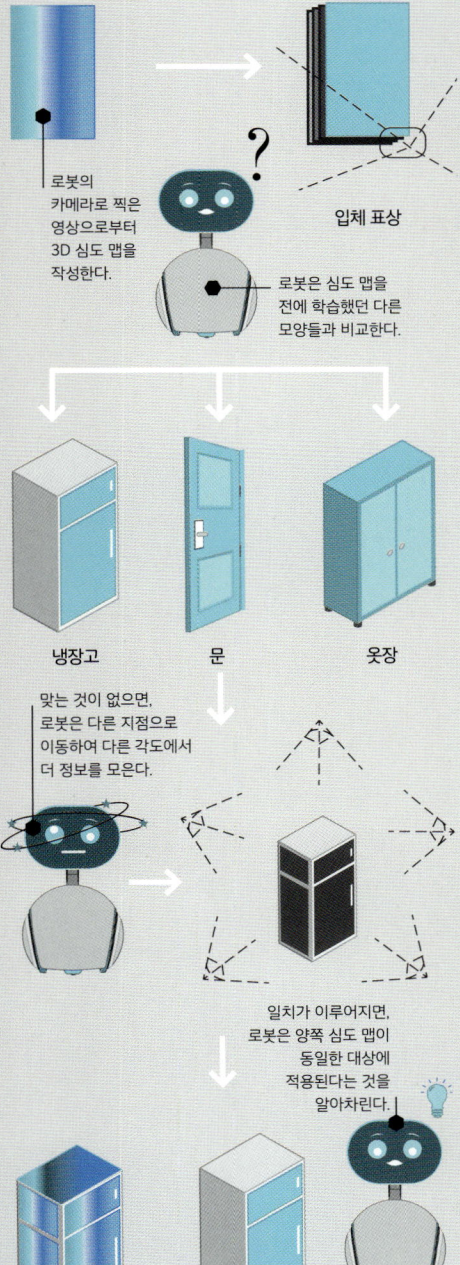

심층 학습

스스로 학습하는 방법을 터득하는 것은 범용 인공지능으로 나아가는 핵심 단계이다. 심층 학습은 사람이 거의 또는 전혀 개입하지 않은 상태에서 스스로 새로운 일을 배우고 숙달하는 데 필요한 능력을 로봇에게 부여하는 방법 중 하나이다. 로봇이 이런저런 다양한 접근법을 시험하고 이전에 했던 모든 시도들을 기억하고 그로부터 배우는 식으로 시행착오를 통해 학습한다는 의미로 쓰일 때도 있다. 여기서는 로봇이 물건들을 집는 법을 배우려고 시도하고 있다.

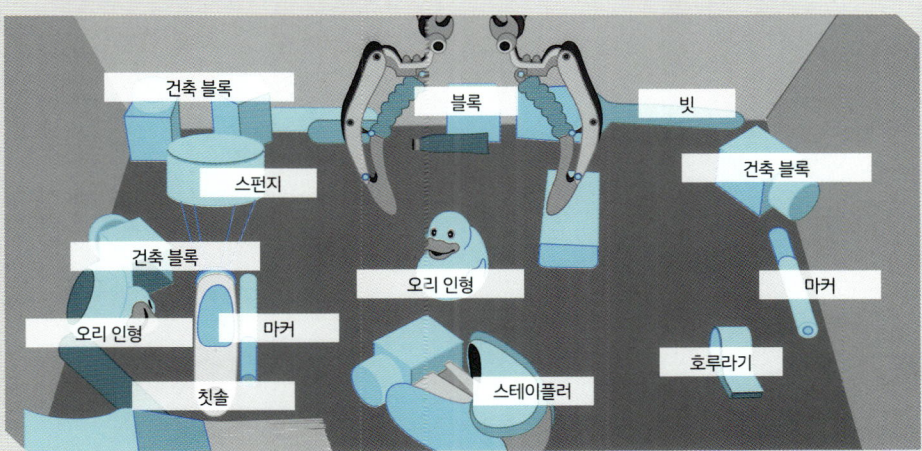

주변 훑기
심층 학습 로봇은 어떤 장면을 보고서 깊이 지각을 써서 각 대상들을 구별하고, 무엇인지 알아내려고 한다.

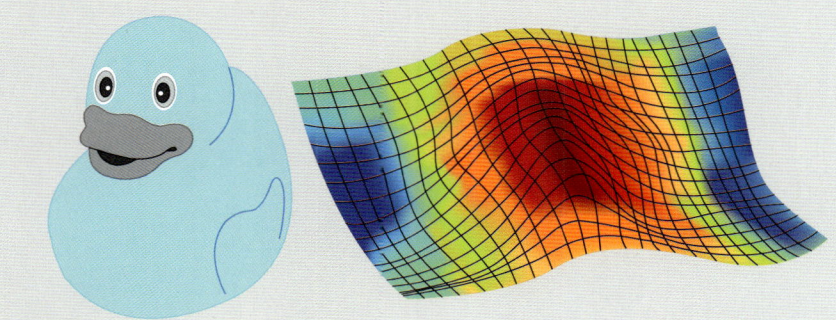

심도 맵 작성
로봇은 사물들의 심도 맵을 작성하고 자신이 집을 수 있는 적당히 솟은 지점을 찾는다.

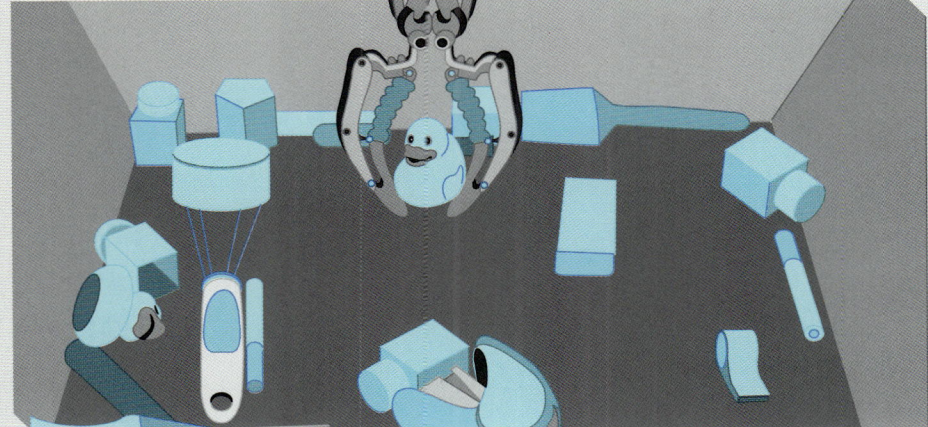

과제 시도
로봇은 물건을 집으려 시도한다. 실패하면 집는 힘을 조정하거나 다른 각도에서 시도하거나 다른 부위를 집을 수도 있다. 성공과 실패 사례는 피드백이 되어 기억에 저장된다. 그럼으로써 로봇은 시행착오를 통해 배울 수 있다. 시간이 흐르면서 로봇은 각 대상과 올바로 상호 작용하는 법을 배우게 된다.

로봇 정보

| 제조자
로보컵소시엄과
이탈리아 공학 연구소 | 국적
이탈리아 | 출시 연도
2004년 | 키
104cm |

인간형 로봇
아이컵

세 살짜리 아이만 한 크기에 아이처럼 호기심이 많은 아이컵은 세상을 탐험하면서 돌아다닌다. 이 선구적인 아이 로봇은 약 30대가 만들어져서 전 세계의 로봇 공학 연구실에서 실험 중이다. 사람처럼 모든 과제를 배우고 이해하고 적응할 수 있는 진정한 인지력을 지닌 로봇을 만드는 것이 이 실험의 궁극적 목표다. 어떤 아이컵은 드럼을 연주할 수 있고, 또 다른 아이컵은 체스의 대가가 되었다. 체크메이트!

전 세계에서 30대가 넘는 아이컵 로봇이 작동하고 있다.

앞모습

관절로 연결된 엄지는 사람의 엄지와 비슷한 방식으로 구부러지면서 물건을 쥐고 드는 데 기여한다.

학습

중앙 제어 장치가 로봇의 신체 부위에 명령을 내린다.
비디오카메라가 눈 역할을 한다.
전기 모터로 신체 부위를 움직인다.
손 안에 있는 모터가 손가락을 움직인다.
손과 손가락 끝의 센서로 접촉을 감지한다.

아이컵은 자신의 시각, 청각, 촉각 센서들이 보내는 정보를 토대로 사물을 인식하고 이해하며, 그것들과 어떻게 상호 작용하는 것이 최선인지에 관한 미묘한 사항들을 배운다. 각 관절의 센서들은 고유 감각을 제공한다. 움직일 때 자신의 신체 부위들이 어디에 있는지를 안다.

얼굴 표정

오늘은 행복할까 언짢을까? 아이컵은 미리 정해진 여러 얼굴 표정을 써서 자신의 기분을 드러낸다. 얼굴 안에 있는 LED 전구를 이용해서 표정을 짓는데, 불빛을 통해 자신의 '감정'을 나타낸다. 어떤 일을 얼마나 잘하고 있다고 생각하는지에 따라 불빛으로 반응을 보인다.

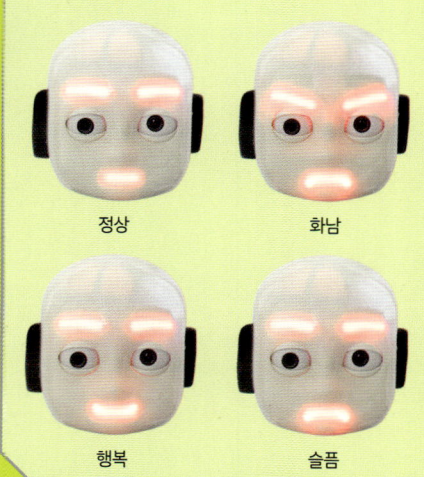

정상   화남
행복   슬픔

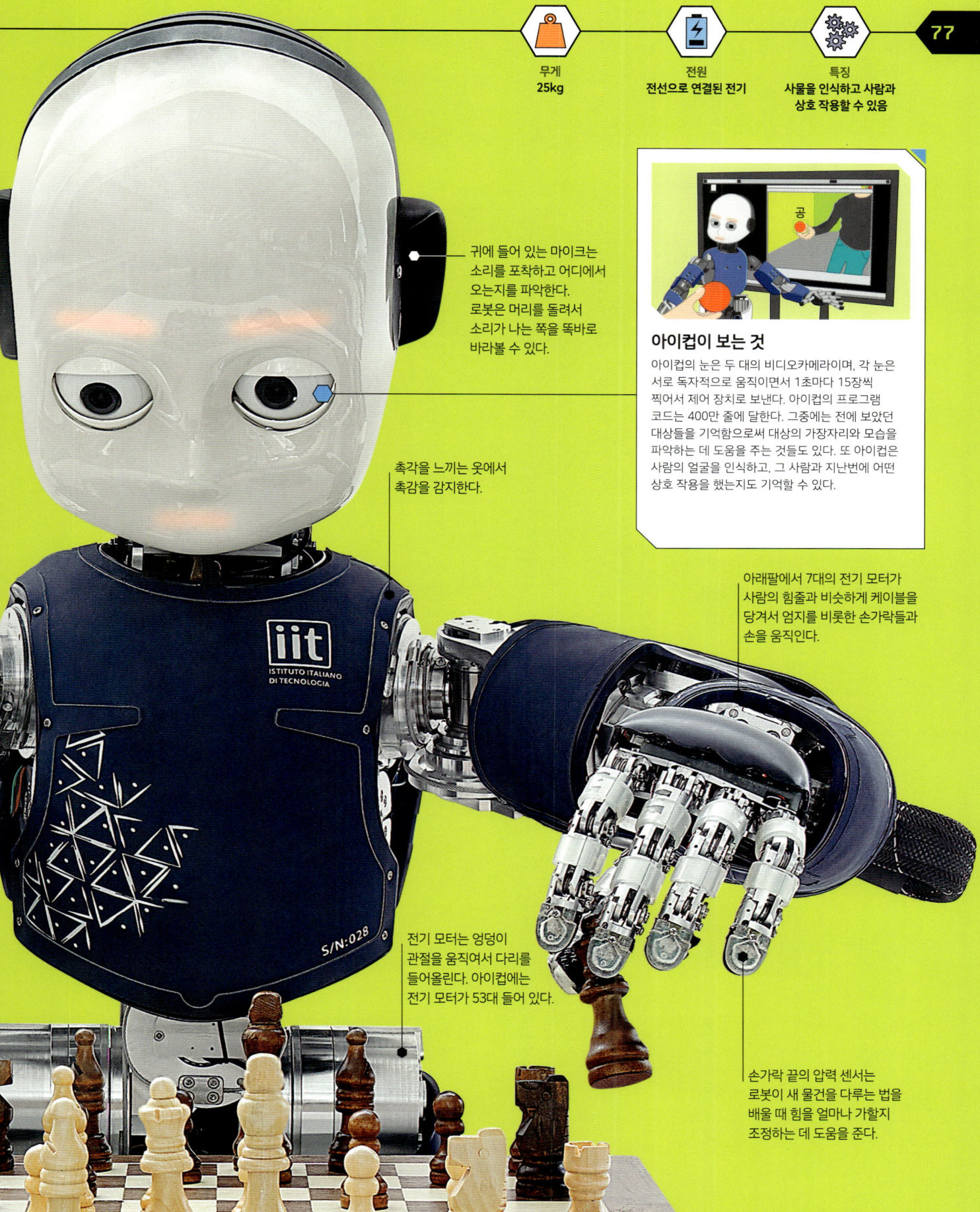

무게
25kg

전원
전선으로 연결된 전기

특징
사물을 인식하고 사람과
상호 작용할 수 있음

귀에 들어 있는 마이크는
소리를 포착하고 어디에서
오는지를 파악한다.
로봇은 머리를 돌려서
소리가 나는 쪽을 똑바로
바라볼 수 있다.

아이컵이 보는 것

아이컵의 눈은 두 대의 비디오카메라이며, 각 눈은 서로 독자적으로 움직이면서 1초마다 15장씩 찍어서 제어 장치로 보낸다. 아이컵의 프로그램 코드는 400만 줄에 달한다. 그중에는 전에 보았던 대상들을 기억함으로써 대상의 가장자리와 모습을 파악하는 데 도움을 주는 것들도 있다. 또 아이컵은 사람의 얼굴을 인식하고, 그 사람과 지난번에 어떤 상호 작용을 했는지도 기억할 수 있다.

촉각을 느끼는 옷에서
촉감을 감지한다.

아래팔에서 7대의 전기 모터가
사람의 힘줄과 비슷하게 케이블을
당겨서 엄지를 비롯한 손가락들과
손을 움직인다.

전기 모터는 엉덩이
관절을 움직여서 다리를
들어올린다. 아이컵에는
전기 모터가 53대 들어 있다.

손가락 끝의 압력 센서는
로봇이 새 물건을 다루는 법을
배울 때 힘을 얼마나 가할지
조정하는 데 도움을 준다.

고성능 센서

사람의 손을 모델로 한 아이컵의 관절로 연결된 5개의 손가락은 놀라울 만큼 살아 있는 양 움직인다. 손가락 끝과 손바닥에 붙어 있는 센서 패드는 힘과 움켜쥘 때의 미세한 변화를 파악한다. 그래서 로봇이 주변의 사물들과 상호 작용하면서 배움으로써, 온갖 물건들을 다룰 수 있게 해 준다.

| 로봇 정보 | 제조자 핸슨로보틱스 | 국적 홍콩 | 개발 연도 2015년 | 키 85cm (머리와 몸통) | 무게 약 18kg |

인간형 로봇
소피아

인간형 로봇 중에는 아마 소피아가 가장 유명할 것이다.

소피아는 텔레비전 인터뷰나 패션 잡지 표지에 등장할 때마다 언론의 주목을 받았다. 이 슈퍼스타 로봇은 얼굴만 사람 같은 것이 아니라, 질문에 대답하고, 농담을 하고, 연민을 표현하고, 궁극적으로 사람과 공감하는 식으로 사람과 대화를 할 수 있다. 로봇과 인공 지능이 곧 현대 생활의 일부로 받아들여질 것이라고 연설도 한다. 소피아는 한 나라의 시민권을 받은 최초의 로봇이기도 하다.

얼굴은 영국 배우 오드리 햅번을 모델로 삼았다.

조작자는 카메라와 제어판을 이용하여 원격으로 지켜볼 수 있다.

머리 뒤쪽에 주요 전자 부품들이 들어 있다.

얼굴은 피부와 비슷한 느낌을 주는 고무 재질의 프러버라는 특수한 물질로 만든다.

팔과 손은 3D 인쇄한 것이며, 기본적인 작업을 하고 섬세한 물건들을 집을 수 있을 만큼 잘 움직인다.

작동 방식

소피아는 인공 지능, 컴퓨터 알고리즘, 카메라를 써서 얼굴 표정과 대화 내용을 고른다. 먼저 이미지 인식 알고리즘이 알아볼 수 있는 결론을 검출하면, 다른 알고리즘이 미리 정해진 예상 문장들을 제공한다. 소피아는 한 문장을 골라서 말하고, 상대의 첫 반응을 기다린다. 번역 알고리즘은 그 대답을 문자로 바꾼 뒤, 그 정보를 분석하여 가장 잘 맞는 문장을 고른다. 이런 식으로 대화를 이어간다.

이 얼굴 지도에 파란색을 표시한 영역들을 움직임으로써 사람과 비슷한 얼굴 표정을 만들어낸다.

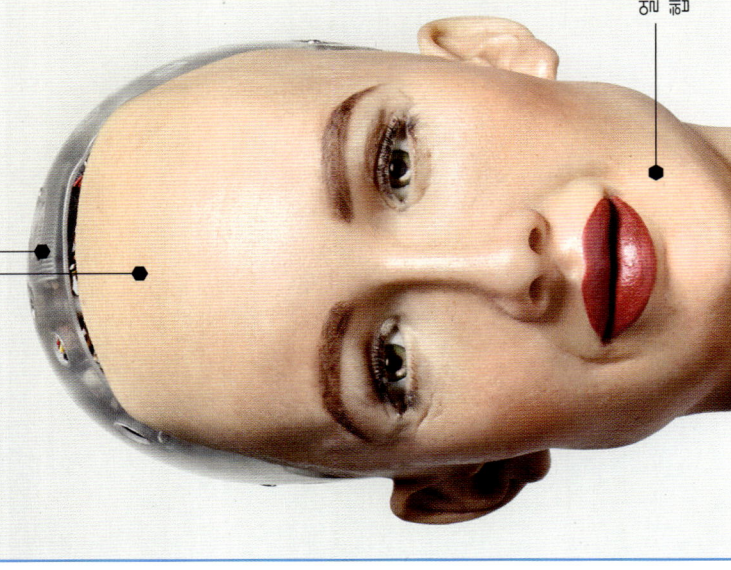

전원
전선, 배터리

특징
얼굴 인식, 카메라, 대화 소프트웨어

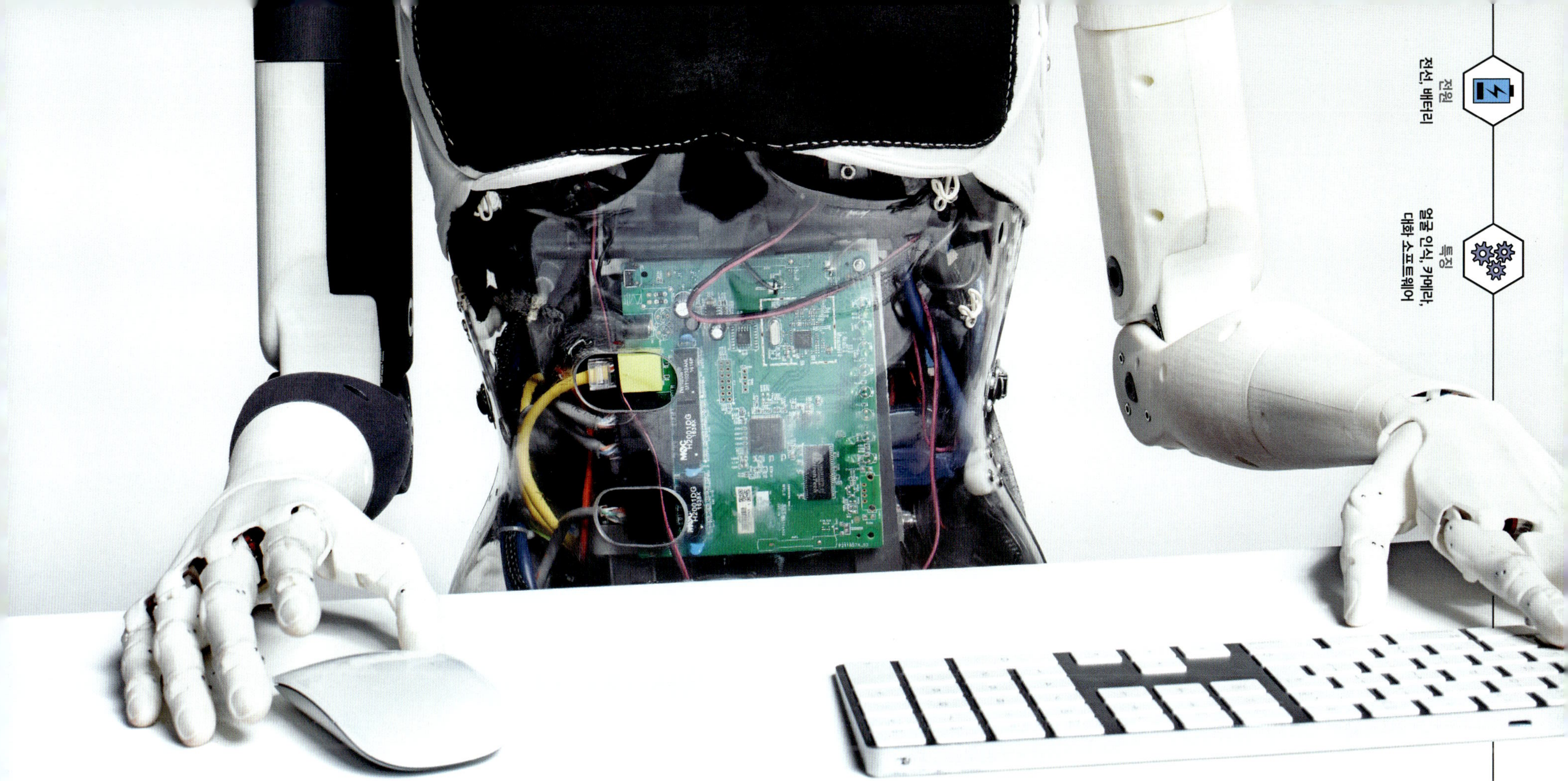

인공 지능

대화가 특정한 주제에 한정되지 않고 어떤 주제로도 자연스럽게 흐를 수 있을 만큼 인공 지능을 발전시키기 위해서, 적어도 107가지 버전의 소피아가 전 세계에서 연구되고 있다.

일부 사람들이 사람과 너무나 닮은 로봇을 볼 때 어색함을 느끼는 현상을 불쾌한 골짜기라고 한다. 일부 로봇 제작자들은 사람과 닮 비슷해 보이도록 로봇을 설계하지만, 사람이 로봇과 상호 작용하는 것을 미루지 않기를 바라면서 사람과 매우 비슷하게 로봇을 설계하는 기업도 있다.

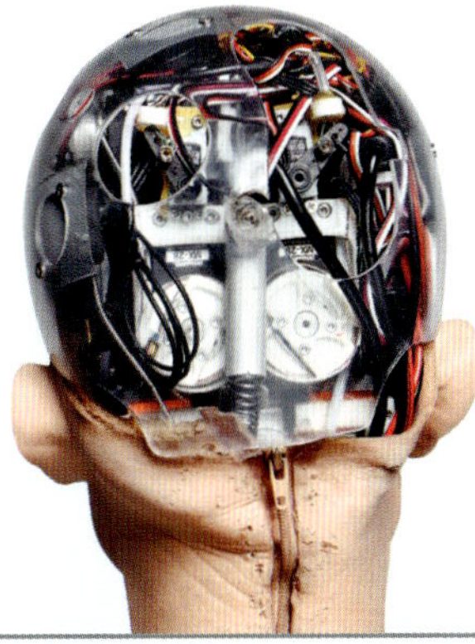

소피아의 머리통수는 투명한 덮개로 되어 있어서 회로와 부품이 그대로 드러나 있다. 얼굴 인식, 음성 시스템, 데이터와 언어 처리, 음성 시스템, 운동 제어를 담당하는 '두뇌', 즉 내부 처리 장치가 들어 있다.

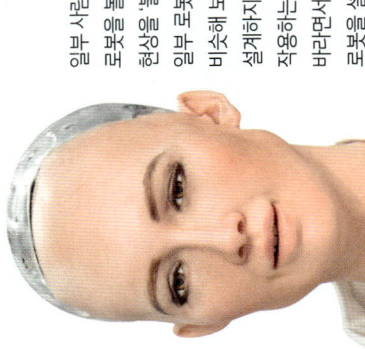

다양한 로봇들

얼마 전까지만 해도, 로봇은 사람의 시간과 노력을 절약하는 반복되거나 위험한 일을 수행하도록 만들어졌을 뿐이었다. 지금은 다양한 첨단 기술로 우리의 일상생활을 돕거나 즐거움을 주도록 설계된 로봇들이 많이 나와 있다. 우리와 함께 살아갈 준비를 하고 있는 많은 놀라운 기계들을 만나 보자.

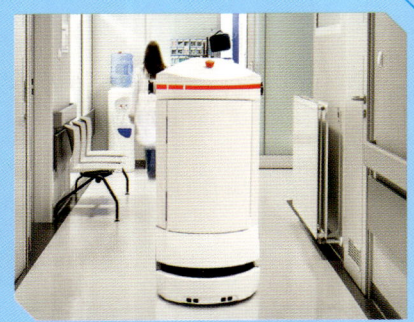

간병 로봇

이 간병 로봇은 병원에서 사람들을 돕는다. **로보커리어**는 병원을 돌아다니면서 검사 시료, 수술 도구, 환자 처방약을 전달한다. 내장된 레이저 유도 장치를 써서 병원 복도를 매끄럽게 돌아다니며, 물품이 안전하게 도착할 수 있도록 보관함에는 잠금장치가 되어 있다. 의료진이 바쁘게 뛰어다닐 일을 줄여 준다.

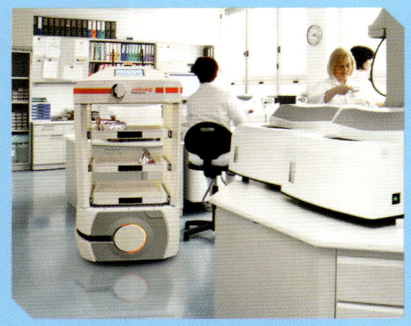

▲ 로보커리어의 보관함은 3단으로 되어 있어서 여러 물품을 한꺼번에 운반할 수 있다.

유쾌한 안드로이드

일본 발명가들은 사람들이 무엇을 재미있어 하는지 조사한 뒤에 이 인간형 코미디언 로봇을 만들었다. **코비안**은 과장된 이야기, 반복되는 개그, 어리숙한 표정을 조합하여 코미디 연기를 한다. 몇몇 농담은 진부할지 몰라도, 깔깔거리게 만든다는 것은 분명하다. 코비안의 공연을 본 뒤에 사람들이 전반적으로 기분이 좋아졌다는 연구 결과가 나와 있다.

◀ 얼굴 표정은 기쁨에서 혐오에 이르기까지 7가지 '감정'을 드러낸다.

프로그래밍된 연기자

로보데스피안의 무대는 전 세계다. 이 말 잘하는 인간형 로봇은 관중 앞에서 공연하는 것을 즐긴다. 매끄럽게 움직이면서 수다를 떠는 모습에 텔레비전, 극장, 전시회에서 엄청난 인기를 누린다. 미리 짜여진 프로그램의 설정값을 태블릿을 써서 바꾸면 교사, 배우, 판매원으로 변신할 수 있지만, 인기를 끄는 최고의 비결은 30가지 언어로 농담을 한다는 것이다.

▲ 로보데스피안의 눈 안에 있는 화면은 사람과 시선을 맞춘다.

로봇 연주자

고철 조각을 재활용하여 만든 **컴프레서헤드**는 중금속으로 이루어진 헤비메탈 그룹이다. 가수, 리드 기타 연주자, 베이스 기타 연주자, 드럼 연주자로 이루어진 이 록 그룹은 전자 악기와 어쿠스틱 악기를 다 연주한다. 독일에서 제작되었으며, 2013년부터 라이브 공연을 하고 있다. 컴프레서헤드는 주로 명곡들을 연주하지만 「파티 머신」이라는 앨범도 냈다. 연주하다가 땀을 닦느라 멈추는 일도 없다.

◀ 드럼 연주자 스틱보이, 리드 기타 연주자 핑거스, 베이스 기타 연주자 본즈, 세컨드 기타 연주자 헬가 타, 새로 들어온 가수인 메가왓슨으로 이루어져 있다.

현악기 연주자

도요타의 **바이올린 연주 로봇**의 음악을 감상해 보자. 이 인간형 음악가는 정확한 음으로 연주함으로써 관중의 찬사를 자아낸다. 손과 팔 관절이 사람 바이올린 연주자만큼 능숙하게 움직인다. 이 일류 연주자는 단독 공연도 최고로 해내지만, 도요타가 만든 드럼 연주 로봇이나 트럼펫 연주 로봇과 함께 공연을 할 수도 있다. 이 음악가 로봇들이 살아 있는 양 움직인다는 것은 집에서 허드렛일도 할 수 있다는 뜻이다.

◀ 이 바이올린 연주 로봇은 지금은 작동하지 않고 전시용으로만 쓰인다.

로봇 접수원

일본 헨나 호텔의 별난 접수대에서 놀라지 말도록. **로봇 접수원**들이 지켜보는 가운데 수속 과정이 이루어진다. 날카로운 발톱을 지닌 공룡의 모습을 한 접수원도 있다. 이 별난 호텔은 비용을 줄이고 효율을 높이기 위해 일을 거의 다 로봇에게 맡겼다. 자동 운반대가 방까지 짐을 운반하고, 로봇 직원이 룸서비스를 하고, 로봇 물고기가 헤엄치는 수족관도 있다.

◀ 로봇 접수원이 오는 손님을 맞이한다.

▼ 말하는 벨로키랍토르가 눈, 팔, 턱을 움직이면서 손님을 맞이한다.

로봇 정보

제조자	국적	출시 연도	키
ABB	스위스	2015년	56cm

협동 로봇
유미

이 로봇은 팔 두 개로 오케스트라를 지휘하고, 루빅큐브를 맞추고, 종이비행기도 접을 수 있지만, 주로 조립 라인에서 일한다. 한 쌍의 팔을 빠르고 능숙하게 놀라울 만큼 정확하게 움직이면서 겨우 0.02밀리미터의 오차 이내로 같은 일을 수천 번 반복할 수 있다. 키가 성인 남성의 절반쯤인 유미는 사람 가까이에서 함께 일하도록 설계되었다. 유미는 너(You)와 내(Me)가 함께 일한다는 뜻으로 붙인 이름이다. 섬세한 스마트폰과 시계를 충실하게 조립하거나 복잡한 자동차 부품을 조립하고 검사하는 일을 한다.

플라스틱 덮개는 만지면 부드럽다.

로봇 교향악단

2017년 유미는 오케스트라를 지휘한 최초의 로봇이 되었다. 이탈리아 피사에서 루카 필하모니 관현악단을 지휘하여 클래식 음악 세 곡을 실황 공연하는 데 성공했다. 공연하기 전에 저명한 이탈리아 지휘자인 안드레아 콜롬비니가 유미를 훈련시켰다. 유미는 배운 대로 정확히 움직임을 흉내 내어 지휘를 했다.

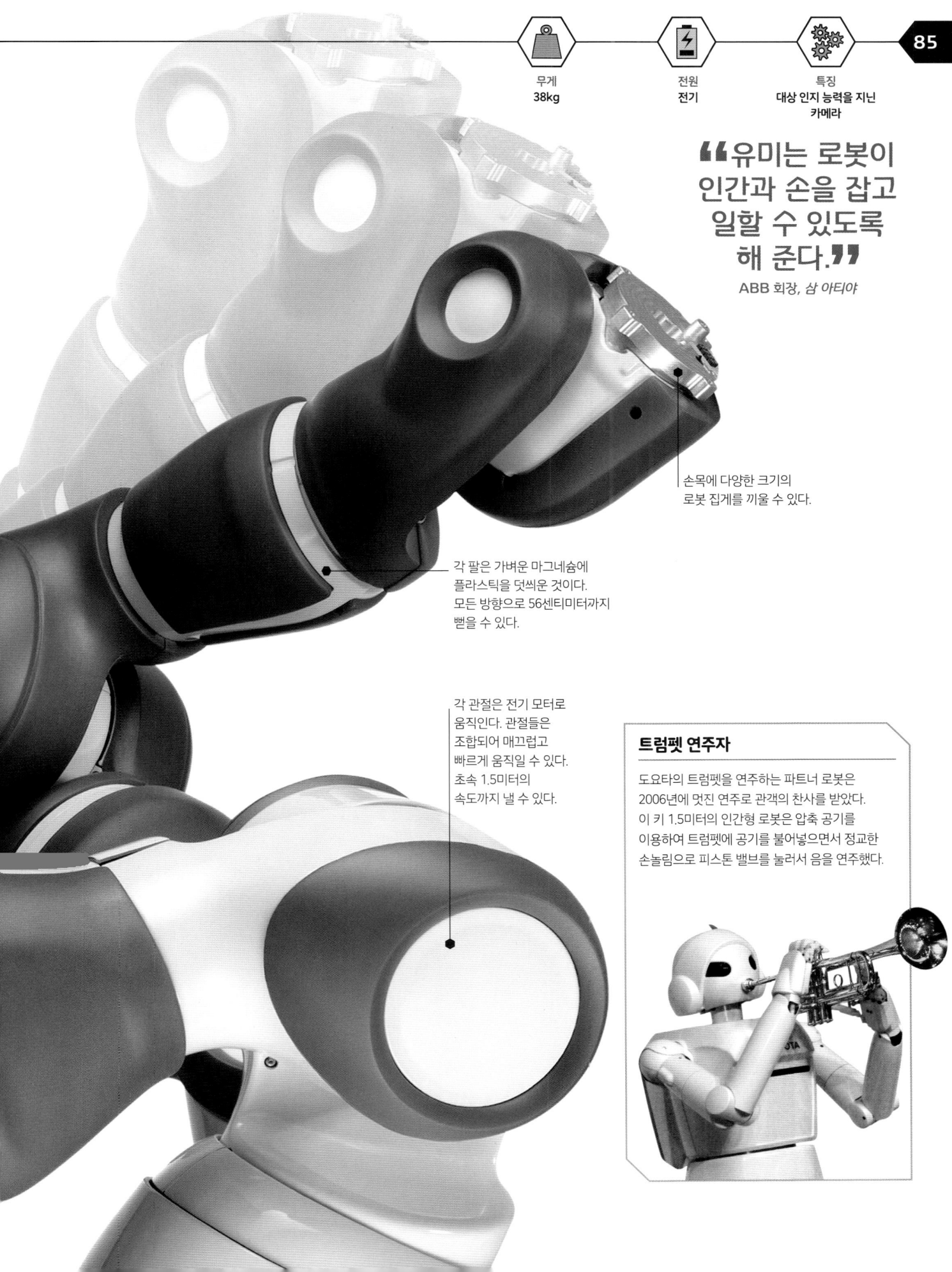

무게	전원	특징
38kg	전기	대상 인지 능력을 지닌 카메라

> **"유미는 로봇이 인간과 손을 잡고 일할 수 있도록 해 준다."**
> ABB 회장, 삽 아티야

손목에 다양한 크기의 로봇 집게를 끼울 수 있다.

각 팔은 가벼운 마그네슘에 플라스틱을 덧씌운 것이다. 모든 방향으로 56센티미터까지 뻗을 수 있다.

각 관절은 전기 모터로 움직인다. 관절들은 조합되어 매끄럽고 빠르게 움직일 수 있다. 초속 1.5미터의 속도까지 낼 수 있다.

트럼펫 연주자

도요타의 트럼펫을 연주하는 파트너 로봇은 2006년에 멋진 연주로 관객의 찬사를 받았다. 이 키 1.5미터의 인간형 로봇은 압축 공기를 이용하여 트럼펫에 공기를 불어넣으면서 정교한 손놀림으로 피스톤 밸브를 눌러서 음을 연주했다.

작동 방식

인간 요리사는 로보틱키친의 기술을 써서 요리를 한다. 로봇에게 요리를 하는 법을 일단 가르치면, 그 데이터는 로보틱키친의 데이터베이스에 저장되어 조작자가 원할 때면 언제든 불러낼 수 있다.

1 로봇에는 3D 카메라와 감지 장갑이 달려 있다. 이 장치들을 써서 요리사의 움직임을 자신이 이해할 수 있는 디지털 명령문으로 전환한다.

2 로봇의 유연한 두 손은 사람 요리사가 쓰는 것과 동일한 주방용품을 쓸 수 있다. 로봇은 재료를 섞고, 젓고, 치대고, 흔들고, 붓고, 떨구면서 요리를 할 수 있다.

가정 로봇
로보틱키친

주방에 태풍을 일으키는 새로운 요리사가 등장했다. 몰리의 로보틱키친은 단추를 누르기만 하면 전문 요리사의 움직임을 고스란히 흉내 내어 반복하는 최초의 완전 자동 요리 로봇이다. 정교한 로봇 팔은 모든 요리를 맛있게 만드는 사람의 손만큼 정성과 주의를 기울여서 요리를 한다. 로보틱키친이 입맛을 다시게 하는 온갖 요리로 미각을 자극하는 것을 느껴 보라.

수작업

로보틱키친은 여러 관절로 연결된 두 개의 로봇 팔에 센서들이 내장된 인공 손이 달려 있어서 사람의 손처럼 능숙하고 유연하게 움직인다. 또 요리 시범을 보인 요리사와 똑같은 속도로 요리를 한다. 이 사람 같은 움직임으로 다양한 주방 가전제품과 기구를 쓸 수 있다.

제조자 몰리로보틱스	국적 영국	개발 연도 2014년	키 기존 공간에 들어맞도록 설계된 표준 주방	특징 촉각 센서와 3D 카메라로 사람의 움직임을 정확히 모방할 수 있음

로봇 팔은 자동차 생산 라인에서 흔히 쓰이는 로봇 팔과 기본 설계가 동일하다.

각 주방 용품은 사람 요리사가 쓰는 것과 똑같은 방식으로 쓰인다.

미래의 음식

로보틱키친은 정해진 시간 안에 정해진 식단을 준비해야 하는 병원과 요양원에서 쓰일 수 있다. 또 이런 기계는 전 세계 사람들이 요리법을 공유하거나 팔고, 국제 요리를 즐기고, 유명 요리사의 요리를 맛볼 수 있도록 함으로써 로봇 혁명을 이끌 수 있다.

소셜 로봇
제노

제조자	국적	출시 연도	키	무게
핸슨로보틱스	홍콩	2007년	68.6cm	2kg

상호 작용하는 인간형 로봇인 제노는 인기가 많다. 소년과 만화 인물을 섞은 얼굴로 다양한 표정을 지을 수 있다. 이 영리한 로봇은 책을 읽고, 외국어를 배우고, 학생을 가르치는 데에도 뛰어나다. 이렇게 일만 하는 것이 아니라 농담을 하고 게임을 하고 춤을 춰 주는 등 놀 수도 있다. 첨단 컴퓨터 소프트웨어와 인공 지능 덕분에, 제노는 옷갓 놀라운 재능을 발휘한다.

터치스크린

제노의 가슴에는 교육, 프로그램, 대화 연구, 게임, 일반 지식, 앱방향 대화 등 다양한 기능을 선택할 수 있는 터치스크린이 붙어 있다. 다정하게 대화를 하는 로봇을 이용한 치료받을 특별한 교육이 필요한 아이에게 맞은 도움이 된다.

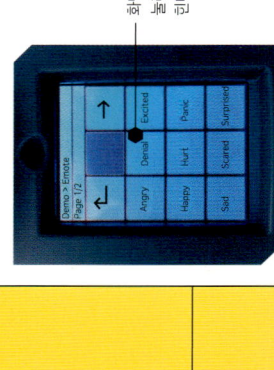

화면 오른쪽을 눌러서 선택을 한다.

눈에 든 HD 카메라로 사람들의 얼굴을 알아보고 기억한다.

팔이 자유롭게 움직이므로 다양한 동작을 할 수 있다.

제노는 가슴에 들어 있는 스피커로 대화를 한다.

매끄러운 움직임

작은 인간형 로봇 나오는 놀라운 춤 솜씨로 많은 박수를 받았다. 이 매끄럽게 움직이는 영리한 로봇은 1만 대 넘게 만들어졌다. 혼자 또는 여럿이 함께 무선으로 서로 완벽하게 조화를 이루면서 복잡한 춤을 추도록 프로그래밍된 것도 많다.

전원
배터리

특징
얼굴과 사물을 알아보고 음성을 인식할 수 있음

놀라운 아바타

다치거나 병에 걸린 아이들은 학교를 오래 못 갈 수도 있다. 나오의 능력 중 하나는 결석한 아이의 아바타 역할을 하는 것이다. 아이를 대신하여 출석하는 것이다. 아이는 태블릿을 써서 원격으로 나오를 움직일 수 있다. 나오는 교실에서 정보, 동영상, 소리를 수집하여 아이에게 전송한다.

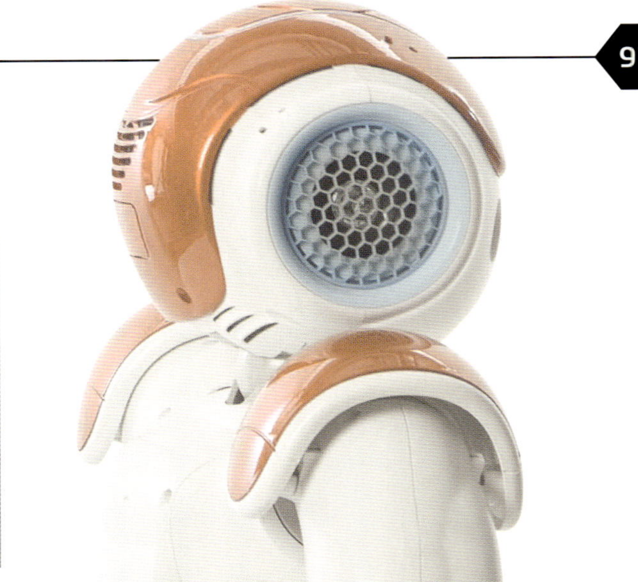

머리에 있는 단추 3개로 나오를 작동시키거나 어떤 행동을 하도록 프로그래밍 할 수 있다.

로봇 정보

제조자	국적	출시 연도	키	무게
소프트뱅크로보틱스	프랑스	2006년	57.3cm	5.4kg

인간형 로봇
나오

춤추고, 로봇 축구를 하고, 사람의 말을 이해하고, 요양원에서 노인들을 즐겁게 하는 등 이 작은 인간형 로봇의 재능은 끝이 없다. 뛰어난 로봇 공학자가 아닌 평범한 학생도 얼마든지 나오의 프로그램을 짤 수 있다. 나오는 몸이 아주 유연하며, 마이크 4개로 음성을 인식하고 19개 언어로 즉시 번역할 수 있다. 균형 센서가 들어 있어서 두 발로 서서 잘 걷는다. 넘어지면 나오는 스스로 일어날 수 있다.

작동 방식

나오는 거리를 측정하는 음파 탐지기를 비롯하여 50개가 넘는 센서를 지닌다. 로봇이 넘어지면 센서들이 알아차리고, 제어 장치가 전기 모터와 관절에 일련의 움직임을 일으킨다. 그러면 나오는 다시 일어난다. 나오는 두 팔로 바닥을 짚어서 윗몸을 일으킨 뒤에 다리를 굽혀 일어난다.

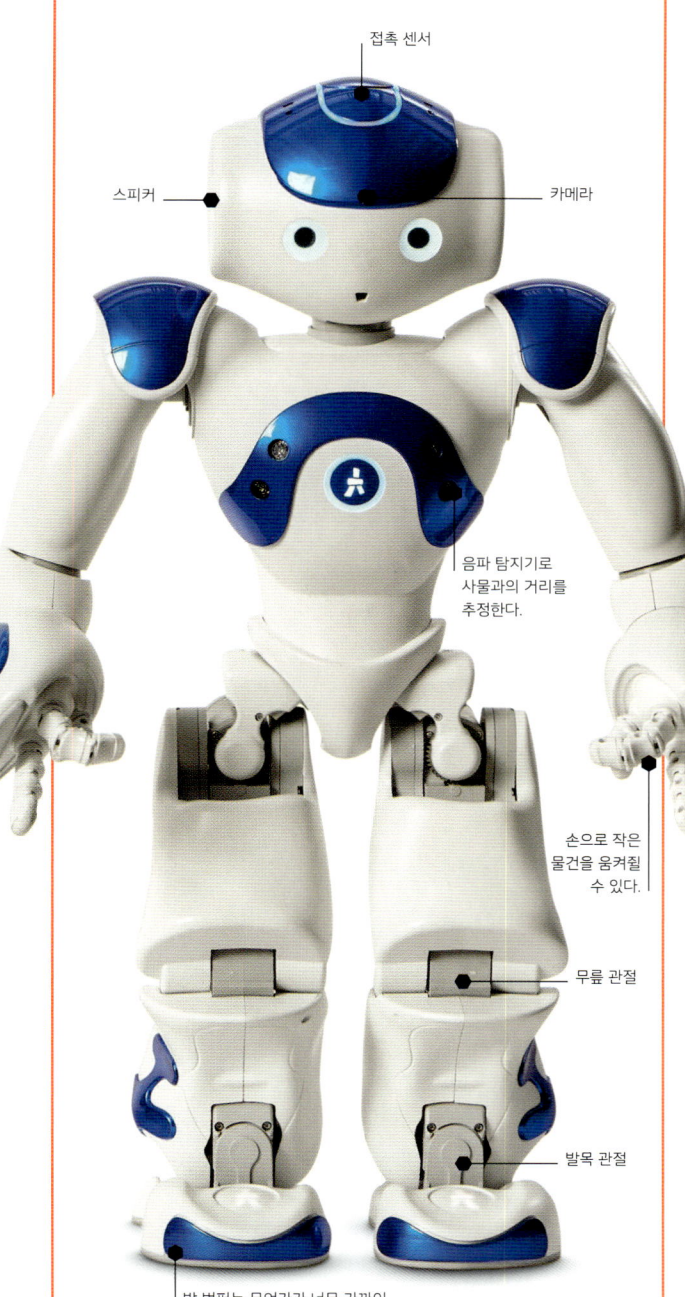

- 접촉 센서
- 스피커
- 카메라
- 음파 탐지기로 사물과의 거리를 추정한다.
- 손으로 작은 물건을 움켜쥘 수 있다.
- 무릎 관절
- 발목 관절
- 발 범퍼는 무언가가 너무 가까이 있다고 알려 주는 센서 역할도 한다.

시각

나오에게는 2대의 카메라가 있지만 눈에 있지 않다. 카메라 한 대는 이마에 들어 있고, 다른 한 대는 '입'에 있다. 나오의 눈은 색깔을 바꿈으로써 사람과 의사소통을 돕는 용도로 쓰인다.

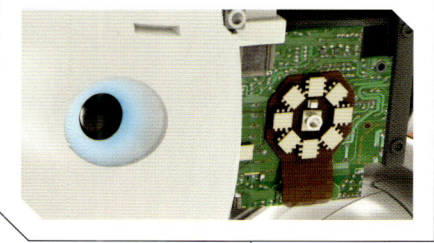

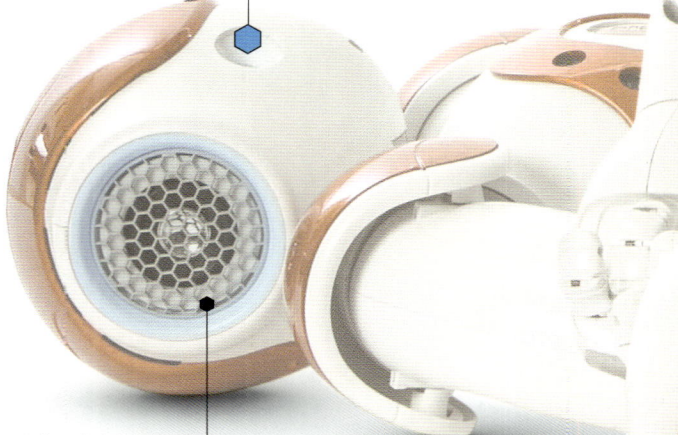

스피커는 인터넷에서 얻은 정보를 알려 줄 수 있다.

특징
인공 지능, HD 카메라,
촉각 센서, 음성 인식

표정이 풍부한 로봇

제노의 얼굴은 사람의 피부처럼 보이는 탄성 있는 고무인 프러버로 되어 있다. 얼굴의 모터가 프러버를 움직여서 즉시 알아볼 수 있는 표정을 짓게 만든다. 제노는 표정을 통해서 말하고자 하는 바를 알린다.

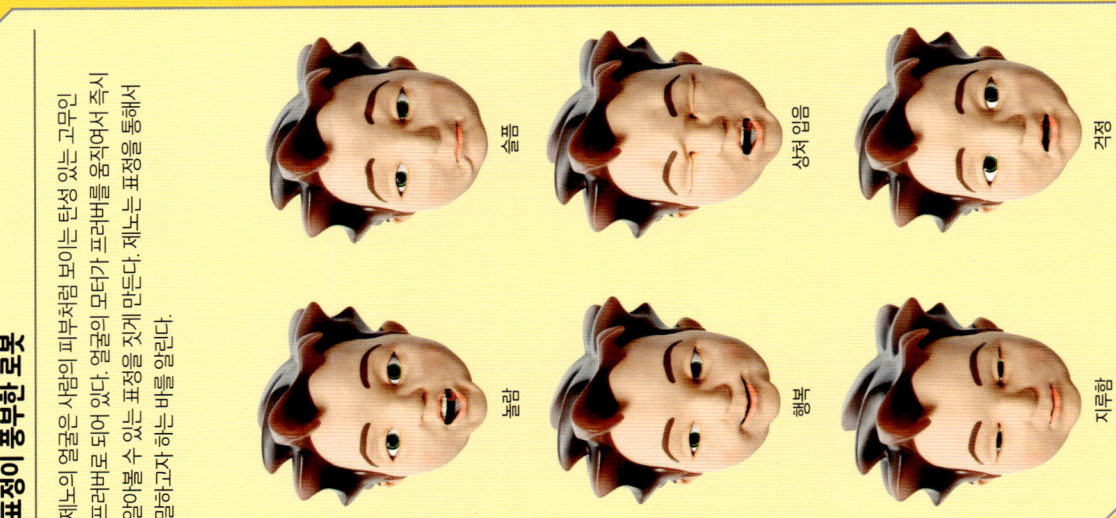

슬픔 · 상처 입음 · 걱정
놀람 · 행복 · 지루함

음악의 박자에 맞추어서
움직일 수 있다.

앞뒤로 걷고, 돌고,
춤을 출 수 있다.

로봇 정보

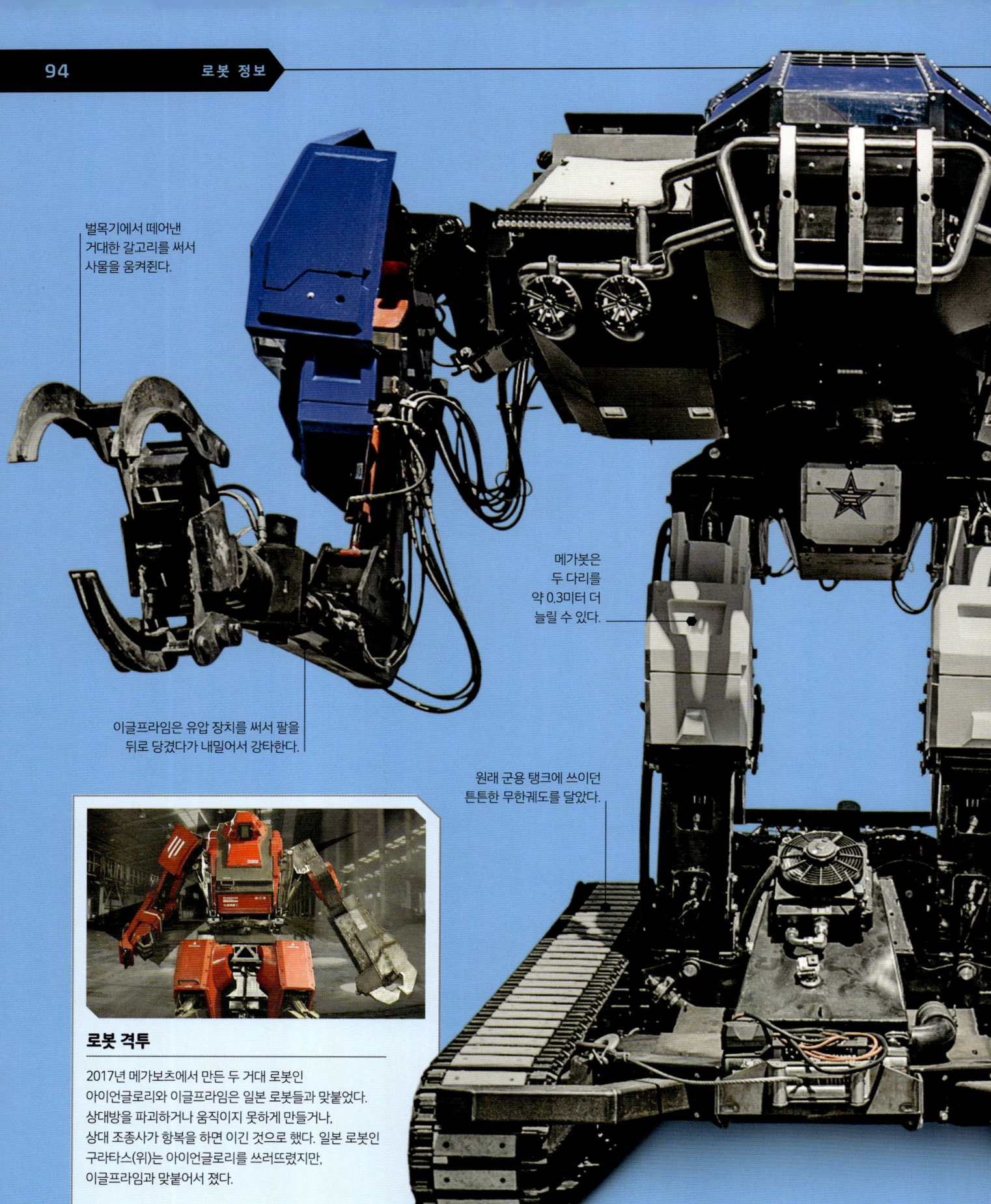

벌목기에서 떼어낸 거대한 갈고리를 써서 사물을 움켜쥔다.

메가봇은 두 다리를 약 0.3미터 더 늘릴 수 있다.

이글프라임은 유압 장치를 써서 팔을 뒤로 당겼다가 내밀어서 강타한다.

원래 군용 탱크에 쓰이던 튼튼한 무한궤도를 달았다.

로봇 격투

2017년 메가보츠에서 만든 두 거대 로봇인 아이언글로리와 이글프라임은 일본 로봇들과 맞붙었다. 상대방을 파괴하거나 움직이지 못하게 만들거나, 상대 조종사가 항복을 하면 이긴 것으로 했다. 일본 로봇인 구라타스(위)는 아이언글로리를 쓰러뜨렸지만, 이글프라임과 맞붙어서 졌다.

제조사	국적	개발 연도	키	무게	전원
메가보츠	미국	2015년	4.9m	13톤	휘발유 엔진

작동 부위는 단단한 강철 보호 장갑으로 덮여 있다.

작동 방식

이글프라임 메가봇의 배 속에는 다 이으면 1.6킬로미터가 넘는 전선이 들어 있으며, 650개가 넘는 전선과 300개가 넘는 전자 부품이 들어 있다. 조종사는 복잡하게 배치된 조이스틱, 페달, 40개가 넘는 토글스위치를 조작하여 로봇을 조종한다. 붕붕거리는 휘발유 엔진과 배에서 떼어 온 변속기로 움직인다. 출력을 최대로 올리면 자동차를 들어 올려서 공중에서 짜부라뜨릴 수도 있다.

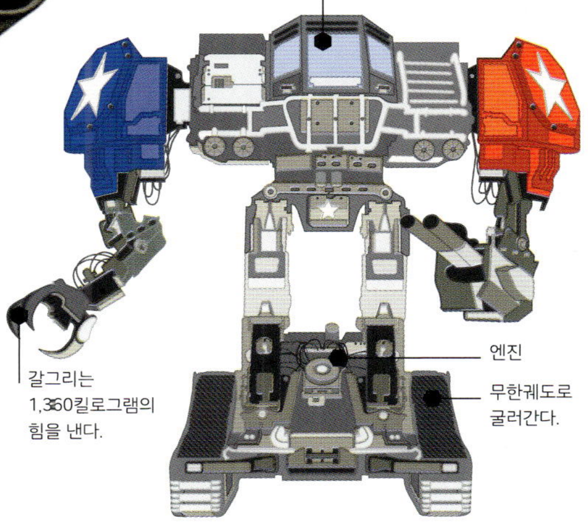

조종사와 사수를 보호하기 위해 방탄유리로 덮여 있다.

갈그리는 1,360킬로그램의 힘을 낸다.

엔진

무한궤도로 굴러간다.

쌍발 대포는 무거운 페인트 볼을 유리를 박살낼 수 있을 만큼 강하게 발사한다.

조종 로봇
메가봇

메가봇을 만든 공학자들은 과학 소설을 현실로 만들어 경기장에서 서로 싸우는 거대한 전투 로봇을 만들었다. 메가봇은 로봇 위쪽의 강화 유리로 덮인 조종석에 조종사와 사수가 앉아서 조종한다. 복잡한 제어판을 써서 로봇과 가공할 무기를 움직인다. 여러 고화질 카메라로 전투 상황 전체를 지켜볼 수 있다.

로봇 정보

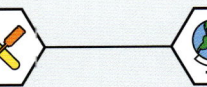
제조자
인텔리전트시스템

국적
일본

출시 연도
2001년

키
57cm

무게
2.7kg

소셜 로봇
파로

파로는 병원과 요양원에서 동물 매개 치료의 대안으로 쓰기 위해 설계된 아주 부드러운 로봇 물범이다. 반려동물은 특정한 질병을 앓는 환자들의 감정, 사회성, 더 나아가 인지(뇌) 기능의 회복에 도움을 준다. 하지만 환자가 동물을 적절히 보살필 능력이 없을 때도 많다. 파로는 하프물범의 모습과 행동을 모델로 했지만, 지방 대신에 배터리가 들어 있다. 일본에서 1,300대 이상이 열심히 일하고 있으며, 유럽과 미국에도 도입되고 있다. 귀엽기 그지없는 이 복슬복슬한 로봇은 세계에서 가장 널리 쓰이는 치료용 로봇 중 하나다.

인공 항균 털은 부드럽지만 오래가며, 때도 잘 안 끼고 튼튼하다.

소리가 들리는 쪽으로 머리를 움직인다.

쓰다듬으면 크고 예쁜 눈을 깜박인다.

충전 중

배고픈 파로는 더욱 귀엽다! 파로는 배터리가 다 닳으면 소리를 두 번 낸 뒤에 전원이 꺼진다. 파로에게는 물고기를 주는 대신 충전을 해 줘야 하는데, 충전 코드는 아기의 노란색이나 분홍색 공갈 젖꼭지처럼 생겼다. 입에 물리면 배터리가 충전된다.

충전기

파로의 목소리는 아기 하프물범의 소리와 비슷하다.

예민한 수염은 건드리는 것을 싫어한다. 그래서 만지면 본능적으로 하듯이 고개를 반대편으로 돌린다.

전원
배터리

특징
마이크, 모터, 센서

역할 설정

파로가 하는 일은 환자 돌보기다. 특히 기억을 잃어가는 노인들을 대상으로 한다. 부드럽게 쓰다듬으면 적극적으로 반응하는 파로의 행동은 환자의 스트레스를 줄이고 기분을 더 안정시켜 준다. 또 이전의 반응을 기억하여 각 환자에 맞는 긍정적인 행동 패턴을 반복하여 환자를 기쁘게 하도록 프로그래밍 되어 있다.

> **"동물 매개 치료에 쓰이는 동물처럼, 파로는 우울증과 불안을 줄이는 데 도움을 줄 수 있다. 먹일 필요도 없다."**
>
> 파로 디자이너, *나카노리 시바타*

- 털에는 접촉에 반응하는 센서가 12개 들어 있다.
- 얼굴 표정, 몸짓, 소리로 감정을 표현한다.
- 파로는 모터를 이용하여 진짜 물범처럼 지느러미발을 들어올릴 수 있다.

믿음직한 심부름꾼

호빗도 가사 도우미 로봇이다. 이 이동하는 보조 로봇은 노인이나 장애인에게 어려울 수 있는 여러 가지 일들을 함으로써 생활을 편리하게 해 준다. 호빗 제조사는 반려동물과 주인 사이의 유대감과 비슷하게 호빗과 사람 사이에 상호 배려 관계가 조성되기를 원했다. 호빗은 바닥에서 걸려 넘어지게 만들 만한 것들을 치우고, 주인과 게임을 하고, 응급 상황이 발생하면 경보를 발한다.

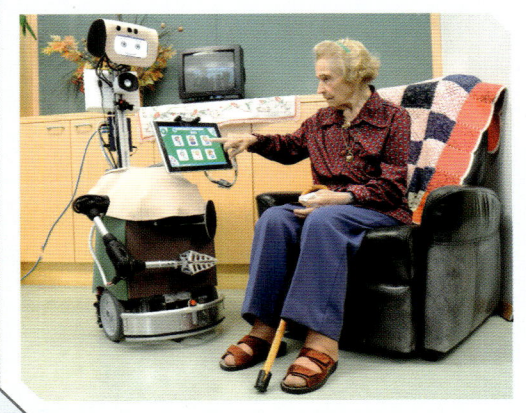

로봇 정보 제조자 **페스토** 국적 **독일** 출시 연도 **2013년** 몸길이 **44cm**

생체 모방 **로봇**
바이오닉옵터

잠자리는 동물계에서 가장 빠르면서 가장 뛰어난 비행술을 자랑하는 곤충에 속한다. 몸길이가 44센티미터에 날개폭이 무려 63센티미터인 이 잠자리 드론은 진짜 잠자리보다 훨씬 더 큰데, 속도는 거의 비슷하다. 이 로봇은 빠른 날갯짓과 머리와 꼬리의 위치를 이용하여 비행 속도를 계속 조정할 수 있다. 그래서 하강과 상승을 전환하고, 왼쪽이나 오른쪽으로 돌고, 정지 비행을 매끄럽게 할 수 있다. 진짜 잠자리처럼 뒤로도 날 수 있다.

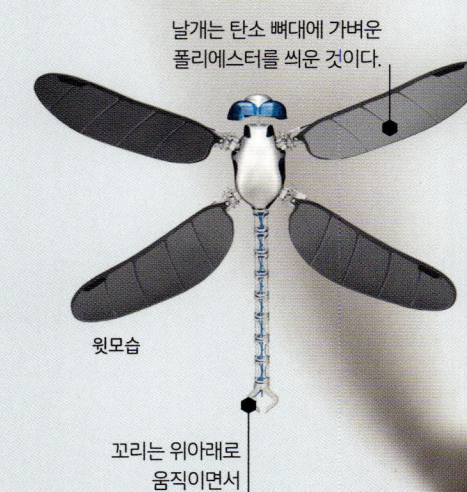

날개는 탄소 뼈대에 가벼운 폴리에스테르를 씌운 것이다.

윗모습

꼬리는 위아래로 움직이면서 방향을 정한다.

조종
마이크로컨트롤러가 모터를 작동시켜서 가벼운 톱니바퀴를 돌린다. 마이크로컨트롤러는 비행에 필요한 다양한 활동을 조율한다. 덕분에 사용자는 앱을 써서 비행 방향이나 목적지만 고르면 된다.

머리와 눈은 커다란 잠자리처럼 보이도록 만들었지만, 카메라가 없어서 볼 수 없다.

무게 175g	전원 배터리	특징 복잡한 행동들을 조율하여 매끄럽게 움직임

모양 바꾸기

바이오닉옵터의 꼬리는 니티놀이라는 특수한 금속 합금으로 근육 모양으로 만들어져 있다. 전류를 흘리면, 니티놀이 따뜻해지면서 수축된다. 그러면 꼬리가 위나 아래로 당겨진다.

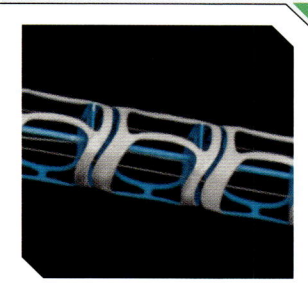

4개의 날개는 1초에 15~20번 칠 수 있다.

덮개는 가볍고 유연한 물질로 만들었다.

바이오닉옵터의 가슴에는 2개의 배터리, 마이크로컨트롤러, 9대의 모터가 들어 있다.

작동 방식

마이크로컨트롤러는 날개를 끊임없이 살피면서 조정한다. 주 모터는 날개가 위아래로 치는 속도를 조절할 수 있다. 각 날개에 달린 2대의 작은 모터는 날개가 움직이는 범위를 조절한다. 추진 방향을 바꾸기 위해 날개는 수평에서 90도까지 비틀 수 있다. 머리와 꼬리도 움직이면서 조종을 돕는다.

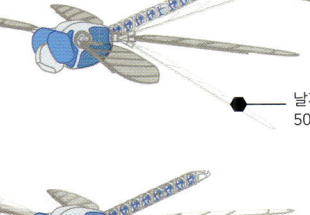

날개는 이동 범위가 50도다.

각 날개는 90도까지 비틀 수 있다.

모터가 날개를 치는 각도를 제어한다.

꼬리와 머리를 움직여서 비행 방향을 바꾼다.

로봇 정보

제조자	국적	출시 연도
패러데이퓨처	미국	2016년

조종 로봇
에프에프제로01

이 멋진 1인용 경주차는 첨단 기술의 집합체다. 도로에 찰싹 달라붙는 정도와 높이처럼 자동차의 속도에 영향을 미치는 요소들을 스마트폰으로 제어할 수도 있다. 또 연료 대신에 배터리로 작동한다. 에프에프제로01(FFZERO01)은 새로운 발전과 기술을 보여 주기 위한 시제품(콘셉트 자동차)이다. 로봇 공학과 전자 공학의 산물들도 들어 있다. 실제로 출시될 때에는 자율 주행을 할 수 있도록 센서와 컨트롤러까지 장착될지도 모른다. 그러면 경주장에서 운전자에게 가장 빠른 경주로를 보여 주거나 스스로 운전을 할 수도 있을 것이다.

작동 방식

자율 주행차는 여러 센서에 의지한다 센서는 고해상도 지도와 협력하여 안전하게 길을 찾아 준다. 자율 주행차의 센서들은 주변 상황을 훑어서 다른 자동차들과 보행자들이 움직이는 속도와 방향을 실시간으로 추적한다. 또 카메라들이 차량 주위를 360도로 찍어서 사물 인식 소프트웨어로 분석하여 다른 차량, 신호등, 멈춤 신호, 도로 표지판 등을 파악한다. 자동차의 컨트롤러는 받는 정보에 따라서 속도를 바꾸거나 방향을 바꾸거나 멈추라는 식으로 모터에 계속 명령을 내린다.

투명한 수직 꼬리 날개는 공기 역학을 이용하여 속도를 높인다.

뛰어난 성능

에프에프제로01은 바닥에 고성능 배터리가 가득 들어 있다. 소형 자동차보다 출력이 무려 8~10배 더 높다. 그래서 아주 빨리 속도를 높일 수 있다. 멈춘 상태에서 시간당 96킬로미터 속도까지 가속하는 데 3초도 안 걸린다.

전원
배터리

 특징
자동 운전 모드

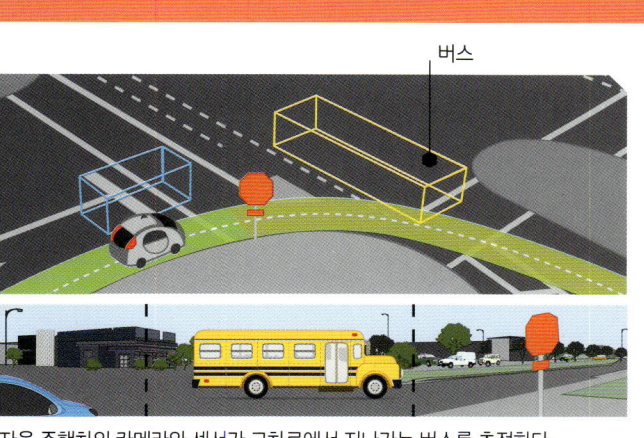

버스

자율 주행차의 카메라와 센서가 교차로에서 지나가는 버스를 추적한다. 멈춤 표지판을 보고서 천천히 속도를 줄인다.

스마트 운전석

운전자는 차 한가운데에 아늑하게 앉는다. 헬로라는 안전띠가 운전자를 보호한다. 스마트폰을 운전대에 끼워서 필요할 때 속도를 조정할 수도 있고, 화면으로 도로 상황 같은 자료를 볼 수도 있다.

스마트폰을 운전대에 끼울 수 있다.

운전자가 드나들 수 있도록 유리 지붕이 뒤로 열린다.

차체는 강하면서 가벼운 탄소 섬유로 만든다.

가벼운 합금으로 된 바퀴는 전기 모터로 움직인다.

차의 앞뒤로 난 공기 통로들을 통해서 공기가 흐름으로써 저항력을 줄이고 모터를 식힌다. 공기 통로는 또 하향력을 높임으로써, 차가 바닥에 찰싹 달라붙도록 돕는다.

자연에서 영감을 얻은 로봇

로봇 공학의 많은 문제들은 자연계를 살펴보면 해답이 나온다. 로봇 공학자들은 문제를 해결할 새로운 방법을 찾기 위해서 점점 더 동물을 연구하고 있다. 그런 연구에 힘입어서 예전에 결코 간 적이 없는 곳까지 갈 수 있는 로봇들이 개발되고 있다. 수중 뱀장어 로봇에서 꿀벌처럼 협력하는 로봇에 이르기까지 다양하다.

로봇 정보

제조자
스탠퍼드 대학교

국적
미국

출시 연도
2016년

키
1.5m

전원
리튬이온 배터리, 전선

작업 로봇
오션원

로봇 잠수정은 오래전부터 있었지만, 오션원은 정말로 놀라운 로봇이다. 이 로봇은 숙련된 인간 잠수부의 경험을 토대로 개발되었으며, 덕분에 사람은 위험에 처하지 않은 채 물속을 탐사할 수 있다. 조종자는 오션원의 입체 시각을 써서 로봇이 보는 광경을 고화질로 그대로 볼 수 있다. 팔과 손은 조이스틱으로 조종하며, 섬세한 물체를 상하지 않게 움켜쥐는 것이 가능하다. 그래서 위험한 환경에서도 노련하게 일을 할 수 있다. 앞으로 사람과 함께 잠수하여 의사소통을 하면서 함께 탐사를 하게 될 것이다.

팔은 몸이 움직이고 있어도 손을 한 자리에 고정시킬 수 있다.

케이블은 전력을 공급하고, 오션원과 제어 장치를 연결하여 신호를 전달한다.

작동 방식

오션원은 인간 잠수부와 모습이 비슷하므로, 조종자의 아바타가 된다. 윗몸에는 카메라, 유연한 두 팔, 힘 센서가 들어 있는 손이 있다. 아랫몸에는 배터리, 내장 컴퓨터, 추진기가 들어 있다.

8대의 다방향 추진기로 물속을 돌아다닌다.

배터리

손목

내장 전자 부품은 방수 처리를 하는 대신에 기름 속에 들어 있다.

머리에는 입체 카메라가 들어 있다.

아래팔

경질 발포체

팔꿈치

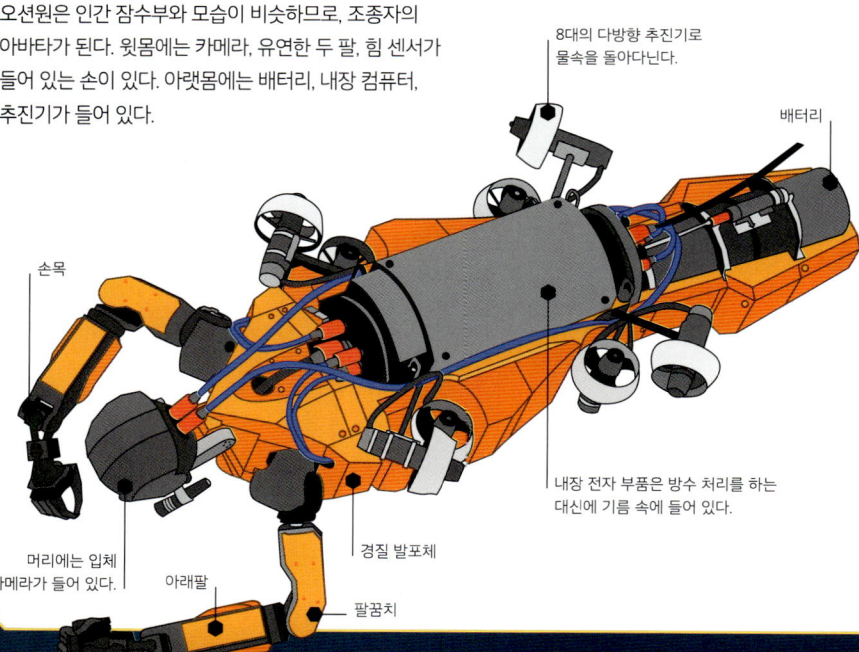

특징
입체 시각과 난류 센서

배에 연결된 전선은 전력도 제공한다.

배쪽에 달린 광각 카메라는 깊은 바다 밑을 돌아다니는 데 도움을 준다.

수압과 물살에 손상되지 않도록 특수하게 보강한 케이블을 쓴다.

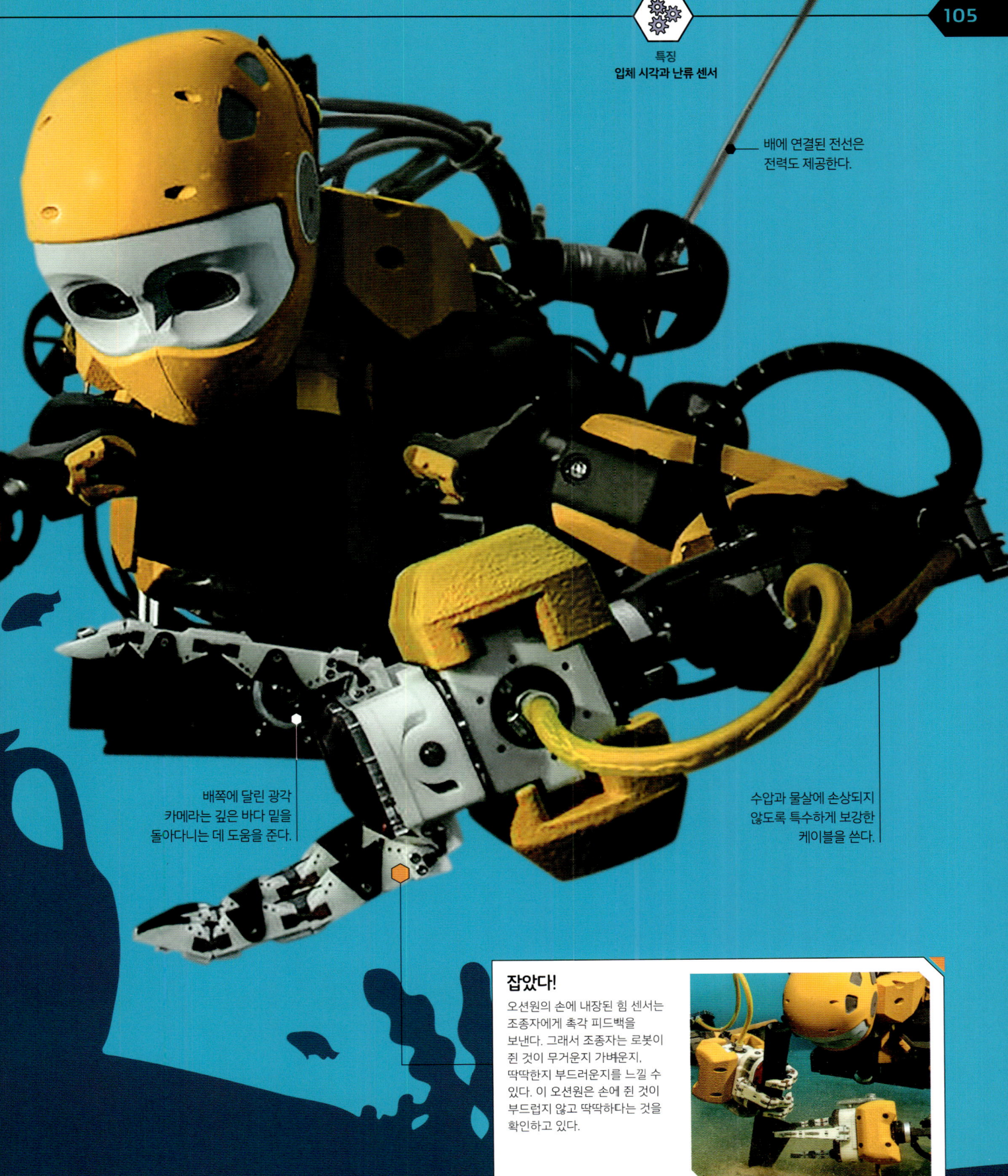

잡았다!
오션원의 손에 내장된 힘 센서는 조종자에게 촉각 피드백을 보낸다. 그래서 조종자는 로봇이 쥔 것이 무거운지 가벼운지, 딱딱한지 부드러운지를 느낄 수 있다. 이 오션원은 손에 쥔 것이 부드럽지 않고 딱딱하다는 것을 확인하고 있다.

센서와 데이터

로봇은 센서에 의존하여 주변 세계의 정보를 얻는다. 또 자기 자신과 자신의 여러 부위의 위치와 기능에 관한 자료도 얻어야 한다. 센서는 종류가 많다. 카메라나 마이크처럼 사람의 감각을 모방한 것들도 있다. 특정한 화학 물질의 미미한 흔적을 파악하거나 어둠 속에서 거리를 정확히 재는 것처럼 사람에게 없는 능력을 로봇에게 제공하는 것들도 있다.

가속과 기울기 감지
가속도계는 가속, 즉 어떤 물체의 속도 변화를 측정하는 센서다. 로봇 공학에서는 운동의 변화를 감지하는 데만이 아니라, 기울기와 각도를 측정하여 로봇의 균형을 유지하는 용도로도 쓰인다.

압전 가속도계
이 센서는 스프링에 매단 추와 전기 회로에 연결된 작은 압전 결정으로 이루어진다.

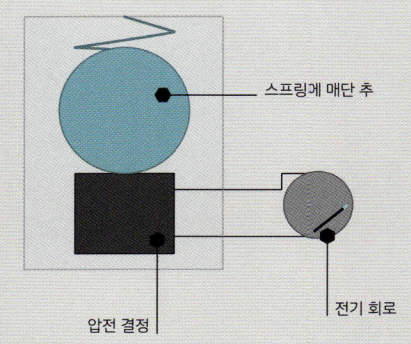

위험 감지
로봇이 조작자인 사람에게서 멀리 떨어진 곳에서 활동할 때 성공과 실패는 센서에 의해 결정된다. 로봇에게 일을 계속한다면 문제와 위험이 닥칠 것이라고 경고하는 센서도 있다. 예를 들어, 방사선 센서는 로봇의 회로를 손상시키거나 파괴할 고준위 방사성 물질이 가까이에 있을 때 경고를 보낸다.

금속 감지
유도 근접 센서는 로봇이 접촉하기 전에 금속이 가까이 있음을 알려 줄 수 있다. 지뢰가 묻힌 지역에서 활동하는 로봇에게는 이런 센서가 매우 중요하다.

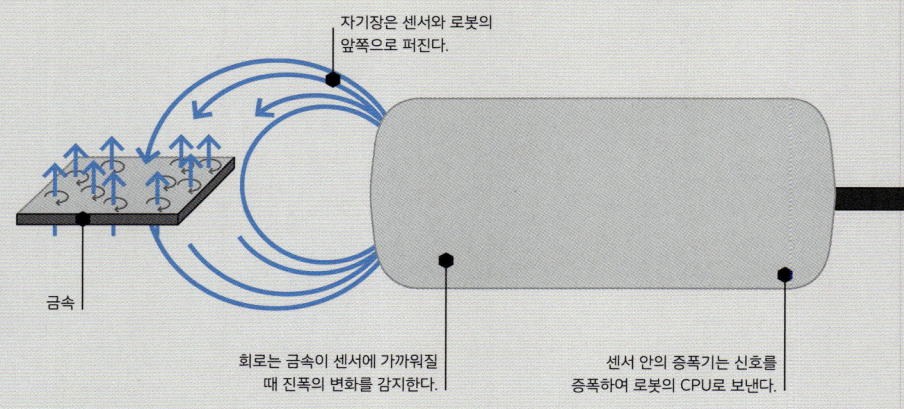

다양한 보는 방식
사람의 눈은 특정한 범위의 빛만을 보지만, 로봇 센서는 그 이상을 볼 수 있다. 물체가 내는 열을 통해 볼 수 있는 열 영상 센서, 레이저나 레이더나 음파를 써서 주변 환경의 3D 영상을 구성하는 센서가 그렇다.

회전하는 라이더 센서는 빛줄기를 쏜 뒤 반사되는 빛을 받아서 거리를 잰다.

센서들의 결합
자율 주행차는 카메라를 써서 교통 표지판을 파악하고, 라이더를 써서 주변의 360도 영상을 구성한다. 레이더 같은 센서들은 다른 차량과 움직이는 물체를 추적한다.

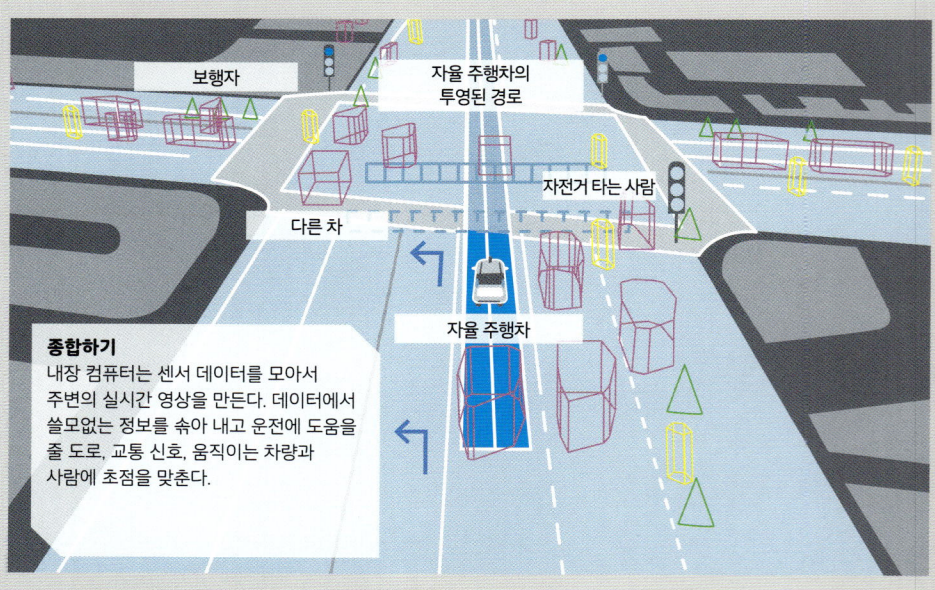

종합하기
내장 컴퓨터는 센서 데이터를 모아서 주변의 실시간 영상을 만든다. 데이터에서 쓸모없는 정보를 솎아 내고 운전에 도움을 줄 도로, 교통 신호, 움직이는 차량과 사람에 초점을 맞춘다.

가속

가속될 때 추가 밀리면서 결정을 누른다. 결정이 눌리면 전압이 생성되고, 이 전압을 측정하여 가속도를 알아낸다.

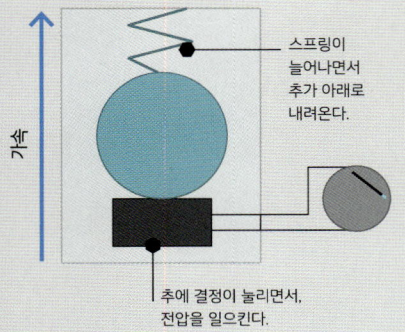

스프링이 늘어나면서 추가 아래로 내려온다.

추에 결정이 눌리면서, 전압을 일으킨다.

기압   습도   풍속

열   오염

환경 센서

로봇은 풍속계, 온도계, 오염 센서 같은 환경 센서들을 써서 주변 환경을 측정할 수 있다. 이런 데이터는 과학적 관심거리가 되기도 하며, 열 감지는 로봇 자신을 보호하는 데에도 필요하다.

수중 감지

어류와 일부 양서류는 흥미로운 추가 감각을 지닌다. 다른 생물들이 움직이거나 고정된 물체 주위를 물이 흐를 때 생기는 물의 압력과 흐름의 변화를 검출하는 능력이다. 물고기는 옆줄의 감각을 이용하여 먹이나 포식자가 근처에 있으면 알아차린다. 일부 로봇은 서미스터라는 작은 전기 부품을 써서 이 감각을 획득했다. 서미스터는 물의 흐름이 변할 때 온도가 변하는 특성이 있다. 옆줄 감각은 잘 안 보이는 탁한 물에서 주변 환경을 파악하는 데 도움이 된다.

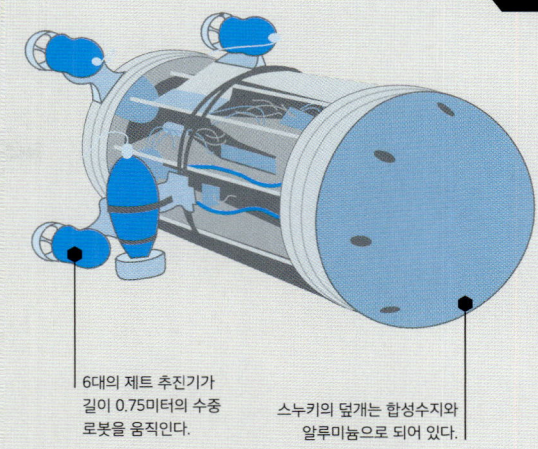

6대의 제트 추진기가 길이 0.75미터의 수중 로봇을 움직인다.

스누키의 덮개는 합성수지와 알루미늄으로 되어 있다.

스누키

이 수중 로봇은 독일 연구자들이 개발했다. 주둥이에 장애물을 찾는 데 도움을 주는 인공 옆줄 센서가 들어 있다.

스누키는 역추진하여 앞에 놓인 바위 장애물을 피할 수 있다.

스누키의 센서는 물의 흐름과 압력 변화를 감지하여 앞에 바위가 있음을 알아차린다.

미래의 자율 주행차

미래의 자율 주행차에 쓰일 센서들은 4D 카메라를 써서 더 빠르게 더 상세한 영상을 구성할 것이다. 대상들로부터 카메라의 렌즈로 들어오는 모든 빛의 거리와 방향까지 포함하는 광각 영상이다.

4D 카메라 영상은 138도를 찍는다. 원의 1/3을 넘는 각도다.

원본 영상

4D 카메라

카메라에서 대상들까지의 거리에 관한 데이터까지 포함되도록 영상을 처리한다(파란 영역은 더 가깝고, 하얀 영역은 더 멀리 있다).

처리된 영상

로봇 정보

제조자	국적	개발 연도	몸길이	무게
페스토	독일	2015년	4.3cm	105g

무리 로봇
바이오닉앤트

이 6개의 다리로 돌아다니는 로봇은 손 안에 들어갈 만큼 작은 첨단 기술의 집합체. 바이오닉앤트는 초소형 무인 비행체에 처음 쓰인 입체 카메라와 원래 컴퓨터 마우스에 쓰이던 광학 바닥 센서를 써서 길을 찾는다. 그 외에도 낮은 전력으로 움직이는 장치에서 무선망으로 데이터를 공유하면서 자율적으로 협력하여 문제를 해결하는 방식에 이르기까지 갖가지 혁신 기술을 갖추고 있다. 바이오닉앤트를 통해 검증된 기술들을 이용하면, 거친 지형을 탐사할 수 있는 튼튼한 로봇을 만들 수 있을 뿐 아니라, 공장의 생산성도 높여줄지 모른다.

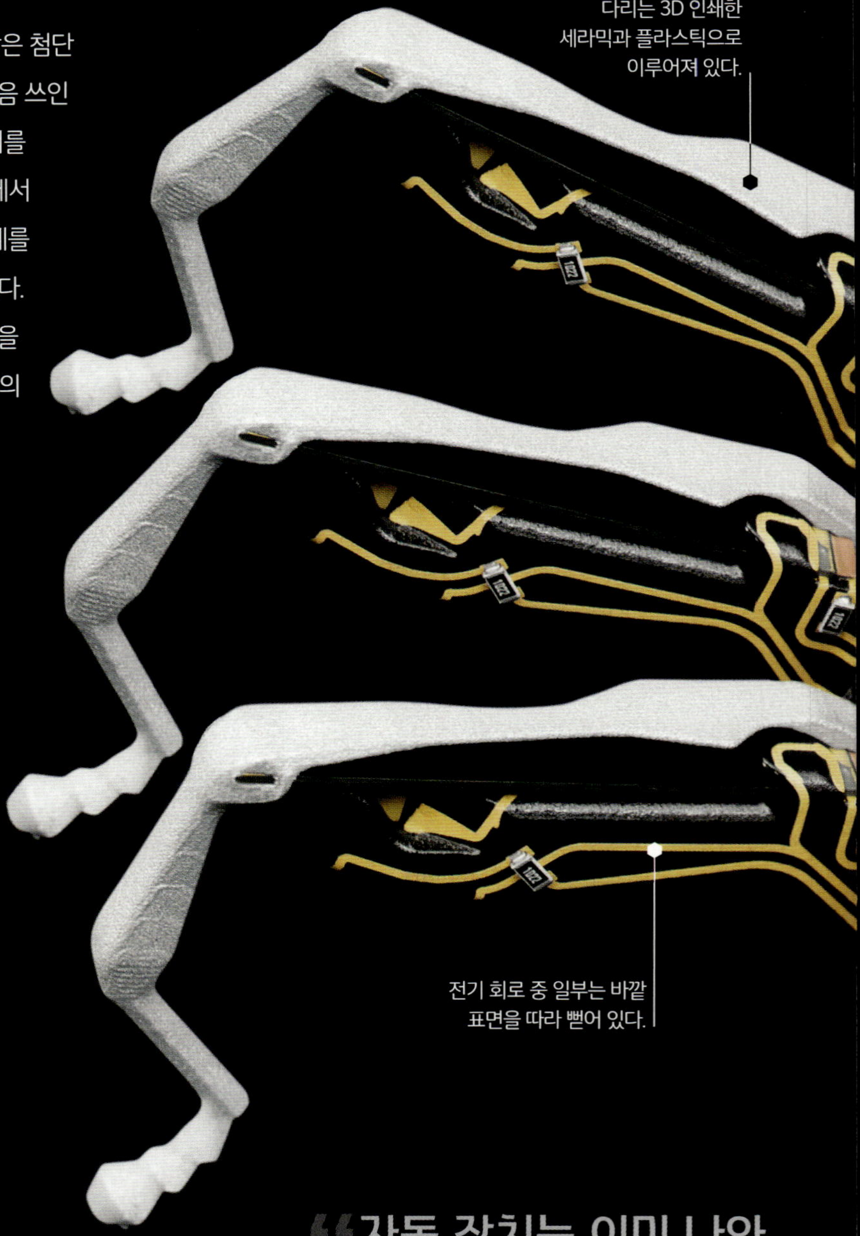

다리는 3D 인쇄한 세라믹과 플라스틱으로 이루어져 있다.

작동 방식

로봇의 다리와 집게는 압전 변환기라는 작은 저전력 장치를 통해 움직인다. 다리는 전류가 흐를 때 구부러진다. 각 다리에는 이 변환기가 3개씩 들어 있어서 다리를 들거나 앞뒤로 1센티미터씩 걸음을 옮길 수 있다. 로봇의 프로세서는 컨트롤러 역할을 한다. 변환기로 보내는 모든 신호와 전류를 동조시킴으로써 다리들을 조화롭게 움직인다.

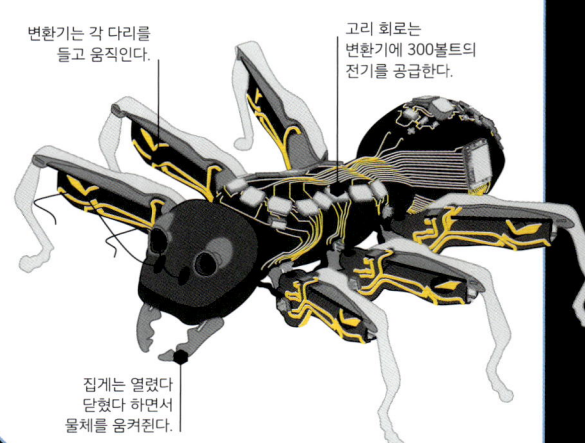

변환기는 각 다리를 들고 움직인다.

고리 회로는 변환기에 300볼트의 전기를 공급한다.

집게는 열렸다 닫혔다 하면서 물체를 움켜쥔다.

전기 회로 중 일부는 바깥 표면을 따라 뻗어 있다.

" 자동 장치는 이미 나와 있지만, 점점 더 많은 지능과 기능을 갖추어갈 것이다. "

페스토 바이오닉 부문 책임자, 엘리아스 크누벤

전원
배터리

특징
사람의 감독 없이
다른 로봇들과 협력

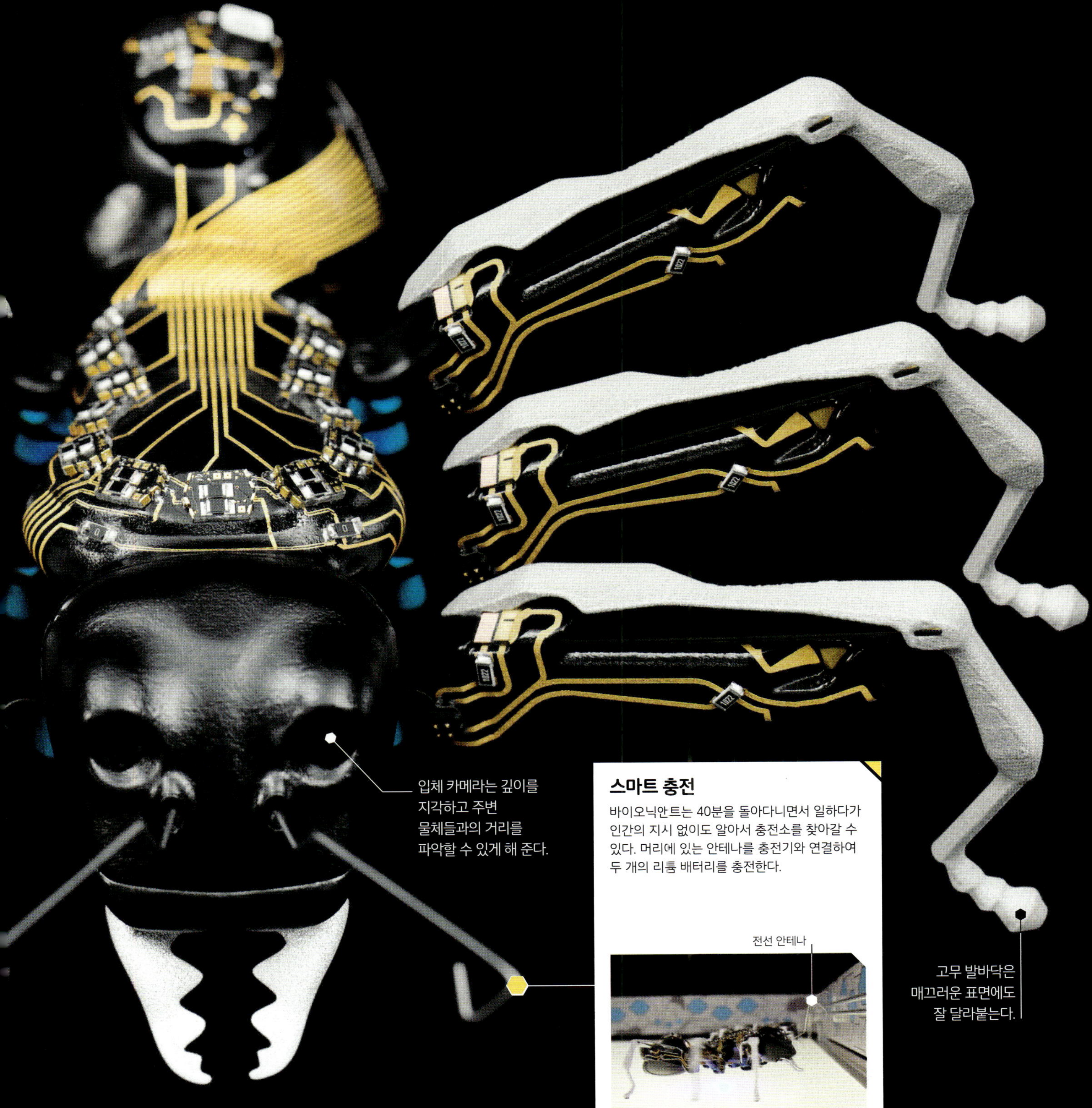

입체 카메라는 깊이를 지각하고 주변 물체들과의 거리를 파악할 수 있게 해 준다.

스마트 충전

바이오닉안트는 40분을 돌아다니면서 일하다가 인간의 지시 없이도 알아서 충전소를 찾아갈 수 있다. 머리에 있는 안테나를 충전기와 연결하여 두 개의 리튬 배터리를 충전한다.

전선 안테나

고무 발바닥은 매끄러운 표면에도 잘 달라붙는다.

협력하는 일꾼들

셋이서 싸우는 것이 아니다. 이 별난 바이오닉앤트들은 협력하여 가운데 있는 커다란 짐을 옮기고 있다. 실제 개미의 협력 행동을 토대로 한 3D 인쇄 로봇 곤충으로서 배의 전자 부품에서 나오는 무선 신호를 주고받으면서 끊임없이 정보를 공유한다. 미래에는 이와 비슷한 협력 로봇들이 인명 구조와 탐사 같은 큰 역할을 맡을 것이다.

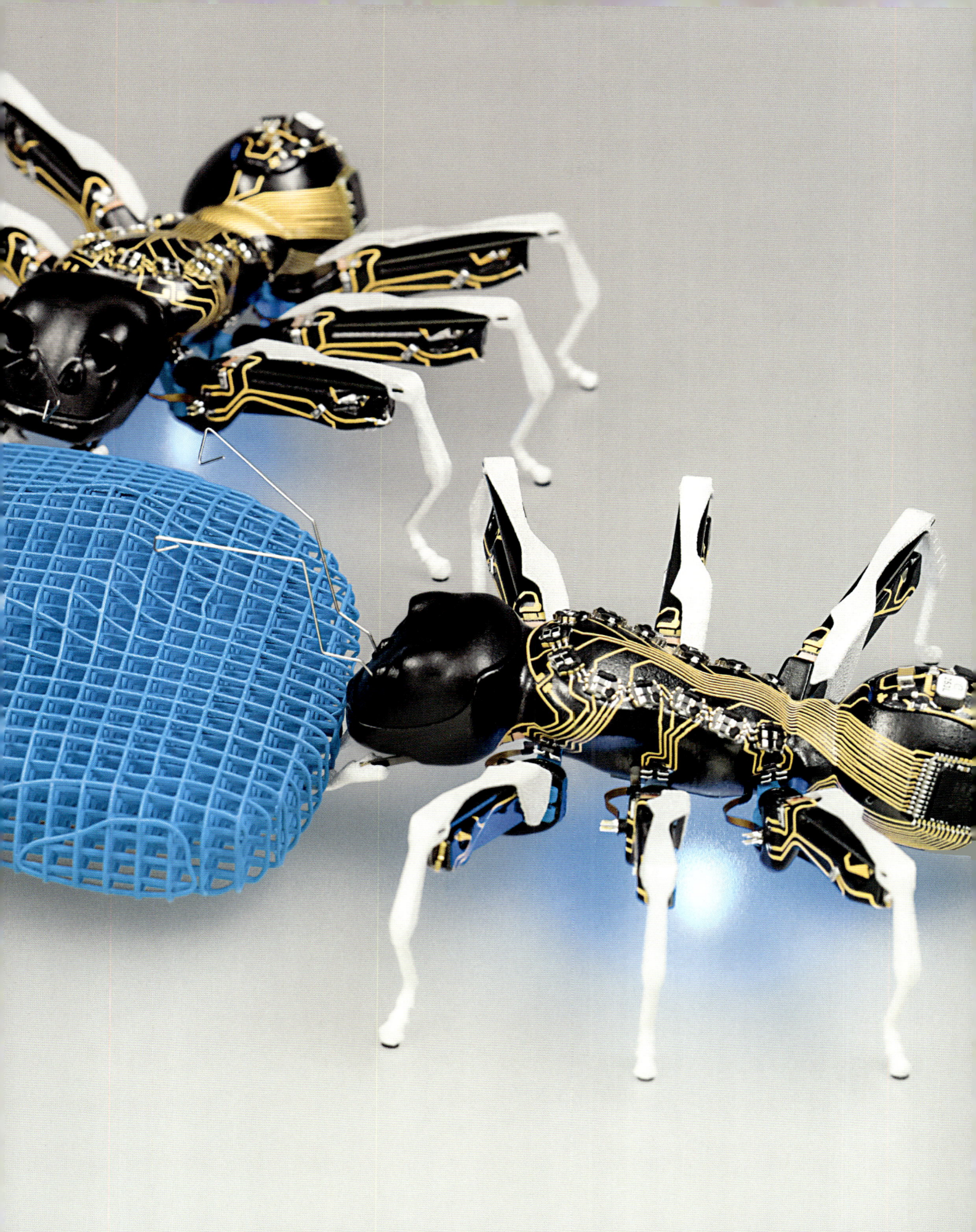

로봇 정보

|  제조자
하버드 대학교 | 국적
미국 | 출시 연도
2016년 | 몸길이
6.5cm | 전원
과산화수소 |

로봇 만들기

3D 인쇄 주형과 소프트 식각법(인쇄 기술의 일종)을 조합한 단순하면서 빠르고 반복 가능한 공정을 통해서 옥토봇을 만든다. 이 로봇의 '두뇌'는 문어 모양의 몸 안에 들어 있는 액체 기반의 회로다. 먼저 주형에 실리콘 혼합물을 붓는다. 이어서 3D 프린터로 실리콘 안에 백금 잉크를 주입한다. 약 4일 동안 가열하면 로봇의 몸이 완성된다.

옥토봇에 주입된 백금 잉크가 어둠 속에서 빛난다.

과산화수소 액체가 들어 있는 작은 저장소

생체 모방 로봇
옥토봇

문어는 뼈대가 없으며, 마찬가지로 옥토봇의 작은 촉수에도 딱딱한 부품 같은 것은 전혀 없다. 옥토봇은 세계 최초의 완전히 부드러운 자율형 로봇이다. 배터리, 마이크로 칩, 컴퓨터 제어 같은 것도 전혀 없다. 대신 이 로봇은 부드러운 실리콘을 3D 인쇄하여 만들었고, 화학반응을 이용하여 움직인다. 미국의 하버드 대학교 연구진이 액체로 채워진 회로가 실리콘 몸을 통해 흐르게 하는 방법으로 300번 넘게 시도한 끝에 옥토봇을 만드는 데 성공했다. 미래에는 비슷한 부드러운 로봇이 해양 구조와 군사 감시에 쓰일 수도 있다. 좁은 공간으로 들어가고 환경에 맞추어서 몸을 변형할 수 있기 때문이다.

작동 방식

옥토봇은 화학 반응을 통해 움직인다. 가느다란 관으로 소량의 과산화수소수를 옥토봇 안으로 넣으면, 백금과 접촉하여 기체가 된다. 이 화학 반응이 촉수를 팽창시키면서, 로봇은 물속에서 움직이게 된다. 옥토봇을 만든 연구진은 로봇이 스스로 길을 찾아갈 수 있도록 센서도 넣을 계획이다.

1 가느다란 관을 통해서 물감을 섞은 과산화수소수를 넣는다.

2 몸속의 화학 물질이 반응할 때, 옥토봇의 촉수가 움직인다.

3 연료 1밀리리터로 8분 동안 움직일 수 있다.

색깔은 과산화수소수 연료가 흘러가는 통로를 보여 준다.

실리콘 고무 몸은 손바닥에 올려놓을 만큼 작다.

식용 가능한 구동부

소프트 로봇 공학은 로봇의 특정 부품을 먹을 수 있는 재료로 만드는 것도 포함한다. 스위스 과학자들은 먹을 수 있는 로봇 구동부를 만드는 일을 해 왔다. 구동부가 먹어도 안전하다면, 식용 가능한 작은 로봇에 붙여서 사람이나 동물이 삼키도록 할 수 있다. 이 몸속에서 소화되는 로봇은 우리 몸속을 탐사하면서 자세히 살피거나 의료에 도움을 줄 수 있다.

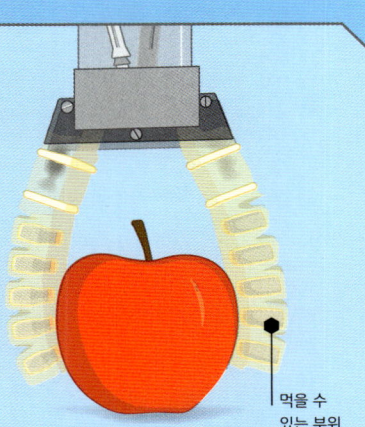

먹을 수 있는 부위

강하고 안정적인 로봇

인간형 로봇의 선두주자인 **아틀라스**는 팔, 몸, 다리의 움직임이 정교하다. 손은 물건을 들고 쥘 수 있고, 발은 험한 지형에서도 선 자세를 유지한다. 가볍고 작게 만들기 위해 일부 부품은 3D 프린터로 인쇄를 했고, 입체 시각과 센서를 갖추고 있다. 배터리로 움직인다.

마이크로봇

마이크로 로봇은 작은 인쇄 회로 기판과 자석을 써서 만든다. 수천 대가 공장의 조립 라인처럼 협력하여 큰 제품을 만들 수도 있다. **마이크로팩토리** 같은 마이크로 로봇은 인체로 들어가 탐사하면서 검사하고 인간과 동물이 건강하도록 도와줌으로써 의학의 미래를 혁신시킬 수도 있다.

▶ 마이크로 로봇 무리는 부품을 운반하고, 액체를 담고, 구조물을 쌓는 등 여러 가지 일을 할 수 있다.

극한 로봇

탐사의 한계를 극복하는 이 첨단 만능 개척자들은 가장 까다로운 지형도 문제없이 헤치고 나아간다. 이 조종 로봇들은 인류가 세운 원대한 목표를 달성하는 데 기여한다. 사람의 몸속에서 병균과 맞서 싸우든, 미지의 영역을 탐험하든, 깊은 바다로 잠수하든, 우주로 나아가든 간에 결코 망설이지 않는 로봇들이다.

타이탄 탐사

나사가 구상하고 있는 **드래곤플라이**는 토성의 가장 큰 달인 타이탄에서 이륙과 착륙을 반복할 수 있는 우주선이다. 2024년에 여러 로터를 써서 비행하며 타이탄의 짙은 대기와 메탄 호수를 탐사하면서, 표면에서 시료도 채취하여 생명의 흔적이 있는지 살펴볼 것이다. 2005년에 타이탄에 착륙한 나사 탐사선 하위헌스호 이래로 두 번째로 화성에 도착하는 탐사선이 될 것이다.

▶ 드래곤플라이는 과학 탐사 장비를 갖추고서 타이탄에 착륙할 것이다.

▲ 아틀라스는 밀려서 넘어지거나 미끄러지면 스스로 일어선다.

심해 잠수정

NOC 로봇 같은 로봇 잠수정은 전 세계 바다에서 과학 연구에 앞장서고 있다. 원양 자율 잠수정(AUV)은 물속뿐 아니라 얼음 밑으로도 들어갈 수 있고, 수심 6,000미터까지 들어간다. 이런 로봇은 미리 할 일을 프로그래밍하며, 그들이 발견하는 정보는 무선으로 배나 육지의 과학자에게 전송된다.

◀ AUV는 대개 어뢰처럼 생겼다.

◀ AUV는 배에서 투하되면, 몇 달씩 수중에 머무를 수 있다.

물속 지킴이

이 해양 로봇은 점점 더 늘어나고 있는 쏠배감펭류로부터 산호초를 보호하는 임무를 맡고 있다. 온몸이 독가시로 덮여 있는 쏠배감펭은 번식력이 좋아서 산호초의 다른 물고기 수를 줄이고 산호초를 파괴한다. **가디언 LF1**은 120미터까지 잠수하여 전류로 쏠배감펭을 기절시킨 뒤 빨아들인다.

▼ 가디언 LF1은 사람이 들어가기 어려운 깊이까지 잠수할 수 있다.

▲ 100미터 길이의 밧줄로 수면에 있는 제어 장치에 연결되어 있다.

조명을 써서 깊은 곳에서 쏠배감펭을 찾아낸다.

전극으로 약한 전류를 일으킨다.

추진기로 움직인다.

성장하는 로봇

바인봇은 몸을 움직이는 대신 한 방향으로 뻗어서 가는 새로운 종류의 부드러운 로봇이다. 뻗으면서 자라는 덩굴이나 균류 같은 자연의 생물에 착안한 설계다. 바인봇 시제품은 유연한 몸으로 까다로운 장애물 코스를 지나고, 가파른 벽과 긴 관과 좁은 공간을 돌아다닐 수 있었다. 전문가들은 미래에 바인봇이 탐사와 구조 작업뿐 아니라 의료 장비로도 쓰일 수 있을 것이라고 본다.

▲ 가볍고 부드러운 관 모양인 바인봇은 정해진 위치로 나아가거나 자신의 구조를 그쪽으로 늘림으로써 나아간다.

로봇 정보

제조자
페스토

"이모션버터플라이는 아주 민첩하게 온갖 비행술을 발휘하며, 자신의 생물학적 역할 모델인 나비와 아주 흡사하다."

페스토

날개는 휘어진 탄소 막대 뼈대에 전하를 저장하는 물질인 얇고 가벼운 필름 축전기를 덮은 것이다.

전자 부품

나비의 전자 부품은 마이크로컨트롤러, 나침반, 가속도계, 자이로스코프, 두 개의 적외선 LED 전구로 이루어진다. 15분이면 충전할 수 있는 배터리 2개로 움직인다. 이 부품들은 모두 자연을 모방한 가벼운 몸체에 들어 있다. 각 나비 로봇은 무게가 32그램에 불과하다. 100원짜리 동전 6개와 비슷한 무게다.

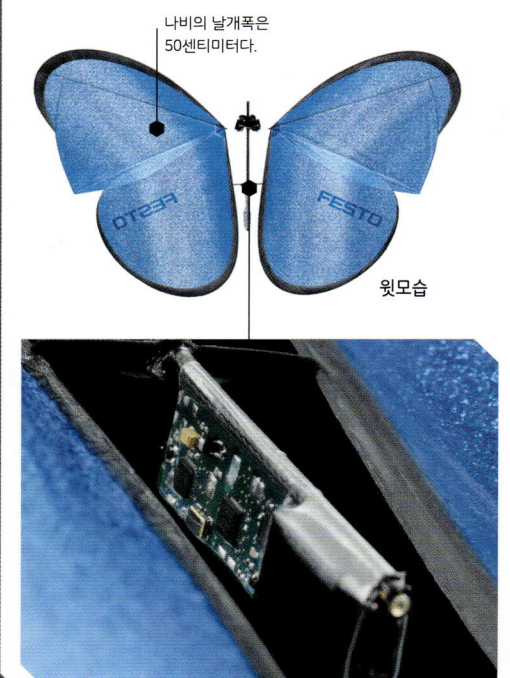

나비의 날개폭은 50센티미터다.

윗모습

무리 로봇

이모션 버터플라이

날개폭이 50센티미터인 아름다운 로봇 나비들이 좁은 공간에 모여서 날개를 팔랑거리면서 날아다닌다. 어떻게 충돌하지 않으면서 나는 것일까? 멀리 있는 강력한 중앙 컴퓨터와 연결된 적외선 카메라를 이용하여 조종하기 때문이다. 이 나비는 마이크로프로세서, 센서, 날개를 움직이는 두 모터를 아주 작게 구현한 경이로운 공학의 산물이다. 강력한 배터리가 개발되면 이런 기술을 써서 로봇 나비를 떼 지어 날려서 멀리 있는 파이프라인과 구조물을 검사할 수 있을 것이다.

국적	전원	특징
독일	배터리	협력하는 무리 지능

내장된 전자 부품이 각 날개가 움직이는 속도와 회전 지점을 조정함으로써 날 수 있다.

날개를 1초에 2번까지 올려침으로써 초당 2.5미터의 속도까지 낼 수 있다.

작동 방식

10대의 고속 적외선 카메라가 로봇이 나는 지역을 지도로 작성한다. 그리고 표지 역할을 하는 각 나비의 적외선 LED를 추적한다. 데이터는 끊임없이 중앙 컴퓨터로 보내지고, 컴퓨터는 항공 관제소 역할을 한다. 초당 37억 화소를 분석하여 각 나비의 위치를 계속 파악한다. 나비가 예상 비행경로에서 벗어나면, 컴퓨터는 경로를 수정하도록 명령을 내린다.

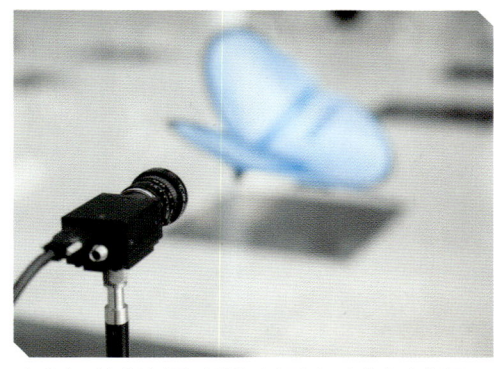

각 나비 로봇의 위치를 파악하려면 적어도 2대의 카메라로 1초에 160장씩 계속 찍어야 한다.

중앙 컴퓨터는 무선 신호로 나비 로봇을 제어한다. 각 로봇은 각자의 비행경로를 따라서 안전하게 날아다닌다.

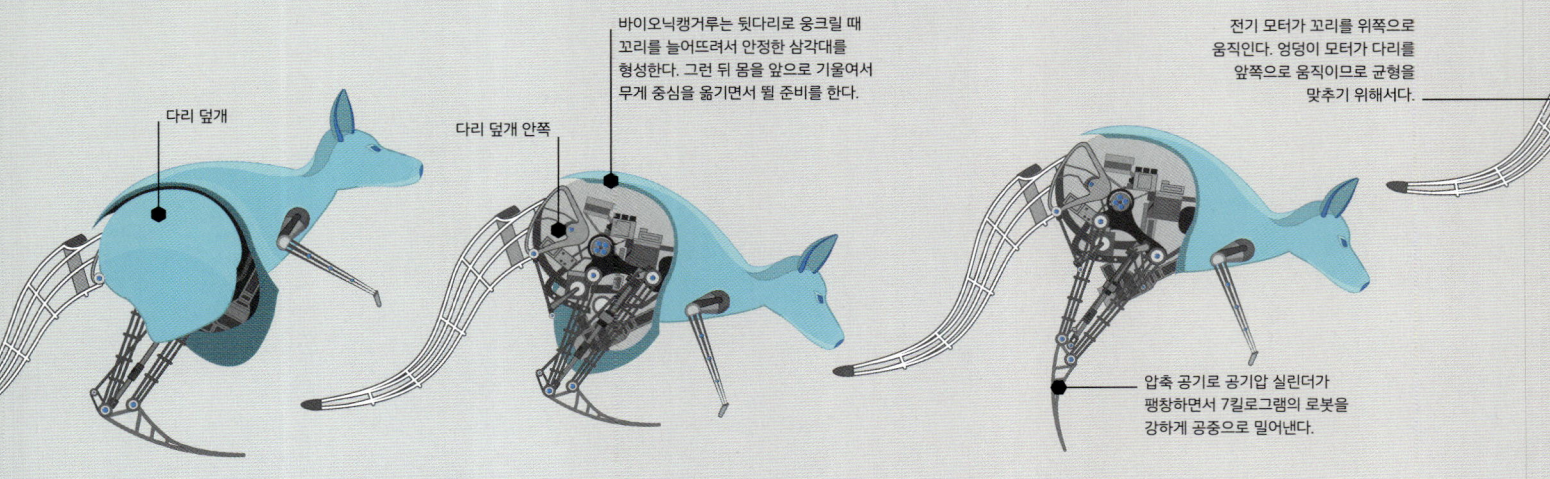

다리 덮개

다리 덮개 안쪽

바이오닉캥거루는 뒷다리로 웅크릴 때 꼬리를 늘어뜨려서 안정한 삼각대를 형성한다. 그런 뒤 몸을 앞으로 기울여서 무게 중심을 옮기면서 뛸 준비를 한다.

전기 모터가 꼬리를 위쪽으로 움직인다. 엉덩이 모터가 다리를 앞쪽으로 움직이므로 균형을 맞추기 위해서다.

압축 공기로 공기압 실린더가 팽창하면서 7킬로그램의 로봇을 강하게 공중으로 밀어낸다.

미끄러지며 나아가기

뱀은 아코디언처럼 몸을 구부렸다가 앞으로 쭉 펴면서 나아간다. 일부 뱀봇은 진짜 뱀처럼 길고 유연한 몸을 구부렸다가 폈다가 하면서 나아간다. 또 몸마디가 있는 뱀봇은 사이드와인더 방식(아래)으로 움직이면서 울퉁불퉁한 지형을 기어오를 수 있다.

특이한 움직임

로봇이 다리, 바퀴, 무한궤도로만 움직일 수 있는 것은 아니다. 로봇 공학자들은 더 효율적인 이동 방식을 찾느라 애쓴다. 그러면서 균형을 유지하고, 장애물을 넘고, 힘든 장소에서도 작동할 수 있는 별난 이동 방식도 생각해 냈다. 자연에서 영감을 얻는 이들도 있다. 별난 동물의 움직임을 흉내 내는 로봇들도 만들어졌다.

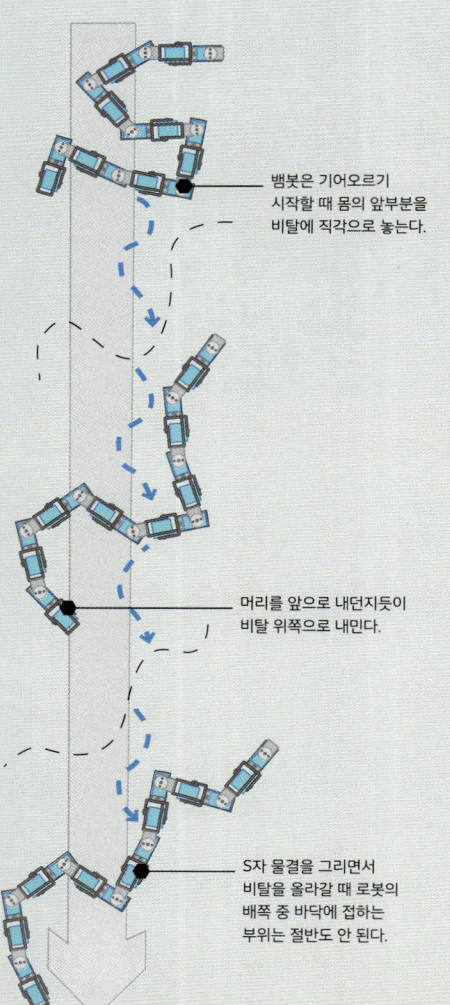

뱀봇은 기어오르기 시작할 때 몸의 앞부분을 비탈에 직각으로 놓는다.

머리를 앞으로 내던지듯이 비탈 위쪽으로 내민다.

S자 물결을 그리면서 비탈을 올라갈 때 로봇의 배쪽 중 바닥에 접하는 부위는 절반도 안 된다.

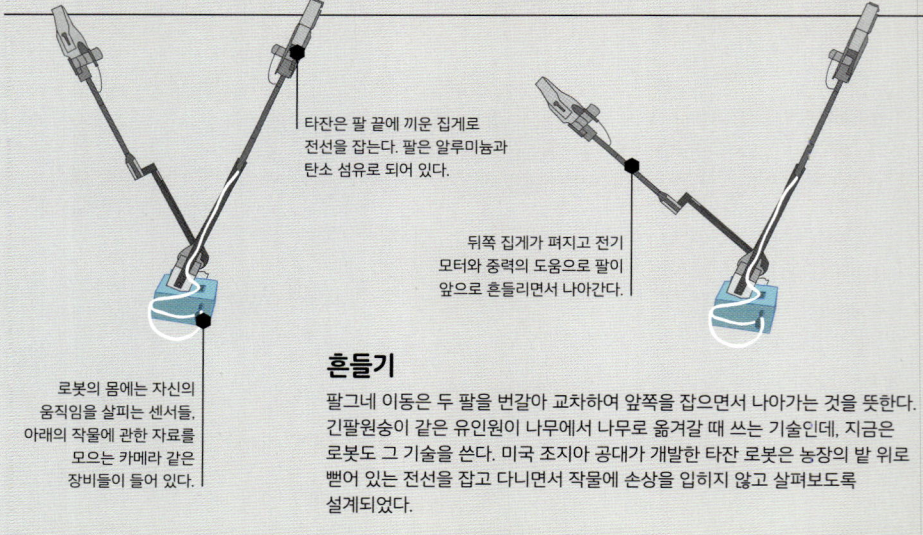

타잔은 팔 끝에 끼운 집게로 전선을 잡는다. 팔은 알루미늄과 탄소 섬유로 되어 있다.

뒤쪽 집게가 펴지고 전기 모터와 중력의 도움으로 팔이 앞으로 흔들리면서 나아간다.

로봇의 몸에는 자신의 움직임을 살피는 센서들, 아래의 작물에 관한 자료를 모으는 카메라 같은 장비들이 들어 있다.

흔들기

팔그네 이동은 두 팔을 번갈아 교차하여 앞쪽을 잡으면서 나아가는 것을 뜻한다. 긴팔원숭이 같은 유인원이 나무에서 나무로 옮겨갈 때 쓰는 기술인데, 지금은 로봇도 그 기술을 쓴다. 미국 조지아 공대가 개발한 타잔 로봇은 농장의 밭 위로 뻗어 있는 전선을 잡고 다니면서 작물에 손상을 입히지 않고 살펴보도록 설계되었다.

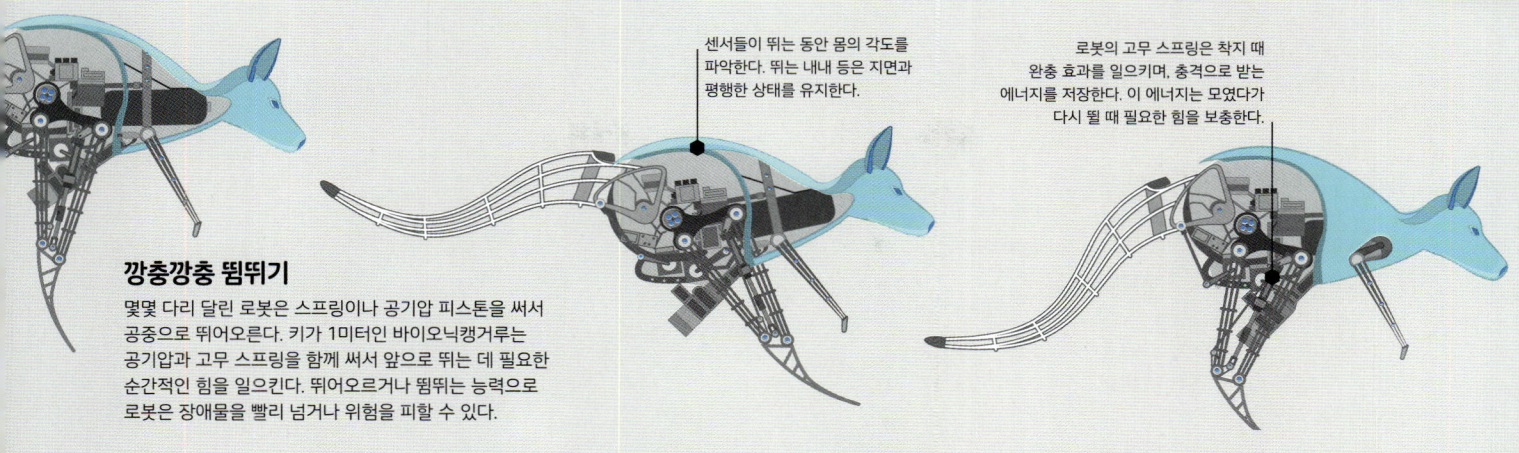

센서들이 뛰는 동안 몸의 각도를 파악한다. 뛰는 내내 등은 지면과 평행한 상태를 유지한다.

로봇의 고무 스프링은 착지 때 완충 효과를 일으키며, 충격으로 받는 에너지를 저장한다. 이 에너지는 모였다가 다시 뛸 때 필요한 힘을 보충한다.

깡충깡충 뜀뛰기

몇몇 다리 달린 로봇은 스프링이나 공기압 피스톤을 써서 공중으로 뛰어오른다. 키가 1미터인 바이오닉캥거루는 공기압과 고무 스프링을 함께 써서 앞으로 뛰는 데 필요한 순간적인 힘을 일으킨다. 뛰어오르거나 뜀뛰는 능력으로 로봇은 장애물을 빨리 넘거나 위험을 피할 수 있다.

프로펠러를 감싸는 원형 틀이 벽을 만나면 비틀린다. 프로펠러가 일으키는 추진력으로 로봇의 바퀴가 벽 표면에 닿아서 누른다.

3D 인쇄한 앞바퀴는 방향 조절이 가능하여, 로봇이 벽을 타고 가는 동안 방향을 바꿀 수 있다.

로봇의 탄소 섬유 바닥판에 장착된 관성 측정기가 로봇이 바닥 위에 수평으로 있는지, 벽을 수직으로 오르고 있는지 판단한다.

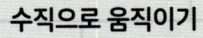

수직으로 움직이기

탐험을 하거나 위험한 지역에서 일하도록 설계된 로봇에게는 벽을 타고 오르거나 천장에 붙어 돌아다니는 기술이 유용할 수 있다. 몇몇 다리 달린 로봇은 공기압으로 작동하는 빨판으로 벽에 붙는다. 다른 시제품 로봇들은 도마뱀붙이의 달라붙는 털과 비슷한 해결책을 택했다. 도마뱀붙이는 발바닥의 미세한 털로 수직 표면에 착 달라붙는다. 원형 틀에 든 프로펠러를 이용한 또 하나의 독창적인 이동 방식이 있다. 원형 틀의 각도가 바뀌면서 로봇이 중력을 거슬러서 올라가는 데 필요한 추진력을 일으킨다.

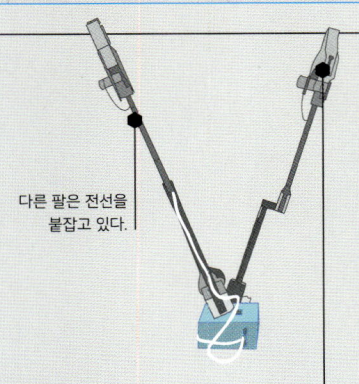

다른 팔은 전선을 붙잡고 있다.

팔을 아래로 휘둘렀다가 앞으로 올리면서 앞쪽을 잡는다.

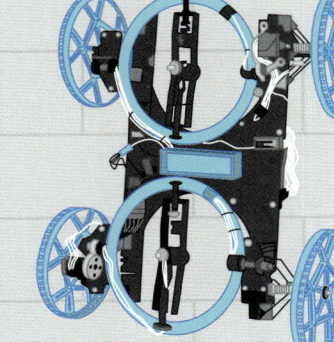

뒤쪽 프로펠러가 돌면서 공기를 뒤로 밀어서 로봇을 벽으로 밀어댄다.

앞쪽 프로펠러의 각도가 변하여 앞바퀴가 벽을 타고 오르도록 추진력을 가한다.

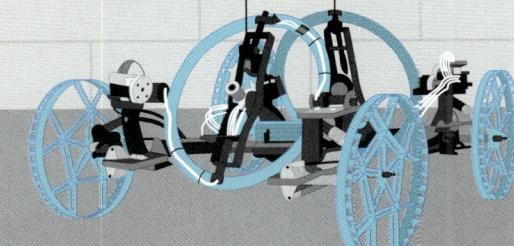

로봇 정보

제조자
엘룸 AS

국적
노르웨이

출시 연도
2016년

무게
최대 7.5kg

작동 방식

엘룸은 여러 관절과 추진기로 이루어진 유연한 로봇이다. 기지에 연결된 케이블로 전원을 공급한다. 많은 원격 조종 장비(ROV)는 너무 커서 수중 시설의 좁은 공간에 들어갈 수 없다. 그러나 이 로봇은 모양과 크기가 그런 곳에 쉽게 들어갈 수 있도록 설계되었다. 하는 일에 맞추어서 길게 늘이거나 짧게 줄일 수 있고, 검사와 수선에 쓸 다양한 도구와 센서도 끼울 수 있다.

엘룸의 본체에 다양한 도구를 추가할 수 있다.

> **"우리 장비는 영구히 물속에서 살아가도록 고안되었다. 기상 조건에 상관없이 일주일 내내 24시간 일할 수 있다."**
> 엘룸

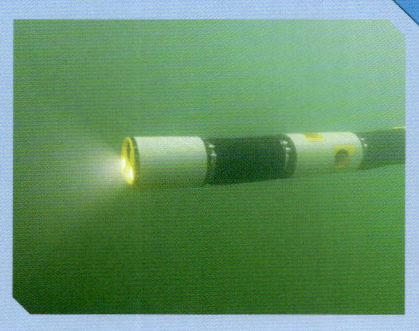

헤엄의 대가

엘룸 시제품은 물살이 거세고 폭풍이 이는 바다에서 수심 150미터까지 내려가서 놀라운 성능을 보여 주었다. 바다 밑의 전용 대기 시설에 들어가서, 계속 물속에 머무를 수 있다. 즉 바다 위의 날씨가 나빠도 아무 문제없이 일할 수 있다는 뜻이다. 물 흐르듯이 매끄럽게 움직이므로 청소와 수리를 매우 효율적으로 할 수 있고, 세부 사진과 동영상도 잘 찍을 수 있다.

관절 모듈은 늘어나거나 구부러진다.

전방을 향한 HD 카메라는 사진과 동영상을 선명하게 찍을 수 있다.

LED 조명이 있어서 어두컴컴한 깊은 바다에서도 잘 볼 수 있다.

카메라는 회전대에 붙어 있어서 돌면서 모든 각도에서 찍을 수 있다.

밧줄 모듈은 외부 전원에 연결되어 엘룸을 충전시킨다.

수평 추진기 모듈로 앞뒤로 움직일 수 있다.

환경 보호

엘룸은 생태계에 해를 끼치지 않으면서 물속 현장을 관리할 수 있다. 지금까지는 대개 배를 띄워서 가야 했지만, 이 수중 로봇은 해저에 영구 설치된 대기 시설에서 즉시 출동할 수 있다. 조종자는 엘룸의 카메라로 점검하고 수리하는 과정을 자세히 지켜볼 수 있다. 안전도 확보되고, 비용도 절감되고, 환경에 미치는 영향도 줄일 수 있다.

한쪽 끝을 고정시킨 채, 다른 쪽으로 일을 할 수 있다.

측면 추진기를 써서 좌우로 움직일 수 있다.

길쭉하고 날씬해서 고르지 못한 해류에서도 정확하게 조종할 수 있다.

작업 로봇
엘룸

수중용으로 개발한 이 스스로 움직이는 로봇은 뱀이나 뱀장어처럼 유선형 몸으로 민첩하게 헤엄치는 능력을 갖추었다. 몸이 모듈로 되어 있어서 하는 일에 맞게 교체할 수 있다. 해양 채굴 시설을 관리할 새로운 방법을 찾는 원유와 천연가스 업계에는 희소식이다. 엘룸은 수중 시설의 점검, 유지, 수리에 매우 유용하다. 카메라, 센서, 다양한 도구들을 갖춘 이 수중 변신 로봇은 어뢰처럼 몸을 쭉 뻗어서 장거리를 갈 수도 있고, 어떤 잠수부나 선박도 갈 수 없는 곳을 비집고 들어가서 탐사할 수 있는 놀라운 능력을 갖추고 있다.

수중 기지

물속에 영구 기지를 만들어서 엘룸 여러 대를 대기시킬 수도 있다. 그러면 수면에 배를 띄우지 않아도 필요할 때 엘룸들이 기지에서 헤엄쳐 나와서 유정이나 파이프라인을 점검할 수 있다. 앞으로는 더 높은 수압을 견디면서 더 깊은 곳까지 들어가서 조사와 수리를 할 수 있는 개량된 엘룸이 나올 것이다.

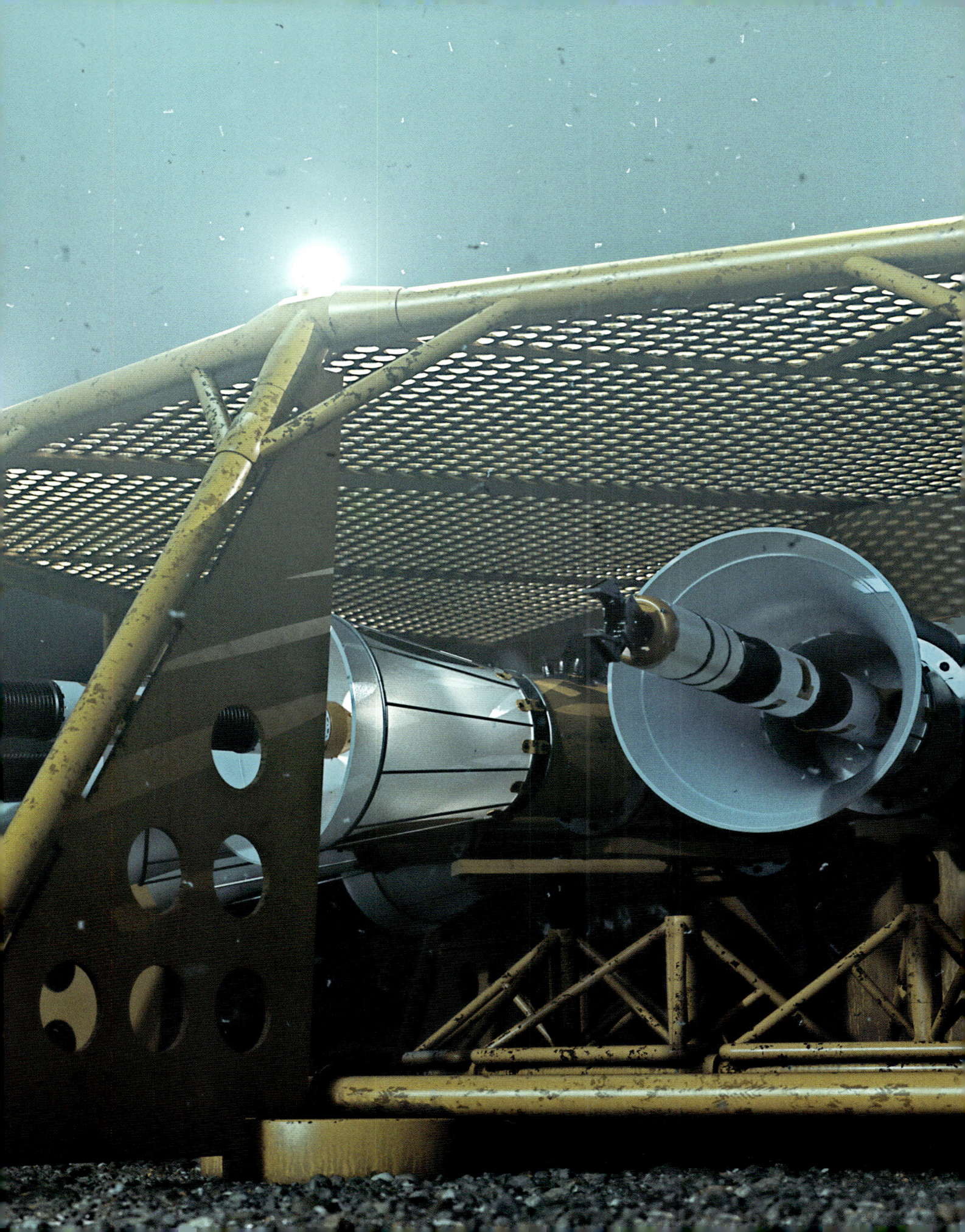

로봇 정보

제조자	국적	키
페스토	독일	1m

생체 모방 로봇
바이오닉 캥거루

모두가 좋아하는 호주 동물이 기술을 통해 바이오닉캥거루라는 형태로 등장했다. 이 로봇은 진짜 캥거루처럼 뛰어다닐 수 있다. 높이 40센티미터까지 도약해서 80센티미터 거리를 뛸 수 있다. 독일 제조사는 2년 동안 캥거루 특유의 움직임을 연구한 끝에 이 로봇을 완성했다. 모터, 센서, 에너지를 저장하는 다리를 써서 바이오닉캥거루는 결코 지치지 않고 뛰어다닌다. 미래의 로봇과 차의 내구성을 높이는 데 이 유대류 로봇 기술이 쓰일지도 모른다.

무게를 줄이기 위해서 덮개는 탄소 섬유에 발포 수지를 입혔다.

뛸 때 앞다리를 끌어당겨서 도약 거리를 늘린다.

서 있을 때 꼬리를 바닥에 댐으로써 안정성을 높인다.

옆모습

작동 방식

캥거루는 일종의 아킬레스건(종아리 근육을 발꿈치와 연결하는 조직)을 써서 뛰는 데 필요한 에너지를 저장했다가 방출한다. 로봇 캥거루는 공기압과 전기 기술, 고무로 만든 탄성 스프링의 복잡한 조합을 통해서 이 행동을 재현한다. 로봇의 센서에서 나오는 데이터를 중앙 제어 컴퓨터가 분석하여 도약하고 착지할 때 어떤 자세를 취할지 판단한다.

꼬리는 뛸 때 균형을 유지하는 역할을 한다.

떠 있을 때

캥거루가 뛰어 오르면 중력 중심이 앞쪽으로 옮겨진다.

도약할 때

착지할 때 고무 스프링이 충격을 흡수하며, 이 에너지는 저장되었다가 다음에 뛸 때 쓰인다.

착지할 때

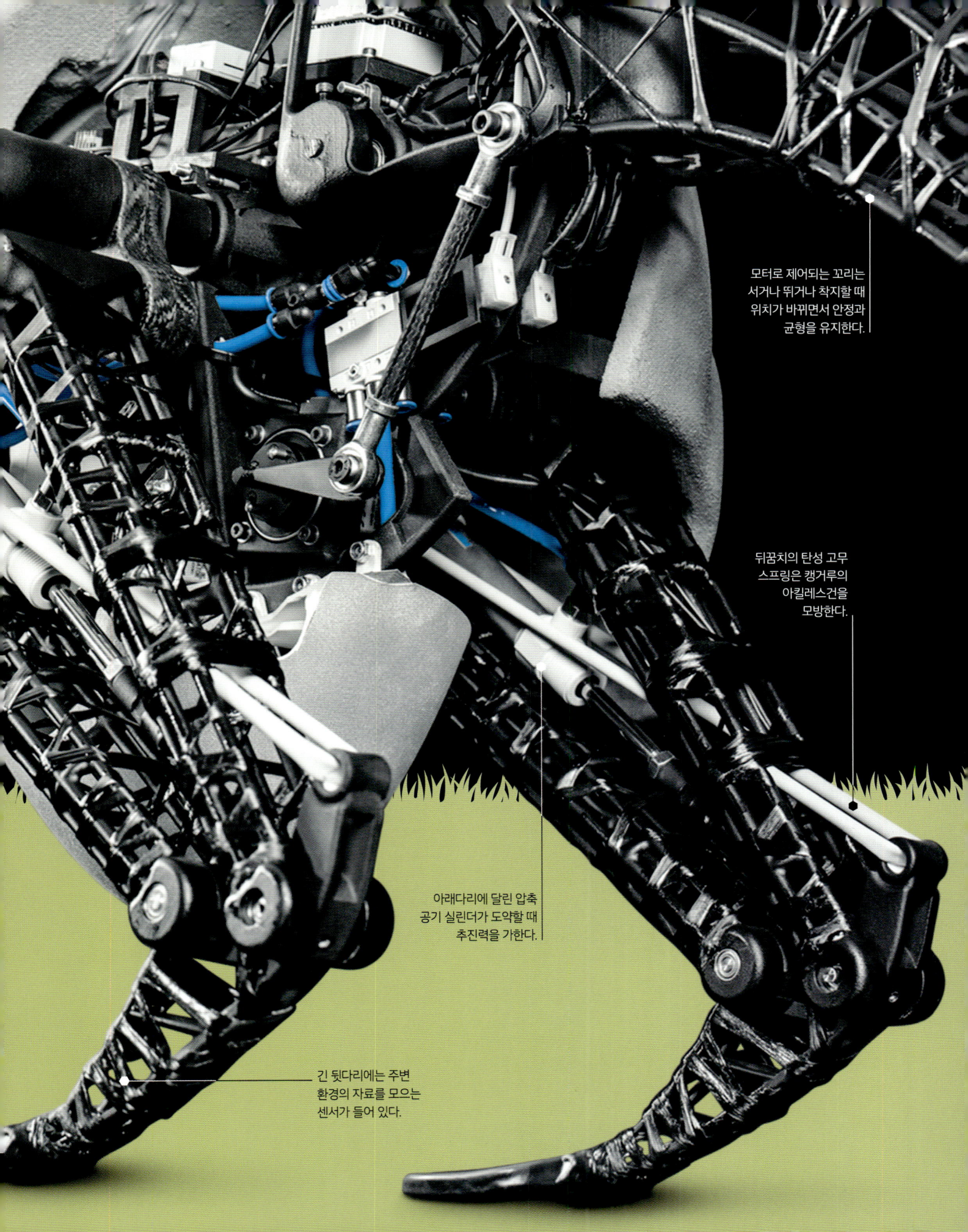

로봇의 행동 방식

로봇의 중앙 처리 장치는 센서로부터 끊임없이 정보와 피드백을 받는다. 지적인 로봇은 이 데이터를 토대로 온갖 결정을 내린다. 이동하는 로봇이 모은 정보에 반응하는 양상은 다양하다. 주위의 영상을 찍거나 도구로 검사하고 시료를 채취할 수도 있다. 로봇이 받은 자료가 위험한 상황에 처해 있음을 알리는 것이면 그곳을 아예 포기하고 다른 곳으로 옮길 수도 있다. 그럴 때 경고음을 내거나, 조종하는 사람에게 신호를 보내거나, 서둘러 피해서 자신을 지킨다.

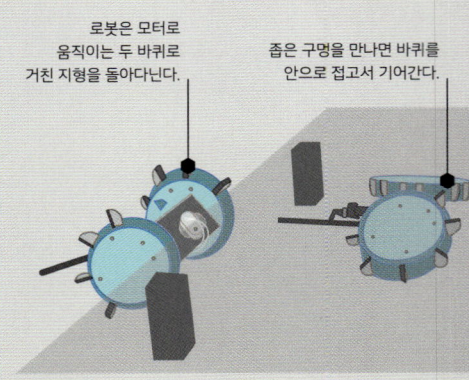

변신 로봇

몇몇 로봇은 모은 자료에 맞추어 아주 극적인 반응을 보인다. 이런 로봇은 다양한 이유로 자신의 모습을 바꿔 변신한다 키 큰 로봇이 무거운 물체를 들어 옮길 수 있도록 낮고 안정한 형태로 변신하는 식으로, 변신을 하면 일을 하는 데 도움이 될 수도 있다. 또 로봇이 다양한 지형을 돌아다닐 때에도 변신하면 도움이 될 수 있다. 땅 위를 돌아다니다가 물속으로 들어갈 때 변신할 수도 있다.

다양한 환경

일부 로봇은 모은 데이터를 토대로 주변 환경과 물리적 상호 작용을 한다. 난파선을 찾아내고 수색하는 수중 구조 로봇처럼 무언가를 찾아낼 수도 있다. 과학적 분석을 위해 실험실로 보낼 주변의 물, 흙, 공기를 채취하는 로봇도 있다.

물 시료 채취

LRI 웨이브글라이더 로봇은 이동 능력이 없다. 바다의 물결에 실려서 떠다니면서 물의 온도, 산소 농도, 염도, 오염도를 측정하여 자료를 모은다.

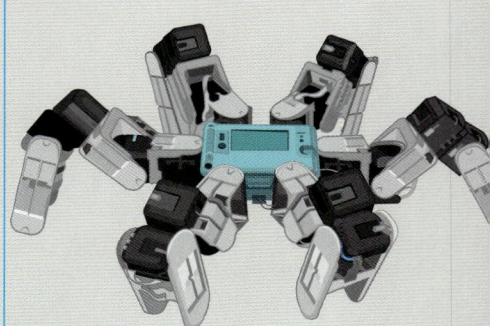

레로

이 장난감 로봇은 다양한 방식으로 조합하고 배치할 수 있는 모듈로 이루어져 있다. 거미봇(위)과 인간형(아래)으로도 만들 수 있다. 미래의 로봇은 비슷한 모듈 구성 방식을 채택하고, 형태와 기능을 스스로 바꿀 수도 있을 것이다.

토양 시료 채취

토양을 채취하는 로봇은 흙을 파서 원통형 코어 시료를 채취한다. 시료는 실험실로 보내서 산성도와 칼륨 등 식물 생장에 필요한 양분의 함량을 검사할 수 있다.

공기 시료 채취

드론은 공기질을 살피거나 화학 공장과 발전소에서 나오는 대기 오염 물질을 감시하는 데 쓸 수 있다. 로봇을 탑재하여 위험한 오염 물질의 농도를 검사하는 등 직접 시료 검사를 할 수 있는 드론도 있다.

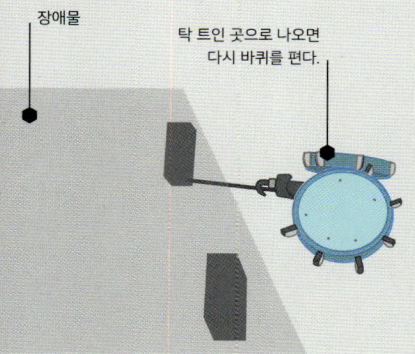

- 장애물
- 탁 트인 곳으로 나오면 다시 바퀴를 편다.

퍼퍼
나사가 설계한 퍼퍼(부풀어서 납작하게 펼쳐지는 탐사 로봇의 준말) 시제품은 용암 등굴, 좁은 동굴, 바위 틈새로 들어가서 탐사를 한다. 변신하여 천장이 아주 낮은 틈새를 비집고 들어갈 수 있다.

도움 요청
로봇은 위험을 피할 수 없다면, 도움을 요청하자고 판단할 수도 있다. 조종하는 사람에게 임무를 중단하겠으니 회수하라고 알릴 수도 있고, 도와줄 다른 로봇을 부를 수도 있다. 협력 로봇은 점점 늘어나고 있다. 미래에는 평소에는 홀로 활동하다가 공동 작업이 필요할 때면 모여서 협력하는 로봇들이 많아질지 모른다. 예를 들어, 혼자서는 활동하기 어려운 지역에서 항공 또는 수중 로봇과 지상 로봇이 협력하여 자료를 모으고 전송할 수도 있다.

함께 밀기
이런 개별 로봇 일꾼들은 주로 홀로 일하지만, 서로 힘을 합쳐서 일을 하기도 한다. 가파른 비탈을 오르기 힘들 때면, 다른 로봇들에게 도움을 요청하여 함께 힘을 내어 밀어 올릴 수 있다.

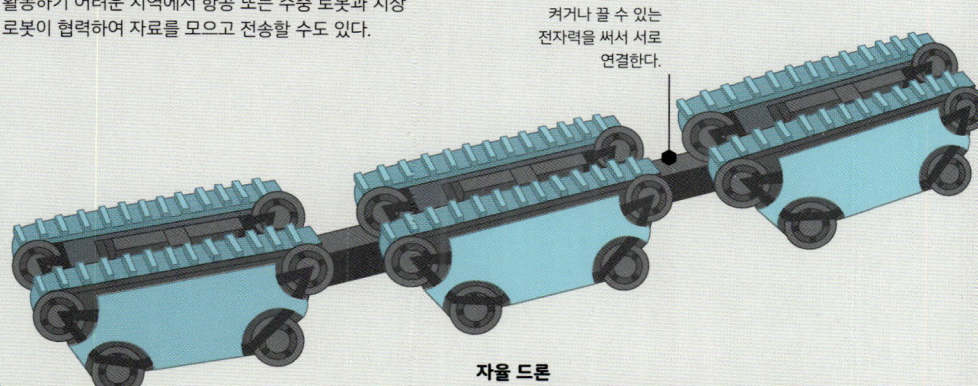

- 켜거나 끌 수 있는 전자력을 써서 서로 연결한다.

소프트 로봇
실리콘 고무로 만든 유연한 X자 모양의 몸을 지닌 소프트 로봇은 짓눌려도 멀쩡하고 모양도 바꿀 수 있다. 이런 소프트 로봇은 문어나 오징어처럼 모습을 바꾸어서 좁은 틈새로 들어갈 수 있는 동물에서 착안한 것이다.

아트론
이 로봇은 독립적으로 움직이는 공 모양의 모듈을 이어 붙여서 다리로 걷는 로봇, 긴 뱀봇, 바퀴 달린 로버 등 다양한 모습을 취할 수 있다.

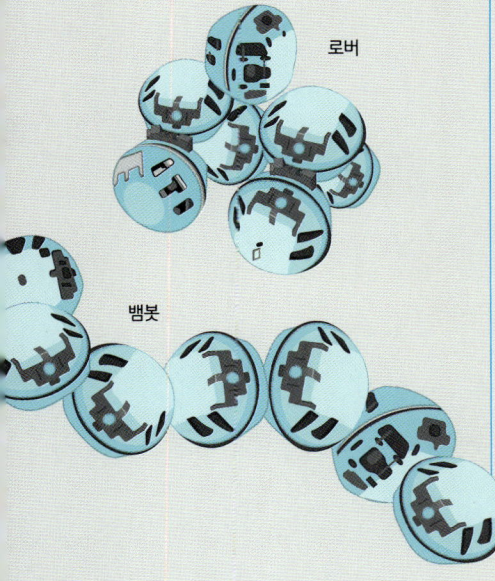

- 로버
- 뱀봇

자율 드론
사막에 설치한 태양 전지판은 태양으로부터 많은 에너지를 얻지만, 사막의 먼지가 전지판을 뒤덮으면 에너지를 만들 수 없다. 자율 드론은 청소 로봇을 태양 전지판으로 가져오고, 청소가 끝나면 다른 곳으로 옮긴다.

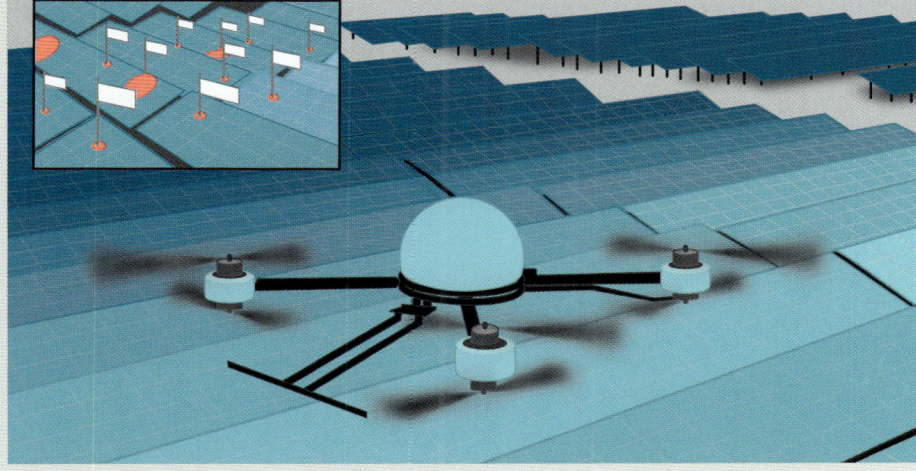

1 드론은 태양 전지판 위를 날면서 어디에 모래와 먼지가 가장 많이 쌓였는지를 파악한다.

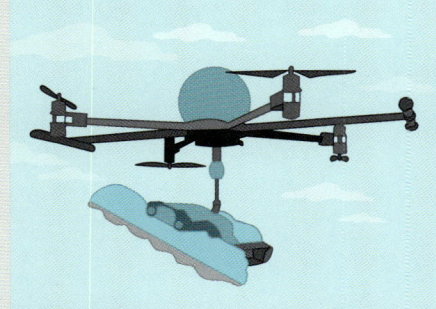

2 드론이 청소 로봇을 들어서 그쪽으로 옮긴다.

3 청소 로봇이 전지판을 돌아다니면서 먼지를 제거한다.

128 로봇 정보

제조자	국적	개발 연도
하버드 대학교	미국	2013년

각 날개는 따로따로 제어할 수 있다.

이 얇은 플라스틱 이음매는 날개 관절 역할을 한다.

세라믹 구동부는 탄소 섬유 몸체의 옆쪽에 붙어 있다.

날개

날개는 탄소 섬유 가닥으로 만든 아주 가느다란 틀에 얇은 필름을 붙인 것이다. 초기 모델은 틀이 격자 모양이었다.

작동 방식

'비행 근육'이라는 별명이 붙은 작은 세라믹 구동부가 추진력을 일으킨다. 전류가 흐르면 길이가 변함으로써 작동한다. 구동부의 움직임은 빠른 날갯짓(초당 약 120회)으로 전환된다. 날갯짓은 이 어깨에 있는 관절을 통해 조절된다. 날개의 각도와 날갯짓 패턴을 조절하여 공중에서 가로, 세로, 수직 삼차원으로 방향을 바꿀 수 있다.

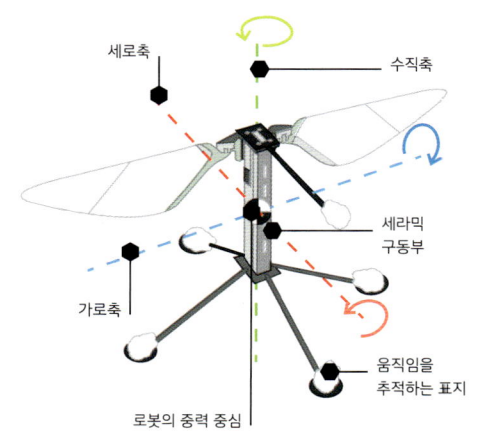

세로축 · 수직축 · 세라믹 구동부 · 가로축 · 움직임을 추적하는 표지 · 로봇의 중력 중심

키
2cm

무게
0.175g

전원
전원 집적 회로

하이브리드봇

2017년에 개발된 신형 로보비는 물 안팎을 오가면서 날고 헤엄치고 잠수할 수 있다. 이 로봇에는 물에 뜨는 데 도움을 주는 아웃리거라는 네 개의 상자가 달려 있다. 물 밖으로 나올 때는 화학 반응을 이용한다.

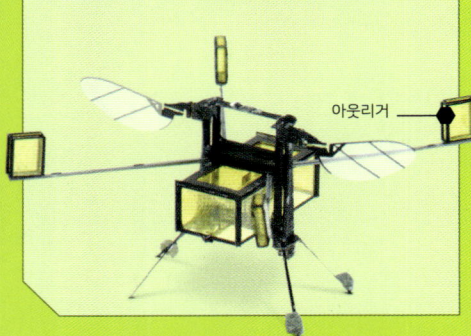

아웃리거

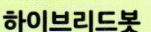
로보비의 날개폭은 3센티미터다.

> **"생물에게서 착안한 날갯짓을 하는 센티미터 크기의 항공기다."**
> 하버드 대학교 연구원, 엘리자베스 파렐 헬블링

카메라로 로보비의 움직임을 추적할 수 있도록 다리 끝에 표지를 붙였다.

무리 로봇

로보비

작은 고추가 맵다. 로보비는 미국 하버드 대학교의 공학자들이 만든 작은 비행 로봇으로, 현미경으로 보면서 손으로 조립한다. 로보비는 탄소 섬유에 얇은 필름을 붙여서 만든다. 로보비는 2013년에 첫 조종 비행을 했다. 이륙하여 짧게 비행할 수 있다. 방향도 쉽게 바꾸고 정지 비행도 가능하다. 무게는 0.08그램에 불과하다. 15대가 모여야 10원짜리 동전과 무게와 비슷해진다.

가장 작은 드론

크기가 너무 작아서 배터리 같은 전원을 넣을 수 없다. 그래서 개발진은 로봇의 아래쪽에 붙인 머리카락 굵기의 전선으로 전력을 공급했다(오른쪽). 풍속을 측정하는 안테나와 태양을 찾아내는 단순한 빛 센서를 써서 아래위 방향을 파악할 수 있는 더 개량된 로보비도 나왔다.

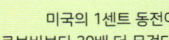
미국의 1센트 동전이 로보비보다 30배 더 무겁다

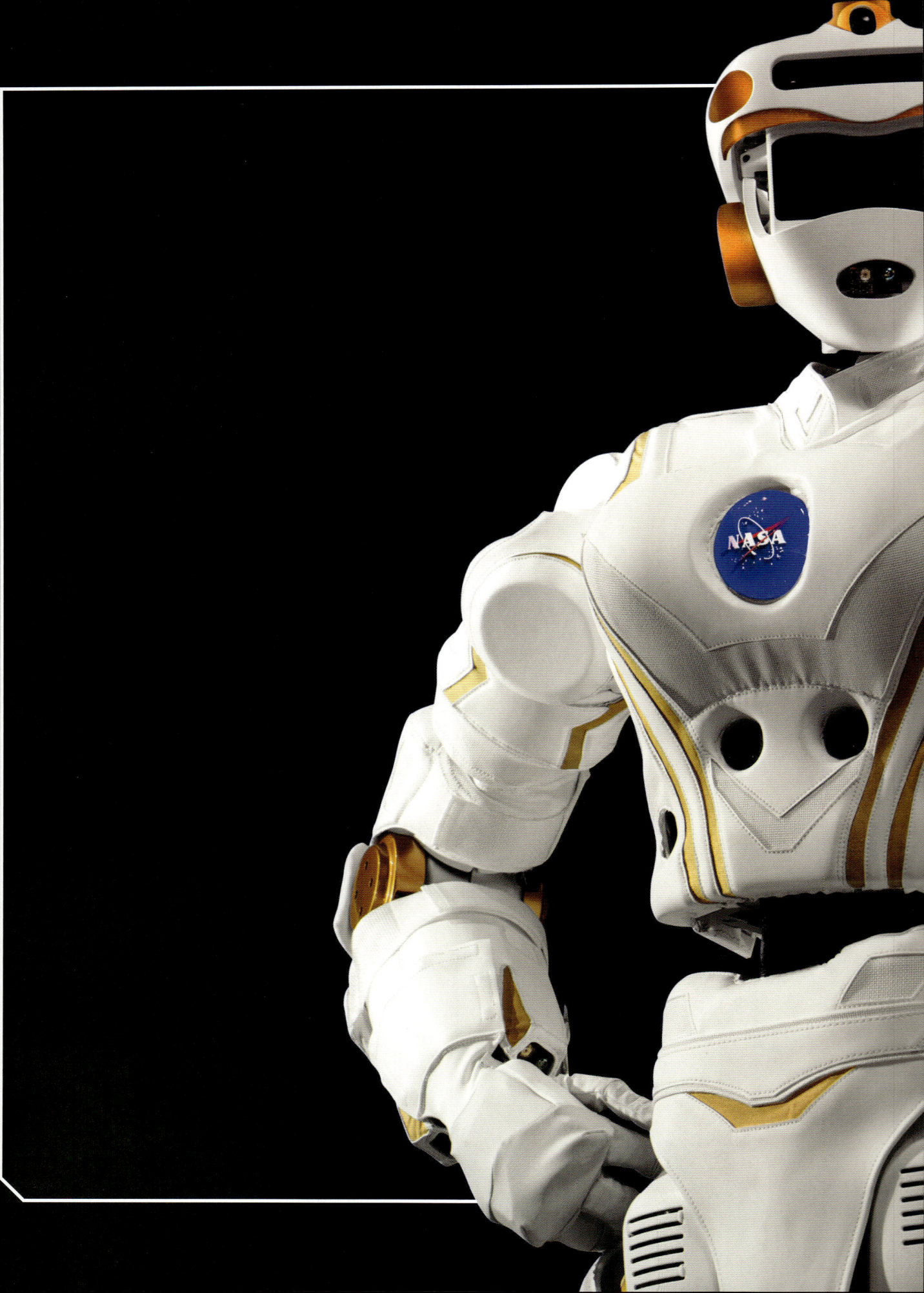

우주에서 온 영웅 로봇

영웅 로봇은 위험을 두려워하지 않는다!
사람이 갈 수 없는 곳으로 용감하게 가는
이런 로봇은 인명 위험 없이 재난 지역에서
무너진 건물에 깔린 생존자를 구조하고,
우주 공간을 탐사할 수 있다.

로봇 정보

제조자
나사

국적
미국

예정
2020년

키
2.1m

무게
1,050kg

작동 방식

마스 2020은 움직이는 과학 실험실이다. 화성의 지질을 조사하고 파악하며, 과거에 생명이 존재했는지를 알아내기 위해 카메라 23대와 각종 과학 실험 기구와 장비를 탑재하고 있다. 장비 중 하나인 목시(MOXIE)는 화성의 희박한 대기(이산화탄소가 95퍼센트를 차지함)를 이용하여 화성에 유인 기지를 세울 때 아주 중요한 기체인 산소를 만들 방법을 조사한다.

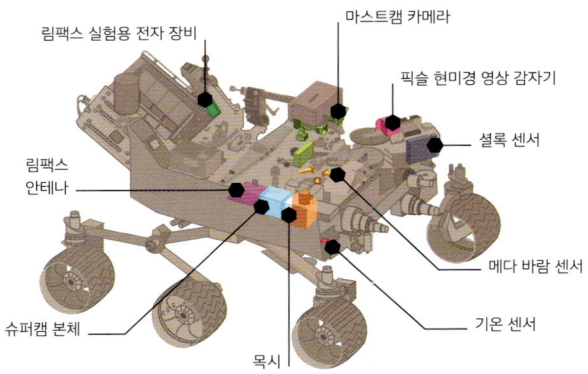

림팩스 실험용 전자 장비
마스트캠 카메라
픽슬 현미경 영상 감지기
셜록 센서
림팩스 안테나
메다 바람 센서
슈퍼캠 본체
기온 센서
목시

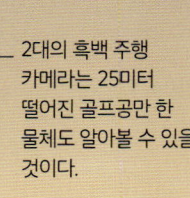

슈퍼캠은 레이저를 암석에 쏘아서 소량을 증기로 만들어서 조성을 분석할 것이다.

2대의 흑백 주행 카메라는 25미터 떨어진 골프공만 한 물체도 알아볼 수 있을 것이다.

전방 카메라는 앞쪽에 있는 장애물과 표적을 검출하는 데 쓰일 것이다.

폭 52.5센티미터의 알루미늄 바퀴로 무릎 높이의 바위를 타 넘을 수 있다.

전원
방사성 동위 원소를
이용한 발전기

우주 탐사 로봇
마스 2020

튼튼하고 복잡한 모습을 한 나사의 최신형 로버는 2020년에 발사되어 9개월을 날아가서 화성에 도착할 것이다. 지구에서 약 2억 2500만 킬로미터 떨어진 바위와 모래로 덮인 행성에서 일할 예정이다. 지구에서 달까지의 거리보다 586배 더 멀다. 따라서 튼튼하고 영리해야 하며, 알아서 돌아다닐 수 있고, 가파른 비탈도 오르내릴 수 있어야 한다. 길이 2.1미터의 로봇 팔 끝에는 암석에 구멍을 뚫고, 표본을 채집하고, 현미경 사진을 찍고, 암석과 토양을 분석할 수 있는 여러 장치들이 달린다.

표본 보존

로버의 주된 임무 중 하나는 화성 지표면을 5센티미터 파서 암석의 코어 표본을 채집하는 것이다. 채집한 각 표본은 따로따로 관에 밀봉하여 몸속에 보관하고 있다가 지구의 관제소에서 지시를 하면 화성 지표면의 특정한 곳에 창고를 만들어서 보관할 것이다. 당연히 나중 임무를 위해 창고의 정확한 위치를 기억해 둔다.

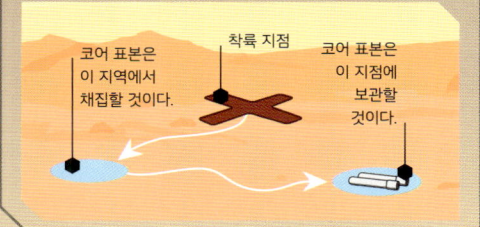

로버 만들기

이 자동차만 한 로봇의 구조, 전자 부품, 센서는 각 분야의 전문가 수천 명이 힘을 합쳐서 만들었다. 길이 3미터의 몸에는 화성의 극도로 추운 환경으로부터 민감한 전자 기기를 보호하는 가열기도 들어 있다.

> "이 임무는 우주에서의 생명 탐사를 더욱 확대할 것이다."
> — 우주 비행사이자 나사 부국장, 존 그룬스펠드

셜록 장비는 레이저로 지표면을 훑어서 생물이 만들었을 유기 화학 물질이 있는지 찾을 것이다.

원격 조종

재난 지역 같은 위험한 환경에서 일하는 로봇 중에는 원격 조종되는 것이 많다. 사람은 조이스틱, 터치패드 같은 컴퓨터 입력 장치를 써서 끊임없이 명령을 내림으로써 로봇의 움직임을 조종할 수 있다. 로봇을 가까이에서 작동시킬 때에는 케이블을 통해서 지시를 할 수도 있다. 그러나 대부분의 시스템은 무선 신호를 써서 명령을 보냄으로써, 조종자는 위험하지 않은 곳에서 안전하게 로봇을 움직일 수 있다.

로봇의 길 찾기

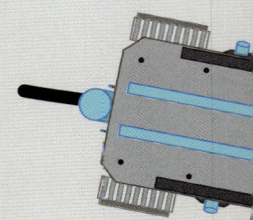

이동 로봇은 일을 하려면 특정한 장소를 찾아가야 한다. 사람이 지정한 경로를 따라가는 로봇도 있지만, 스스로 길을 찾아갈 수 있는 로봇도 있다. 무너진 재난 지역처럼 지형을 잘 모르거나 위험한 환경에서 일하는 로봇은 목적지까지 안전하게 갈 길을 찾기가 특히 어려울 수 있다. 그럴 때 로봇은 장애물을 파악하고 피해갈 길을 찾아내야 한다.

1 배치
드래곤러너 로봇은 무거워 보이지만 무게가 5킬로그램에 불과하다. 건물 모퉁이나 창문 안으로 던진 뒤에, 조종하면서 폭탄이나 부비트랩 같은 수상쩍은 장치가 있는지 조사한다.

인간과 기계

일부 로봇은 어느 정도 지능을 갖추고 있다. 주로 사람이 원격 조종을 하지만 어느 정도 자율성을 지니고 있어서 업무의 특정 부분은 스스로 판단을 내릴 수도 있다. 예를 들어, 일부 탐사 로봇은 사람이 목적지를 지정하면 스스로 경로를 찾아서 나아갈 수 있다. 2017년에 미니만보라는 일부 지능을 갖춘 수중 로봇은 일본의 파괴된 후쿠시마 원자력 발전소의 물에 잠긴 잔해 속을 돌아다니는 위험한 임무에 나섰다. 사람이 조종하긴 했지만, 방사성이 강한 '열점'에 너무 가까이 다가갔다고 센서가 감지하면 알아서 조종을 중단시킬 수 있었다. 로봇은 사라진 우라늄 연료를 추적하여 찾아내는 데 성공했다. 다른 방법들로 6년 동안 애썼어도 찾지 못했던 연료였다.

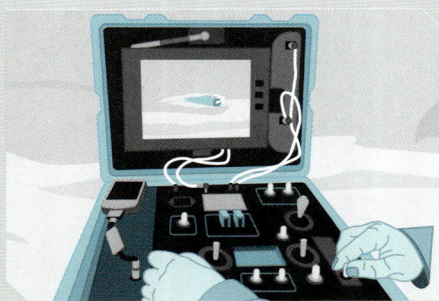

2 조종
사람은 안전한 거리에서 노트북이나 휴대용 제어기를 써서 무선 통신으로 원격 조종한다. 조작자는 로봇의 카메라가 전송하는 영상을 보면서 길을 정한다.

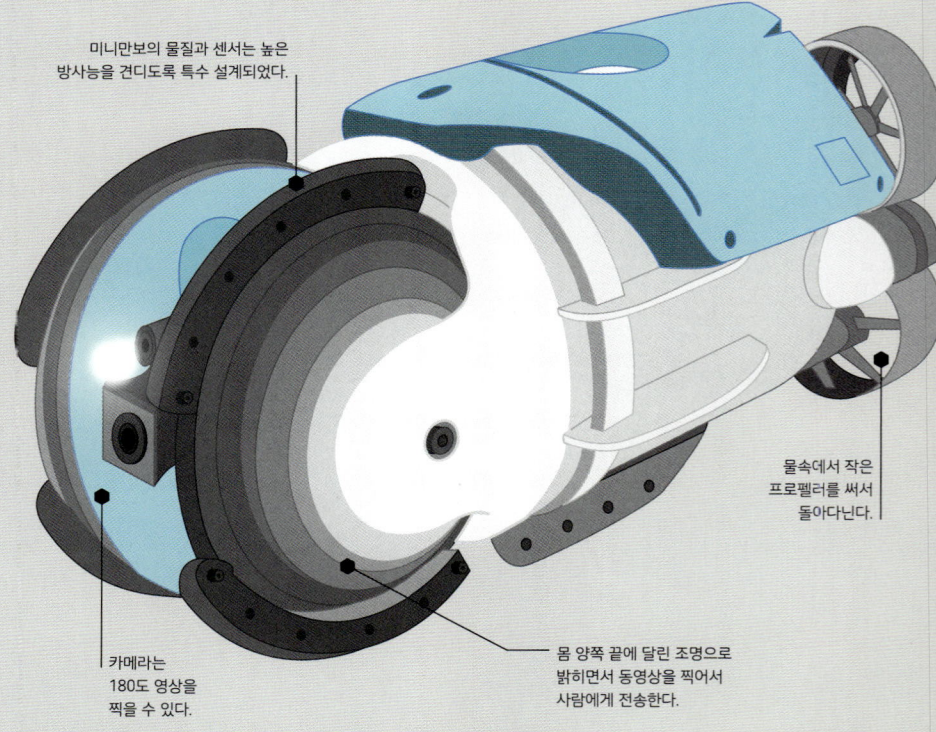

미니만보의 물질과 센서는 높은 방사능을 견디도록 특수 설계되었다.

물속에서 작은 프로펠러를 써서 돌아다닌다.

카메라는 180도 영상을 찍을 수 있다.

몸 양쪽 끝에 달린 조명으로 밝히면서 동영상을 찍어서 사람에게 전송한다.

3 활약
로봇에게 문을 열거나, 전선을 자르거나, 폭탄을 해체하는 등의 다양한 행동을 지시할 수 있다.

장애물 검출하기

로봇이 자유롭게 움직이려면 길에 어떤 장애물이 정확히 어디에 놓여 있는지를 알아야 한다. 가장 단순한 형태의 장애물 검출기는 접촉 센서다. 다른 물체와 물리적으로 접촉할 때 신호를 낸다. 접촉 센서는 안테나나 수염과 비슷한 감각기에서 자율 운송 차량의 범퍼에 달린 스위치에 이르기까지, 다양한 형태로 나와 있다. 다른 센서들은 빛이나 소리를 꾸준히 보냄으로써 로봇이 아주 가까이 다가가기 전에 장애물을 알아본다.

로봇의 앞쪽에 빛을 감지하는 센서가 있다.

전방 센서로 선을 감지하여 모퉁이를 돈다.

길 따라가기

길 따라가기 로봇은 뚜렷이 난 길을 자율적으로 따라갈 수 있도록 설계된다. 많은 공장, 병원, 원자력 시설에 쓰이는 많은 자율 운송 차량(AGV)은 바닥에 깔린 전선으로 된 길을 따라간다. 로봇은 전선에 전류가 흐를 때 생기는 자기장을 감지하여 길을 따라갈 수 있다. 빛 센서를 써서 길을 찾는 광학 시스템도 있다. 로봇이 길에서 벗어나고 있다는 것을 센서가 알아차리면, 로봇의 컨트롤러로 신호를 보낸다. 그러면 컨트롤러는 로봇의 바퀴 모터나 운전대에 경로를 조정하라고 지시한다.

후방 센서

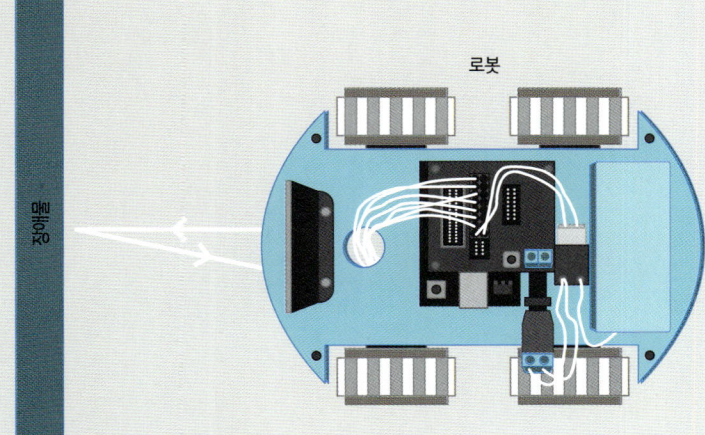

장애물

로봇

적외선

적외선 거리 센서는 사람의 눈에 보이지 않는 적외선을 쏘아서 거리를 파악한다. 어떤 표면에 부딪혀 반사되는 빛을 둘 이상의 적외선 수신기로 검출한다. 걸린 시간과 빛이 돌아온 각도를 계산하면, 장애물이 어디에 얼마나 멀리 떨어져 있는지 파악할 수 있다.

추락 피하기

낙하 방지 센서는 일부 이동 로봇, 특히 로봇 진공청소기의 밑이나 가장자리에 들어 있다. 이 센서는 밑을 향해 있으며, 바닥에서 반사되는 소리나 빛을 감지한다. 신호가 즉시 되돌아오지 않으면, 계단 턱 가까이 있다는 뜻이며, 따라서 로봇은 방향을 바꾼다.

전방 센서가 자신이 선의 왼쪽에 있음을 감지한다. 로봇의 컨트롤러는 로봇에게 오른쪽으로 움직이라고 지시한다.

청소 로봇이 계단 위로 다가간다. 낙하 방지 센서가 경고를 하면, 추락을 막기 위해 방향을 돌린다.

전방과 후방 센서들이 선을 검출하면, 로봇은 길을 잘 따라가는 것이며 계속 곧장 나아간다.

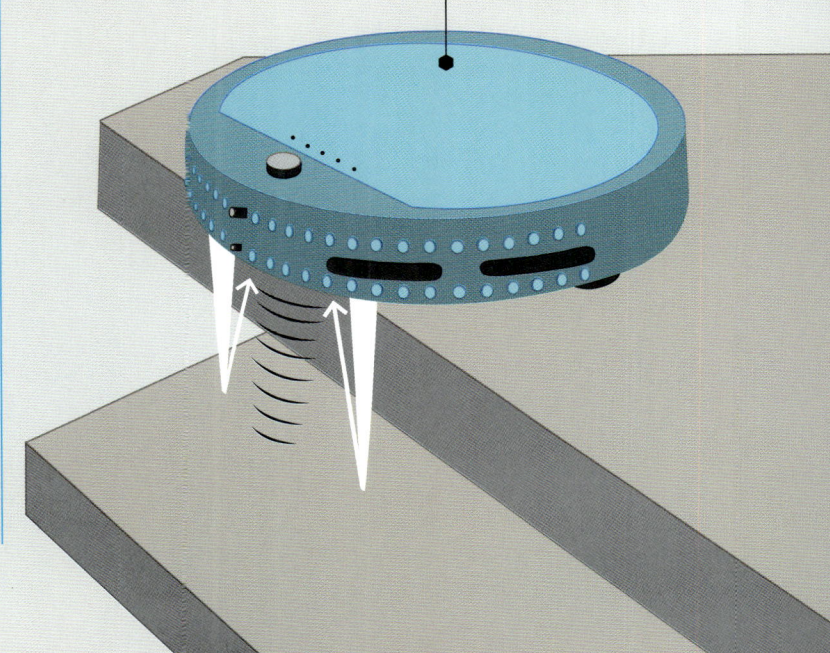

로봇 정보

제조자
리퍼그룹인터내셔널

국적
호주

출시 연도
2016년

무게
15kg

드론의 작동 방식

흔히 드론이라고 하는 무인 항공기(UAV)는 구조 임무에 안성맞춤이다. 조종자는 좀 떨어진 곳에서 원격으로 드론을 조종할 수 있다. 드론은 배터리 전원으로 로터 모터를 작동시켜서 프로펠러를 회전시켜서 난다. 드론은 전 세계에서, 특히 유인 항공기가 너무 크거나 위험해서 날 수 없는 곳에서 쓰인다. 전투 지역과 재난 지역의 상황을 파악하고, 지도 작성과 감시를 돕기도 하고, 그냥 재미로 날릴 수도 있다.

가벼운 프로펠러로 안정한 자세를 유지하면서 매끄럽게 날 수 있다.

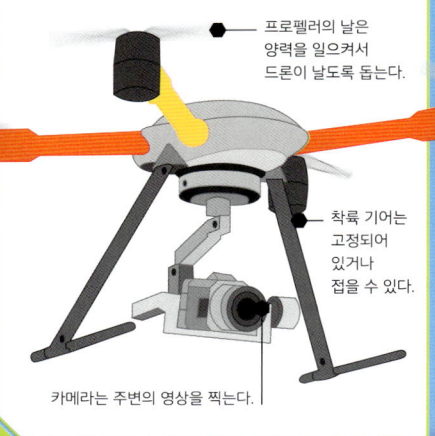

프로펠러의 날은 양력을 일으켜서 드론이 날도록 돕는다.

착륙 기어는 고정되어 있거나 접을 수 있다.

카메라는 주변의 영상을 찍는다.

조종 로봇

리틀리퍼 라이프세이버

예측 불가능한 해류와 굶주린 상어는 파도타기와 수영을 위험하게 만들 수 있다. 리틀리퍼 라이프세이버는 호주 해안에서 사람들의 안전을 지키는 일을 한다. 이 첨단 드론은 시간당 64킬로미터의 최고 속도로 해안에서 1.5킬로미터까지 날면서 상어를 찾아내고, 경보를 울리고, 실종자를 수색하고, 구조 용품을 떨구는 일을 할 수 있다. 험악한 날씨와 접근하기 어려운 곳에서도 잘 작동함으로써 탐사와 구조에 앞장선다. 2018년 리틀리퍼 라이프세이버는 호주 뉴사우스웨일스 앞바다에서 거친 파도에 휩쓸린 조난자 2명에게 부풀어 오르는 부유 장치를 떨어뜨려 줘서 목숨을 구했다.

상어 포착

리틀리퍼 라이프세이버는 샤크스포터(SharkSpotter) 기술을 갖추고 있다. 해역에서 상어를 찾아내고 추적하면서, 근처에서 수영이나 파도를 타는 사람에게 공중에서 스피커로 위험하다고 경고할 수 있다. 배, 고래, 가오리, 돌고래 등 물에 있는 다른 대상들도 식별할 수 있다. 드론이 찍는 동영상은 실시간으로 해안의 감시소에 있는 인명 구조대에 전송된다.

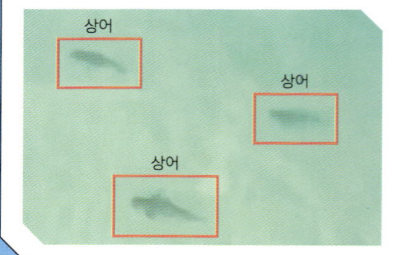

전원
배터리

특징
카메라, 스피커, 인공 지능, 원격 조종

원격 조종자는 카메라를 이용하여 수면을 계속 탐사하고 조사하고 감시할 수 있다.

조종자는 필요하다면 드론을 통해 부유 기구나 구조 장비를 떨어뜨릴 수 있다.

리퍼의 구조

리틀리퍼 라이프세이버는 응급 상황에서 부유 기구를 떨군다. 기구는 물에 닿을 때의 충격으로 팽창하여 부푼다. 이 장비는 24시간 동안 성인 4명까지 물 위에 띄울 수 있다. 드론은 내장 스피커로 장비 사용법을 설명하고, 응급 구조가 진행 중이라고 안심시킨다.

리틀리퍼 라이프세이버가 물에 빠진 사람들을 발견한다.

드론은 물에 떨어지면 부풀어 오르는 부유 기구를 떨군다.

구조된 사람들은 부유 기구를 붙들고서 해안으로 헤엄친다.

로봇 정보

 제조자
한국미래기술

 국적
한국

키
4.2m

 무게
1.5톤

앞모습

조종사는 위험한 환경에서 강화 우리로 된 조종석 안에서 안전하게 조종한다.

균형을 유지하는 데 도움을 주는 한 쌍의 강철 동력 케이블로 앞뒤로 걸을 수 있다.

조종하기

메소드-2는 조종사의 명령에 따라 움직인다. 환경의 위험으로부터 보호해 주는 조종석에 앉아서 조종사는 레버를 써서 움직인다. 로봇은 조종사의 움직임을 그대로 따른다. 조종사가 팔을 들면 로봇도 팔을 든다. 쿵쿵 흔들리므로, 조종사를 보호하기 위해 조정석은 완충 장치를 갖추었다.

두 기계식 레버로 움직임을 제어한다.

팔과 몸통은 알루미늄 합금과 탄소 섬유로 되어 있다.

강한 손힘

메소드-2의 몸통에는 컴퓨터로 제어되는 모터가 40개 넘게 들어 있어서, 조종사의 움직임을 팔, 손, 손가락으로 전달하여 놀라울 만큼 정확하게 움직임을 제어한다.

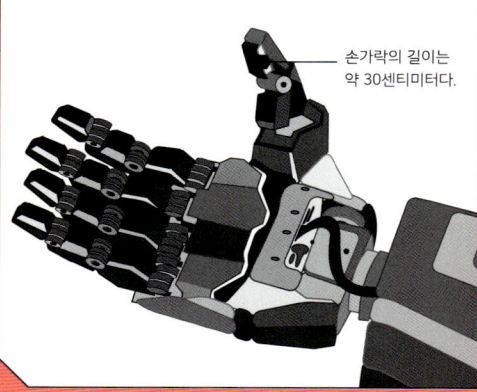

손가락의 길이는 약 30센티미터다.

하체는 전부 알루미늄 합금이다.

전원
전기 모터

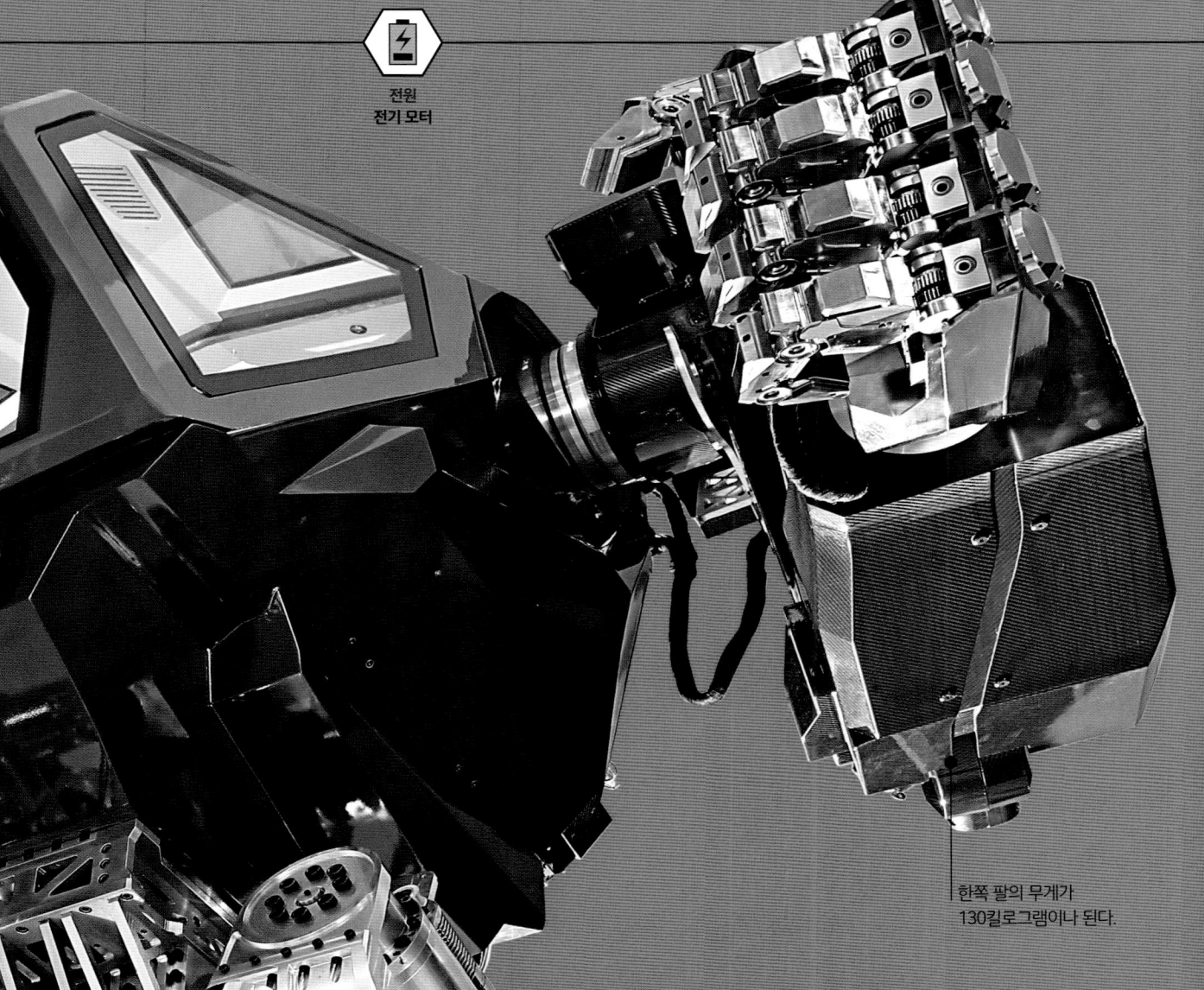

한쪽 팔의 무게가
130킬로그램이나 된다.

조종 로봇
메소드-2

땅을 쿵쿵 울리는 무거우면서 거대한 몸집의 메소드-2는 사람이 안에서
조종하는 최초의 두 발 로봇이다. 이 거대한 로봇은 핵폭발로 생긴 폐허처럼
사람이 보호 장비 없이는 갈 수 없는 매우 위험한 곳에서 일하도록 설계되었다.
사람은 조종석 안에서 안전하게 컨트롤러를 움직이면서 많은 일을 할 수 있다.
45명의 기술자들이 케이블, 모터, 너트와 볼트를 하나하나 골라서 조립했다.
메소드-2가 영화에 나오는 로봇과 비슷한 것은 우연이 아니다. 블록버스터
영화와 비디오 게임에 나오는 로봇을 참조하여 만들었기 때문이다.

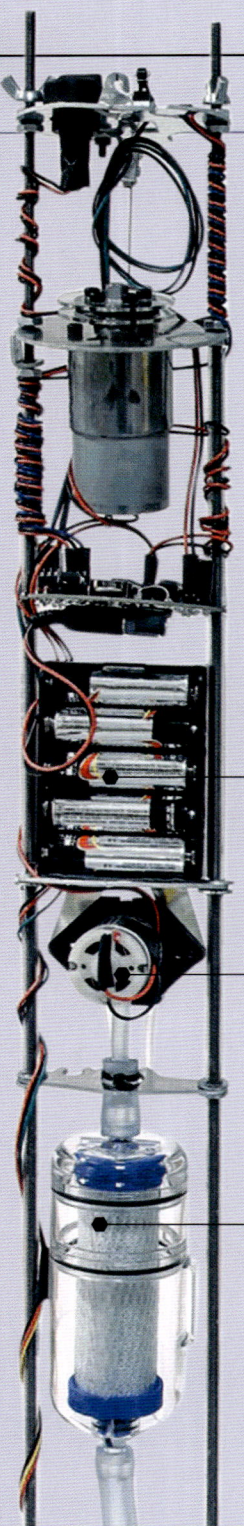

◀ 원통 모양의 루이지는 스마트폰으로 제어하며, 연구진은 도로에서 GPS를 써서 추적한다.

이 하수도 로봇은 배터리로 작동한다.

진공청소기처럼 펌프로 시료를 빨아들인다.

시료를 필터로 걸러서 물, 휴지, 기타 쓰레기를 제거한다.

센서를 써서 로봇은 표적보다 40센티미터 위에 떠 있다.

하수도 순찰

최초의 자율 하수도 탐색 로봇인 **루이지**는 미국의 몇몇 도시에서 기꺼이 도로 밑으로 내려가서 더러운 쓰레기를 채취한다. 시료는 악취가 풍길 수도 있지만, 과학자들에게 인체에 사는 세균, 바이러스, 병원체에 관한 정보를 제공한다. 이런 연구를 통해서 도시가 얼마나 건강한지 명확히 파악할 수 있고 장래의 질병 패턴도 예측할 수 있다. 비슷한 스마트 하수 관리 시스템이 전 세계로 확산되고 있다.

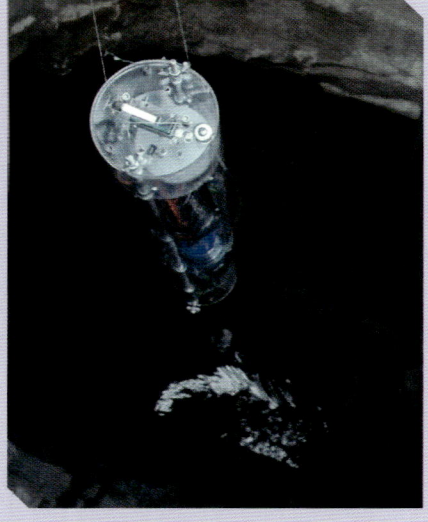

▲ 수동으로 하수관으로 집어넣으면, 루이지는 약 1시간 동안 흘러가는 하수에서 시료를 채취하면서 조사를 한다.

▲ 루이지는 마리오의 후속 로봇이다. 마리오는 펌프로 하수를 빨아들였다. 하지만 설계에 결함이 있었기에, 개선한 것이 바로 루이지다.

▲ 이 드론은 시간당 40킬로미터의 속도로 4시간 동안 10킬로미터를 날 수 있다.

감시 드론

록히드 마틴 인다고는 수색과 구조에서 재난 지원에 이르기까지 온갖 임무에 쓰인다. 먼저 원격 조종자가 임무에 적합한 화물이나 감시 장비를 고른다. 이 가벼운 휴대용 쿼드콥터는 60초 이내에 펼칠 수 있고, 날씨가 어떻든 간에 2분이면 띄울 수 있다. 터치스크린이 달린 무선 핸드 컨트롤러로 하늘에서의 움직임을 계속 추적할 수 있고, 동영상이 실시간으로 화면으로 전송된다.

의사를 돕다

로봇과 AI는 혹독한 환경에서 돌아온 군인 같은 이들도 돕는다. 가상 인간인 **엘리**는 스트레스 장애에 시달리는 사람들이 자신의 감정을 털어놓을 수 있도록 돕기 위해 만들어졌다. 사람들이 익명의 누군가에게 더 마음을 열 수 있다는 연구 결과를 토대로 했다. 이 AI 로봇은 컴퓨터 알고리즘을 써서 자신의 음성, 몸짓, 움직임을 자동으로 선택한다. 엘리는 이미 환자 600명과 상호 작용을 하면서 대응 방법을 훈련해 왔다.

 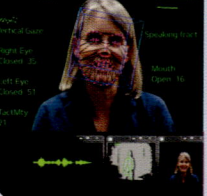

심선생   멀티센스

▲ 엘리의 정교한 AI는 사람의 대화를 실시간으로 읽어 내어 응답할 수 있다.

위험 지역

로봇은 가장 어려운 일을 해냄으로써 현대의 영웅으로 등장해 왔다. 안 좋은 상황에서 튼튼한 로봇은 더 능력을 발휘할 수 있다. 사람보다 더 뛰어나기 때문이 아니라, 사람은 들어가지 않는 편이 더 나을 위험 지역으로 로봇은 용감하게 들어가기 때문이다. 폐기물 사이를 뚫고 가는 것부터 화학 물질을 제거하는 것에 이르기까지, 이런 로봇은 가장 어렵고 더럽고 위험한 곳에서도 문제없이 활동한다. 덕분에 사람은 그런 위험한 일에 건강이나 목숨을 걸 필요가 없어진다.

안전 지킴이

휴대용 **팩봇**은 호학 물질 검출, 건물 청소, 폭탄 제거 등 위험한 임무에 쓰인다. 게임에 쓰이는 것과 비슷한 두 개의 핸드 컨트롤러로 원격 조종한다. 다양한 센서, 카메라, 장비로 안전 점검을 한다. 이란과 아프가니스탄에서 적어도 2,000대의 팩봇이 쓰였으며 전 세계의 군부대에서 5,000대 이상이 활약하고 있다.

▲ 팩봇은 시간당 9킬로미터의 속도로 움직이면서 풀, 눈, 바위, 자갈, 물 등 어떤 환경이든 돌아다닐 수 있다.

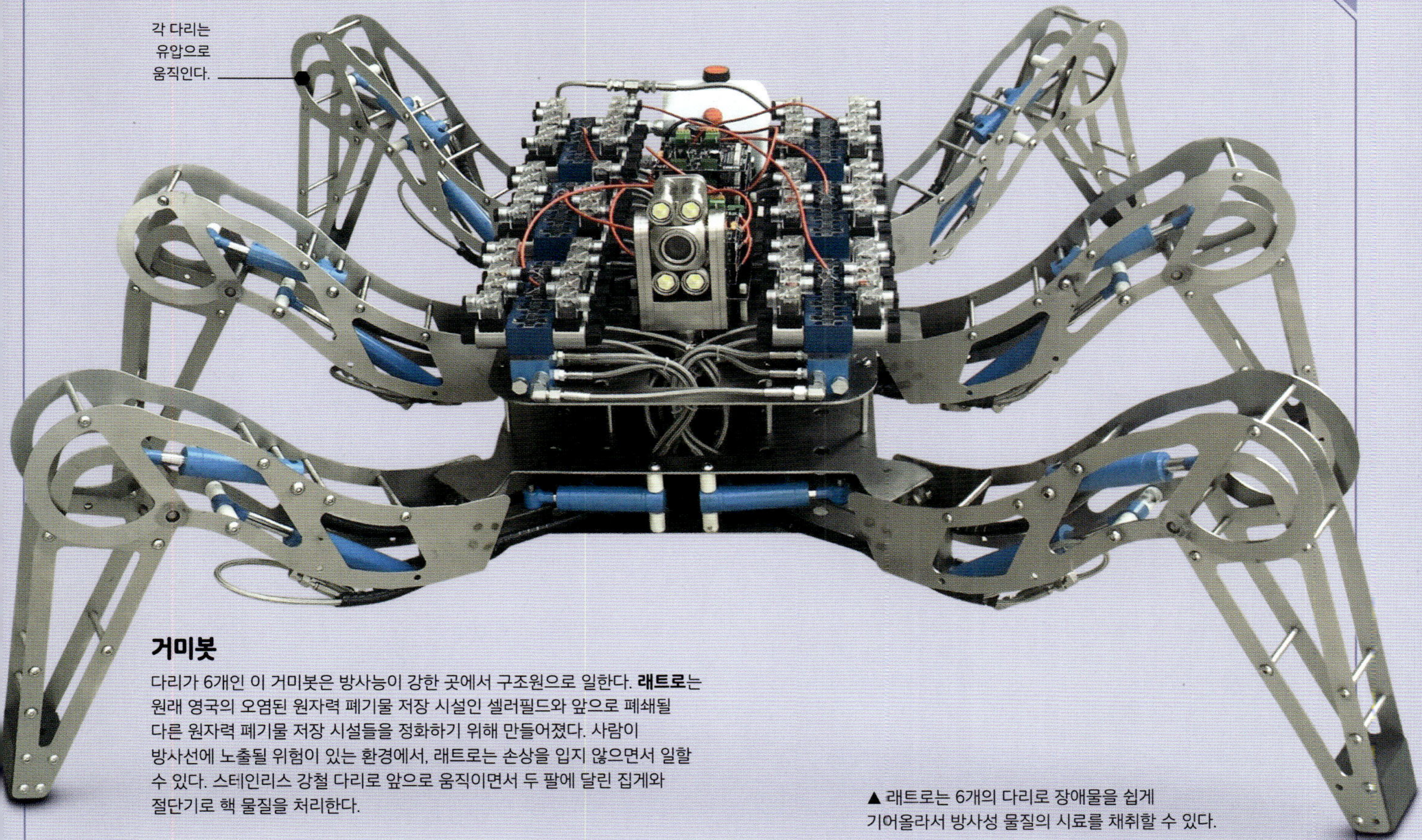

각 다리는 유압으로 움직인다.

거미봇

다리가 6개인 이 거미봇은 방사능이 강한 곳에서 구조원으로 일한다. **래트로**는 원래 영국의 오염된 원자력 폐기물 저장 시설인 셀러필드와 앞으로 폐쇄될 다른 원자력 폐기물 저장 시설들을 정화하기 위해 만들어졌다. 사람이 방사선에 노출될 위험이 있는 환경에서, 래트로는 손상을 입지 않으면서 일할 수 있다. 스테인리스 강철 다리로 앞으로 움직이면서 두 팔에 달린 집게와 절단기로 핵 물질을 처리한다.

▲ 래트로는 6개의 다리로 장애물을 쉽게 기어올라서 방사성 물질의 시료를 채취할 수 있다.

로봇 정보 | 제조자: 사코스 | 국적: 미국 | 출시 연도: 2015년 | 무게: 7.2kg

작업 로봇
가디언TMS

가디언TMS 뱀봇은 가장 위험한 곳으로 들어가서 멀리서 조종하는 사람과 음성, 동영상, 데이터를 주고받을 수 있다. 센서와 카메라로 무장한 이 휴대용 활동가는 가장 위험한 곳과 재난 지역에서 감시와 점검을 수행한다. 사람에게 위험한 환경을 돌아다니면서 유독 가스, 방사선, 해로운 화학 물질에 관한 정보를 제공할 수 있다. 가디언TMS에게 좁은 공간과 험한 지형은 전혀 문제가 안 된다. 이 로봇은 자성을 띠는 무한궤도로 어느 방향으로든 수월하게 미끄러지듯이 나아간다.

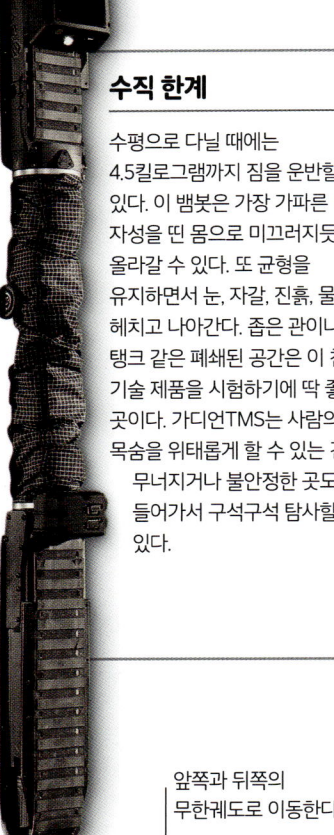

수직 한계

수평으로 다닐 때에는 4.5킬로그램까지 짐을 운반할 수 있다. 이 뱀봇은 가장 가파른 벽도 자성을 띤 몸으로 미끄러지듯이 올라갈 수 있다. 또 균형을 유지하면서 눈, 자갈, 진흙, 물을 헤치고 나아간다. 좁은 관이나 저장 탱크 같은 폐쇄된 공간은 이 첨단 기술 제품을 시험하기에 딱 좋은 곳이다. 가디언TMS는 사람의 목숨을 위태롭게 할 수 있는 건물이 무너지거나 불안정한 곳도 들어가서 구석구석 탐사할 수 있다.

로봇의 몸을 따라 놓인 센서들은 온도와 습도 같은 자료를 실시간으로 제공한다.

앞쪽과 뒤쪽의 무한궤도로 이동한다.

몸이 자성을 띠고 있어서 벽과 계단도 달라붙어서 기어오를 수 있다.

구부러지는 로봇

이 기어 다니는 로봇은 사람이 접근할 수 없는 곳에도 능숙하게 들어간다. 양쪽 끝에 달린 무한궤도 덕분에, 가디언TMS는 계단을 쉽게 미끄러져 올라갈 수 있다. 급하게 꺾이는 곳도 구부러지는 몸으로 잘 지나가고 온갖 지형에서도 문제없이 움직일 수 있다.

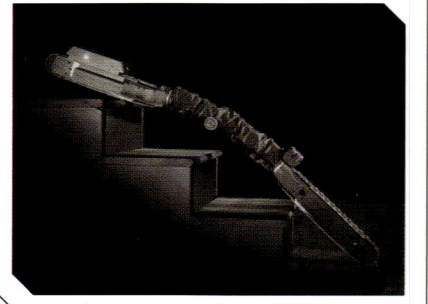

극한 지역

가디언TMS는 가장 위험하고 험악한 지형에서도 잘 돌아다닌다. 폭탄 처리, 구조와 회수, 화재 예방, 감시 등 여러 가지 일을 도울 수 있다. 이 뱀처럼 생긴 로봇은 현장에 먼저 가서 탐색을 하여 자료를 모음으로써, 안전한 곳에 있는 전문가들이 현장 상황을 명확히 파악할 수 있도록 돕는다. 가디언TMS는 방수가 되며, 위험한 물질에 노출되면 세척할 수 있다.

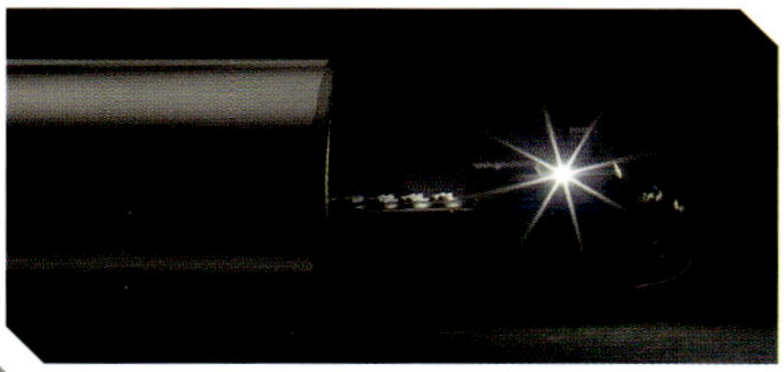

LED 조명으로 어두운 곳을 비춘다.

납작해서 입구가 18센티미터에 불과한 좁은 구멍도 들어갈 수 있다.

작동 방식

가디언TMS를 탐색 장소나 재난 지역에 갖다 놓는다. 전원을 켠 뒤, 게임 콘솔에 있는 것과 비슷한 조이스틱이 장착된 특수한 조종 펜던트와 무선으로 연결한다. 그러면 안전한 곳에 떨어져서 로봇을 조종하면서 화면으로 움직임을 추적할 수 있다.

이 뱀봇은 모든 방향으로 움직일 수 있고, 조종자에게 데이터와 영상을 전송하고, 문제 지점의 좌표도 표시할 수 있다. 각지에 있는 분석가들은 이 정보를 함께 살피면서 분석한 뒤, 의견을 모아서 행동 계획을 제시한다. 가디언TMS는 한 번 충전하여 4.8킬로미터를 갈 수 있다.

가디언TMS를 조사 지역에 내려놓는다. 이 로봇은 뱀처럼 구불거리면서 좁은 공간으로 들어간다.

필요하다면 360도 회전할 수도 있고, 뒤집히면 바로 설 수 있다.

중간이 구부러질 수 있어서 까다로운 지역에서도 아주 유연하게 돌아다닐 수 있다.

로봇 정보

제조자	국적	출시 연도
카네기멜론 대학교	미국	2013년

조종 로봇
침프

침프는 침팬지와 아무 관련이 없다. 카네기멜론 대학교로 대학교 고도 지능 모바일 플랫폼이 준말이다. 이 구조 로봇은 가장 위급한 상황에서 중요한 도움을 줄 수 있다. 인간형 로봇은 두 다리로 균형을 잡기가 어렵지만, 침프는 팔다리 4곳에 모두 장착된 튼튼하고 안정적인 전동 무한궤도로 이 문제를 극복했다. 그래서 쉽게 움직이고 회전하고 기어오를 수 있다. 침프는 마주 보는 엄지를 지니며, 이 엄지를 써서 좁은 공간에서도 잘 움켜쥘 수 있다. 침프는 강력한 힘과 안정성, 능숙함과 유능함을 겸비한 최고의 구조 로봇이다.

머리에는 카메라와 센서가 들어 있다.

강한 집게로 유독한 물질이나 재난 지역의 잔해를 잡아서 옮길 수 있다.

이 전동 관절을 통해 사람처럼 움켜쥐는 행동을 할 수 있다.

긴 팔은 거의 3미터까지 뻗을 수 있다.

키	무게	전원	특징
1.4m	200kg	전선을 이용한 외부 전원	레이저, 센서, 카메라, 모터

팔과 다리의 고무 무게에도 균형을 잡고 매끄럽게 움직인다.

다리와 팔의 관절은 유연하게 움직인다.

가슴에는 전자 부품, 컴퓨터 소프트웨어, 배전기, 안전장치가 들어 있다.

발의 롤러를 써서 매끄럽게 움직일 수 있다.

> **"침프는 절로 넘어질 위험이 없으며 균형을 잡으려 애쓰지도 않는다. 그럴 일이 전혀 없기 때문이다."**
> 카네기멜론 대학교, 클라크 헤인즈

작동 방식

침프는 머리 안에 카메라 6대와 라이더(빛 레이더)가 들어 있어 다른 곳에서 조종하는 사람에게 주변 환경을 3D로 보여 준다.

침프의 움직임과 행동은 사람이 원격 조종하지만, 침프가 자율적으로 일하도록 프로그램을 짤 수도 있다.

침프는 3D 시각을 써서 대상의 위치를 파악하고 운동 알고리즘을 써서 대상을 잡는다.

유연한 집게로 핸들을 잡고 돌린다.

침프도 원숭이처럼 쉽게 암벽 등반도 할 수 있다. 팔다리를 다 써서 균형과 안전을 확보하기 때문이다.

팔다리로 사다리를 오를 수 있다.

팔다리에 있는 무한궤도로 안정적으로 두 발로 돌아다닐 수 있다.

인간형 로봇에게 설치 않은 균형 잡힌 자세를 유지한다.

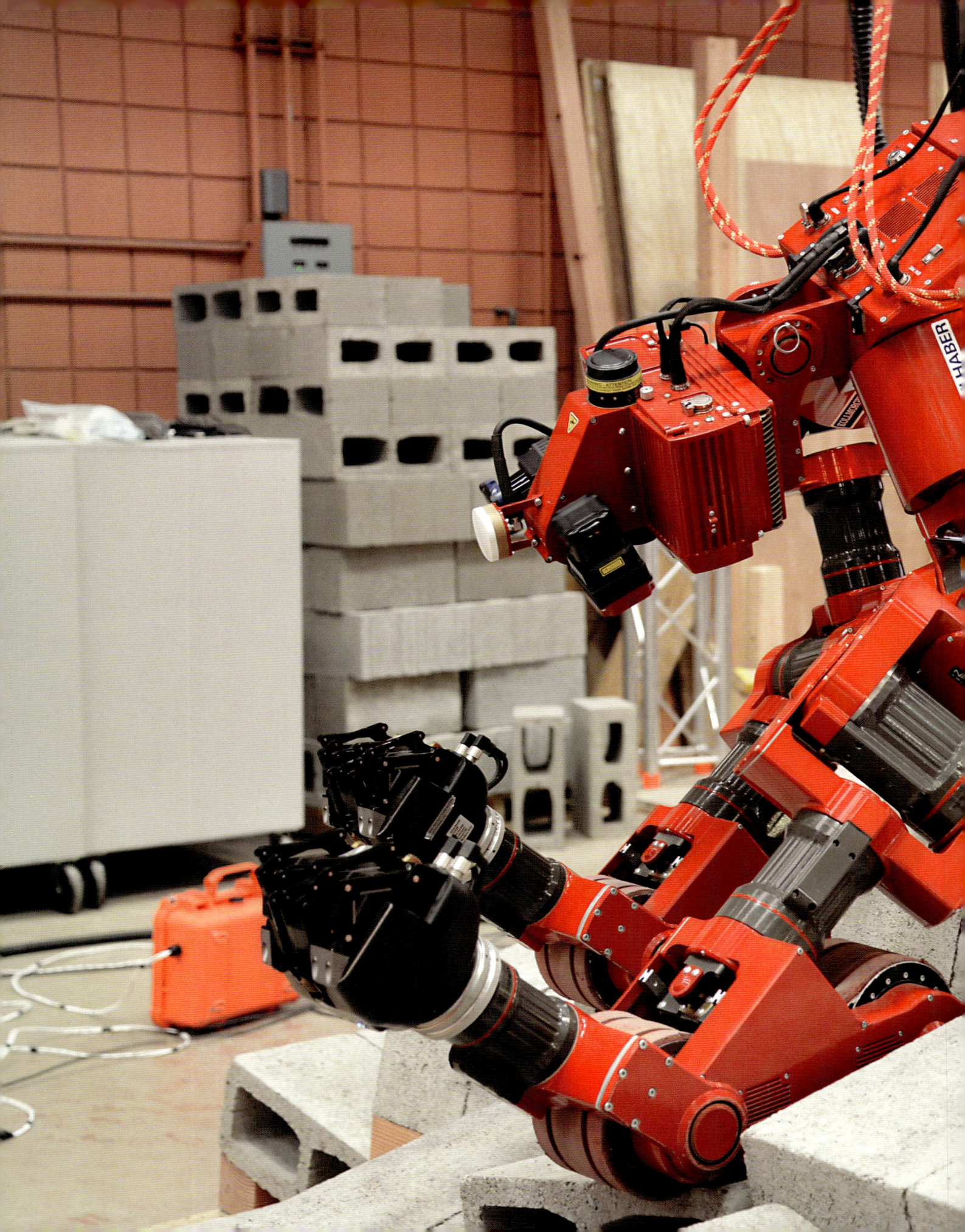

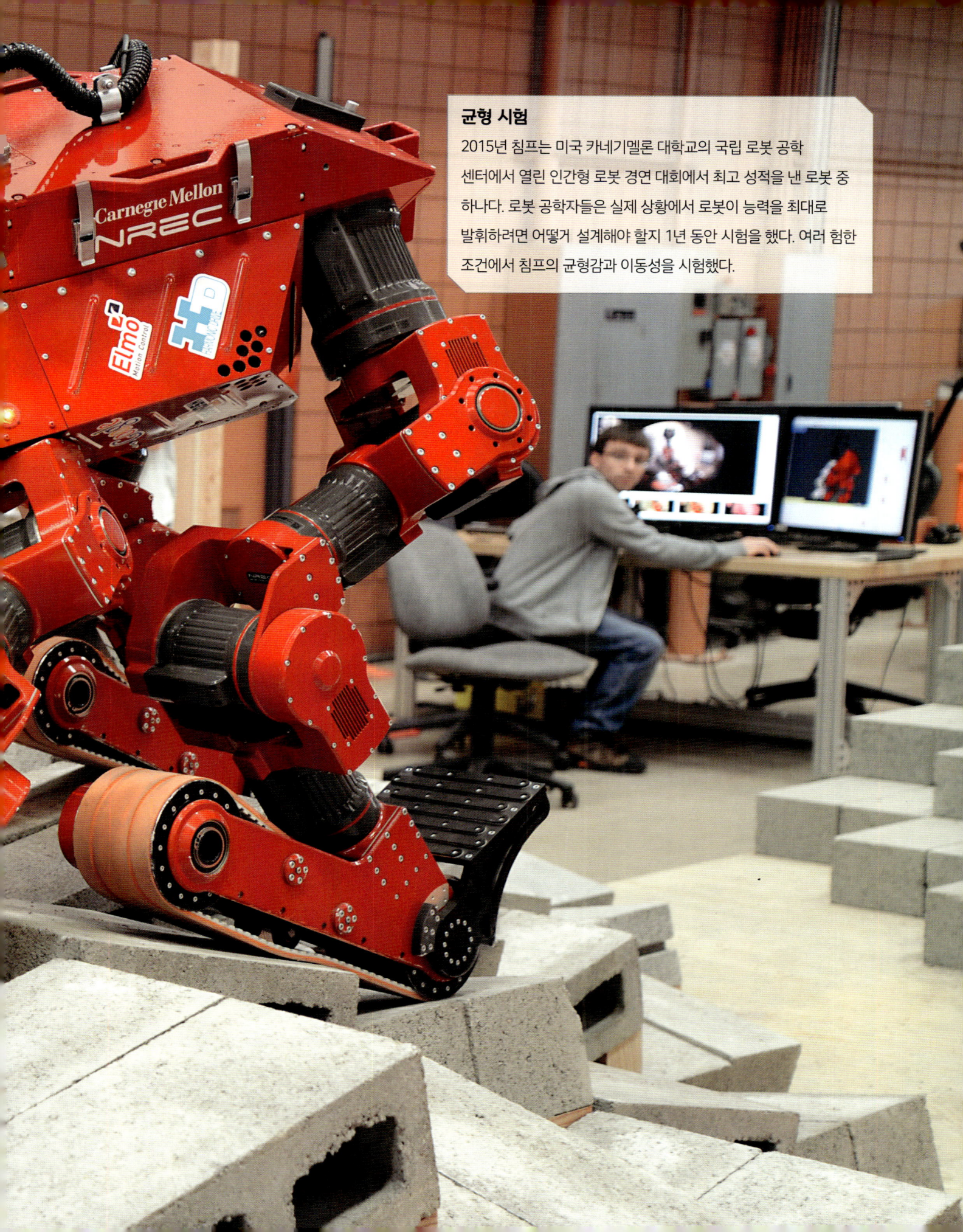

균형 시험

2015년 침프는 미국 카네기멜론 대학교의 국립 로봇 공학 센터에서 열린 인간형 로봇 경연 대회에서 최고 성적을 낸 로봇 중 하나다. 로봇 공학자들은 실제 상황에서 로봇이 능력을 최대로 발휘하려면 어떻거 설계해야 할지 1년 동안 시험을 했다. 여러 험한 조건에서 침프의 균형감과 이동성을 시험했다.

지형 파악

사람은 자신이 어디에 있는지를 파악하는 능력이 꽤 뛰어나다. 위치 추정 능력으로, 주변의 사물과 장소를 통해서 자신이 어디 있는지 알아차린다. 자동차 소리 같은 감각 단서를 써서 도로가 가까이 있다고 추측도 한다. 반면에 로봇은 장소 감각을 지니고 있지 않다. 센서와 소프트웨어의 정교한 알고리즘을 써서 자신이 어디에 있는지를 알아내야 한다. 그래야 다음 움직임을 계획할 수 있다.

지도 제작

일부 로봇, 특히 지구의 위험한 곳이나 우주에서 일하는 로봇은 자신이 이해할 수 있고 일할 수 있는 주변 환경의 지도를 작성한다. 화성 탐사 로버(MER)는 지구의 관제소를 통해서 화성의 어느 지점으로 가라는 목적지를 지정받지만, 최상의 경로는 스스로 계산해야 한다. 로봇은 자신의 카메라와 지형 지도 작성 소프트웨어를 써서 이 일을 한다.

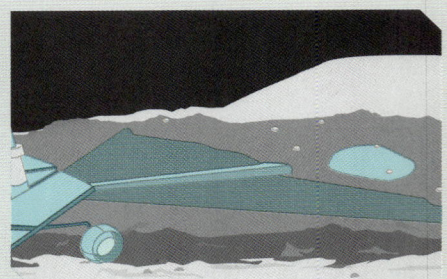

1 영상 작성
로버의 입체 카메라는 앞에 있는 경관의 영상을 찍는다. 영상들은 합쳐져서 단순한 심도 맵이 된다. 지형에 있는 많은 개별 지점들—16,000개—까지의 거리도 계산한다.

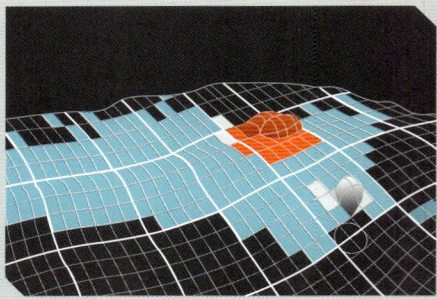

2 힘든 지형
로버의 소프트웨어는 비탈의 가파름과 거칠고 매끄러운 정도를 계산하여 지형을 평가한다. 돌아다니기 쉬운 지역을 색깔로 표시한다. 여기서는 가장 힘든 지역을 빨간색으로 표시했다.

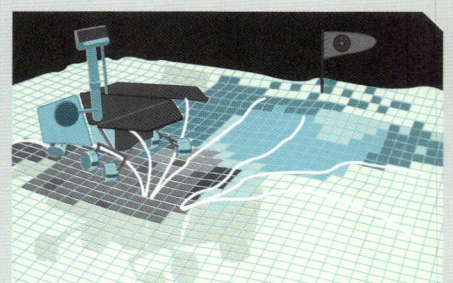

3 경로 선택
소프트웨어는 표적에 이르는 많은 다양한 경로들을 계산한다. 속도와 안전성을 비교한 뒤, 최적 경로를 고른다. 로버가 그 경로를 가는 동안, 전체 지도 작성 과정이 여러 번 반복된다.

지구 위치 확인 시스템(GPS)

지구 궤도를 도는 30여 개 인공위성들의 연결망은 GPS 수신기를 장착한 로봇을 비롯한 기계들에 정확한 위치 정보를 제공한다. 수신기는 위성에서 보낸 신호가 도달하는 데 걸린 시간을 재어서 거리로 변환한다. 세 위성과의 거리를 정확히 알면, 삼각 측량법을 써서 자신의 정확한 위치를 계산할 수 있다. GPS 위성을 4대 이상 이용하면, 위치와 고도까지 파악할 수 있다.

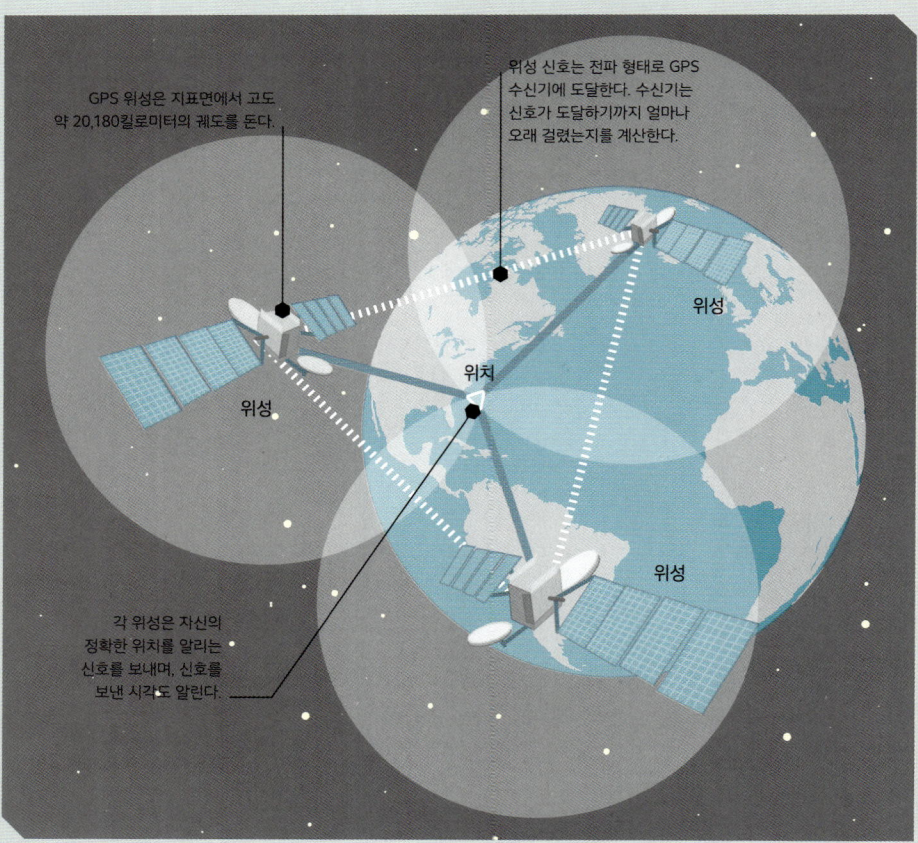

GPS 위성은 지표면에서 고도 약 20,180킬로미터의 궤도를 돈다.

위성 신호는 전파 형태로 GPS 수신기에 도달한다. 수신기는 신호가 도달하기까지 얼마나 오래 걸렸는지를 계산한다.

각 위성은 자신의 정확한 위치를 알리는 신호를 보내며, 신호를 보낸 시각도 알린다.

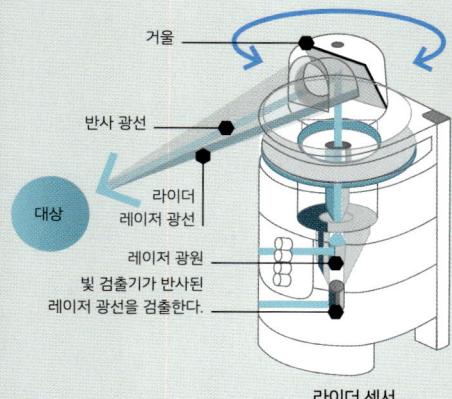

라이더

라이더 센서는 주변에서 부딪혀 튀어나오는 빛 에너지를 써서 로봇의 주변 환경 지도를 작성한다. 대상에 부딪혀 반사되어 돌아온 빛을 센서가 검출한다. 빛 센서는 빛이 돌아오기까지 걸린 시간을 이용하여 대상까지의 거리를 계산한다. 처음에 항공기에 실려서 그 아래 땅의 지도를 작성하는 데 쓰였던 라이더는 이제 자율 주행차, UAV, 기타 로봇에 쓰이고 있다. 일부 라이더 시스템은 1초에 150번의 레이저를 쏘아서 로봇 주위의 아주 상세한 심도 맵을 작성하는 데 쓰인다.

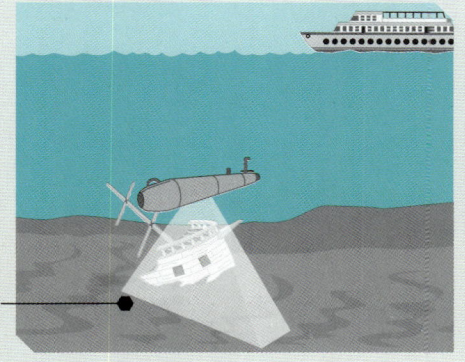

모마로

독일 본 대학교에서 만든 모마로는 상황에 맞추어서 다양한 모습을 취할 수 있는 유연한 로봇이다. 머리에 있는 라이더 센서가 돌면서 주변 환경의 영상을 작성한다.

음파 탐지기

음파 탐지기는 라이더와 비슷한 방식으로 작동한다. 빛 대신에 음파를 보낸다는 점만 다르다. 음파 탐지기는 대개 물속에서 쓰인다. 물속에서는 음파가 빛이나 전파보다 더 멀리 나아갈 수 있기 때문이다. 음파 탐지기는 대개 해저 지도를 작성하고, 수중의 위험을 탐색하고, 가라앉은 난파선을 찾는 데 쓰인다.

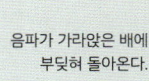

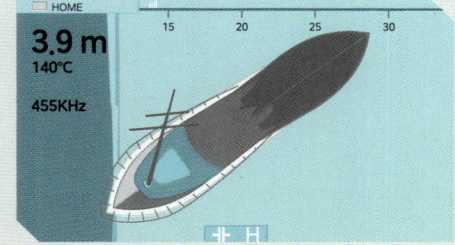

음파 탐지기 영상

음파 탐지기는 난파선의 영상과 함께, 그 난파선이 얼마나 멀리 있고 얼마나 큰지도 알려 준다.

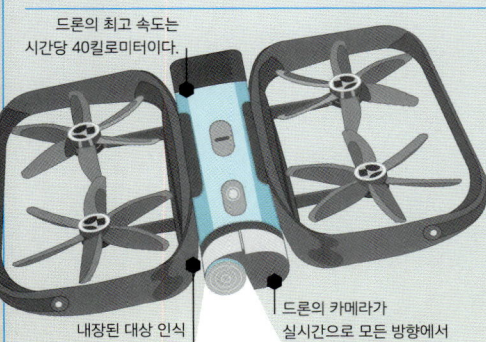

슬램

위치 측정 및 동시 지도화(SLAM)는 로봇에 쓰이는 길 찾기 방식 중 하나다. 재난 지역에서 생존자를 탐색하는 미래의 무인 항공기(UAV)와 지상 로봇에 진정으로 도움을 줄 수 있다. 슬램으로 로봇의 정확한 위치와 주변 환경의 상세한 지도를 구축하고 계속 갱신하려면 컴퓨터 성능이 좋아야 한다. 자율 드론인 스카이디오 R1은 슬램과 6쌍의 주행 카메라를 써서 지역 환경의 3D 지도를 작성하고, 충돌을 피하고, 움직이는 대상을 비디오카메라로 찍으면서 계속 추적한다.

추적하기

드론은 표적이 자신을 떨쳐 내기 위해 갑자기 방향을 튼다고 해도, 계속 추적할 수 있다.

150　로봇 정보　제조자 나사　국적 미국　개발 연도 2013년

우주 로봇
R5 발키리

현대의 슈퍼 영웅에 가장 가까이 다가간 로봇은 나사의 멋진 인간형 로봇 R5 발키리다. 배터리로 움직이는 이 두 발 로봇은 사람의 지원 없이 극한 환경에서 홀로 일할 수 있다. 발키리라는 용감한 전사자를 선택하여 대려간다는 북유럽 신화의 초자연적 존재의 이름을 땄다. 이 로봇은 이전의 인간형 로봇들이 준 피드백과 대년간에 걸친 나사의 시험을 토대로 만들어졌으며, 복잡한 업무를 수행하는 데 도움을 주도록 고안된 많은 센서들과 구동부를 지닌다. 다음 임무는 모든 화성으로 가는 것이다. 사람보다 먼저 그 붉은 행성에 발을 디딜 것이라고 예상된다.

검은 바이저 안에는 3D 시각 시스템과 카메라가 들어 있다.

머리는 사람의 머리처럼 가운데로 돌릴 수 있다.

팔에는 7개의 관절과 구동부가 들어 있다.

완충제를 넣어 가슴은 앞으로 넘어졌을 때 보호해 준다.

달 기계

로봇 세계에 최신 달 탐사 로버 중 하나는 에슬리트(전투후 6족 외계 탐사자의 준말)다. 다리 6개인 곤충 모습을 한 거대한 미래 로봇이다. 이 로버는 울퉁불퉁한 달 표면 같은 지형을 걷고 넘어갈 수 있다. 움켜질 수 있는 집게다리와 다양한 굴착 장비를 갖추고 기존 탐사 로버보다 100배 더 빨리 움직일 수 있다.

키	무게	전원
1.8m	136kg	배터리

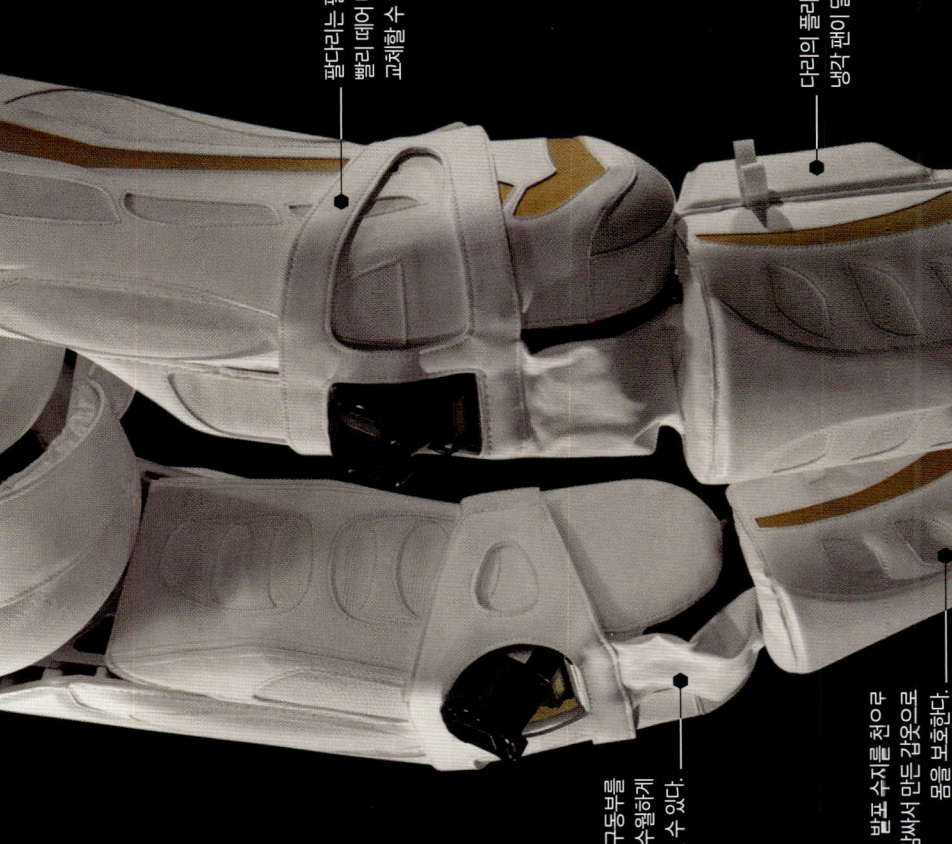

- 팔다리는 필요할 때 빨리 떼어내 교체할 수 있다.
- 다리의 플라스틱 덮개에는 냉각 팬이 달려 있다.
- 무거운 다리와 넓은 발로 걸을 때 균형을 유지한다.
- 다리의 구동부를 써서 수월하게 움직일 수 있다.
- 방포 수지를 쳐우 겹쳐서 만든 감옷으로 몸을 보호한다.

"험한 환경에서 작동할 수 있는 튼튼하고 듬직한 인간형 로봇이다."
— 나사

미래를 준비하다

발키리 개발팀은 미래의 탐사를 대비하여 로봇이 우주 비행사와 함께 일할 수 있을 만큼 능숙하게 움직이도록 계속 개선하고 있다.

개발팀은 발키리의 성능을 한계까지 내모는 실험을 해 왔다. 덧붙여 발키리는 안전하고, 진동 도구를 쓰고, 불안정한 기어오르고, 진동 도구를 쓰고, 불안정한 지형에서 비틀거리지 않고 걸을 수 있다. 발키리가 화성에 갔을 때 제 역할을 다할 수 있도록 훈련을 집중시키고 있다.

개발된 발키리는 일을 더 잘할 수 있도록 사람과 비슷한 손을 갖추고 있다. 손은 마주 보는 엄지 하나와 네 개의 손가락으로 다양한 물건과 도구를 정확하고 세심하게 쥐고 조작하고 작동시킨다. 구동부를 써서 손목을 쉽게 움직일 수 있어서 그만큼 자유롭게 손을 움직인다.

용어 설명

가속도
단위시간 동안 변한 속도의 양.

가속도계
가속도를 측정하는 장치.

가정 로봇
집 안에서 사람 곁에서 일하도록 설계된 로봇. 집 안의 자질구레한 일을 돕거나 장애인을 돕도록 설계된 가사 도우미 로봇도 있다.

가정 비서
주로 가정에서 쓰이며, 성능 좋은 마이크, 전용 소프트웨어, 인터넷 연결을 통해서 주인의 질문과 지시에 응답하는 인공 지능.

센서
눈이나 카메라처럼 주변 환경에서 정보를 얻는 로봇이나 기계의 부품. 센서에는 종류가 많다.

겉뼈대
몸의 딱딱한 바깥 덮개. 많은 곤충은 겉뼈대를 지니며, 몇몇 로봇도 그렇다.

공기압식
한정된 공간에 갇힌 공기를 압축하여 무언가를 움직이는 방식. 로봇을 움직이는 데 쓰인다.

공기 역학
물체가 공기 속을 어떻게 지나는지를 연구하는 학문.

구동부
모터나 로봇의 팔처럼 로봇의 움직이는 부위.

근접 센서
로봇과 대상 사이의 아주 짧은 거리를 측정하는 센서.

기계
에너지로 작동하면서 어떤 일을 하는 장치.

길 찾기(내비게이션)
사람이나 로봇이 자신이 어디에 있는지를 정확히 파악하고, 길을 찾아가는 과정.

나노 로봇(나노봇)
현미경을 써야만 보이는 아주 작은 로봇. 나노 로봇은 아직 개발되지 않았지만, 많은 연구가 이루어지고 있다.

데이터(자료)
로봇이나 인공 지능이 모으고 저장하는 측정값 같은 기본 정보. 컴퓨터는 데이터를 써서 로봇이 무엇을 해야 할지를 판단한다.

데이터베이스
여러 업무에 공동으로 필요한 데이터를 통합하여 관리하는 데이터의 집합. 자료의 중복을 없애고 자료를 구조화하여 저장함으로써 자료 검색과 갱신의 효율을 높인다.

두 발 로봇
두 다리로 움직이는 로봇.

드론
원격 조종되는 무인 비행기. 자율성이 없고 대개 기본적인 수준의 지능만을 갖추어서 진짜 로봇이 아닌 드론도 있다.

디버깅
프로그램의 버그(오류)를 찾아서 수정하는 과정.

라이더(LiDAR)
광선을 쏜 뒤 물체에 부딪혀 돌아오는 빛을 검출하는 장치. 일부 로봇은 라이더를 써서 주변의 물체를 파악한다.

레이더
전파를 쏘아서 대상에 부딪혀 돌아오는 전파를 검출하는 장치. 레이더로 주변을 파악하는 로봇도 있다.

레이저
집중 광선을 쏘는 장치. 광선 자체를 가리키기도 한다.

로버(탐사 로봇)
대개 먼 행성의 표면을 돌아다니면서 경관을 조사하고, 표본을 채취하고, 측정을 하는 로봇.

로봇(봇)
컴퓨터 프로그램을 통해서 일하고 움직이는 기계. 다부분의 로봇은 자기 주변 환경을 감지하고, 자율적으로 반응하는 능력을 얼마간 지닌다.

로봇 공학자
로봇을 만들거나 연구하는 일을 하는 과학자나 공학자.

로봇 팔
관절을 지니고 컴퓨터로 제어되면서 도구를 다루고 공장에서 일할 수 있는 팔. 가장 흔한 형태의 로봇이다.

로커보기
울퉁불퉁한 지형을 돌아다니기 쉽도록, 이중으로 연결한 문손잡이 모양의 틀에 바퀴를 붙인 장치. 화성 탐사 로봇인 로버에 쓰인다.

로터
프로펠러처럼 중심축을 도는 기계 부품. 주로 항공기를 띄우는 데 쓰이며, 자이로스코프에도 들어 있다.

마이크
음파를 수신하여 디지털 신호로 바꾸는 장치. 그 신호는 기록하거나 증폭하거나 전송할 수 있다.

마이크로컨트롤러
마이크로프로세서가 들어 있는 제어 장치.

마이크로프로세서
컴퓨터가 하는 일의 대부분을 제어하는 부품. CPU라고도 한다.

말단 작동기
사람의 손이 있는 부위인 로봇의 팔 끝에 연결된 부품. 말단 작동기는 특정한 일을 하도록 설계되며, 따라서 모양이 아주 다양하다.

모니터
컴퓨터의 정보를 보여 주는 화면.

모듈
로봇이나 컴퓨터 프로그램의 독립된 부분. 모듈을 따로 설계하고 검사를 한 뒤에 다른 부품에 연결하여 완성품을 만들 수 있다.

모터
전기를 운동으로 바꾸는 장치. 로봇을 움직이는 데 쓰인다.

무리 로봇
자체 지능을 지니면서 자율적으로 행동하는 한편, 비슷한 로봇끼리 무리를 지어서 행동하기도 하는 작은 로봇.

무선
물리적으로 접촉하지 않은 채 기계나 로봇과 자료를 주고받는 기술.

무인 항공기(UAV)
원격 조종이나 내장 컴퓨터로 움직이는 항공기.

무한궤도
바퀴에 벨트를 걸어서 땅이나 다른 표면을 돌아다니는 장치.

민첩성
로봇이 맡은 일을 능숙하게 하는 능력. 특히 팔이나 말단 작동기를 능숙하게 움직이는 능력을 가리킨다.

바이오닉
생체 공학을 뜻하는 말로, 로봇이 생물의 모습이나 운동 방식을 모방하는 것을 뜻한다.

뱀봇
모습과 움직임이 뱀과 아주 비슷한, 길고 유연하고 가느다란 로봇.

변환기
압력이나 밝기 같은 물리적 양의 변화를 전기 신호로 바꾸거나, 반대로 바꾸는 장치.

보조 추진기
우주선의 작은 로켓 엔진이나 배나 잠수정의 보조 제트 엔진이나 프로펠러로, 기기의 위치나 경로를 조금 변경하는 데 쓴다.

부품
무언가의 일부. 로봇의 센서나 터치스크린 같은 것도 부품이다.

블루투스
휴대폰, 노트북, 이어폰 및 헤드폰 등의 휴대 기기와 컴퓨터, 프린터 등 전자 제품을 서로 연결해 정보를 주고받는 근거리 무선 통신 기술. 10미터 안팎의 초단거리에서 주로 쓰인다.

비행경로
비행기나 새가 날아서 지나가는 길 또는 비행하려는 선.

사이보그
뇌 이외의 부분, 즉 손발이나 내장 기관을 생물 본래의 기관과 같은 기능을 조절하고 제어하는 기계 장치로 이식한 결합체. 생물체가 일하기 어려운 환경에서의 활동을 위하여 연구하였는데, 전자 의족이나 인공 심장·인공 콩팥 등 의료 면에서도 더 활발한 연구가 진행되고 있다.

산업 로봇
공장에서 일하는 로봇. 대부분은 팔 하나로 이루어져 있으며, 정해진 방향으로 움직이면서 특정한 도구를 써서 일을 한다. 전 세계에서 쓰이는 로봇의 대다수를 차지한다.

삼각 측량법
GPS 장치를 이용하여 위치를 알아내는 방법. GPS 장치가 세 GPS 위성으로부터 위치와 시간 데이터를 받아서 정확한 위치를 계산하는 방법이다.

생체 모방 로봇
식물이나 동물처럼 자연에서 착안하여 설계한 로봇.

센서
열, 빛, 온도, 압력, 소리 등의 물리적인 양이나 그 변화를 감지하여 알려 주는 부품이나 기구.

소셜 로봇
사람과 상호 작용하고 대화를 하도록 고안된 로봇.

소프트 로봇
단단하고 딱딱한 물질이 아니라, 부드럽고 유연한 물질로 만들어진 로봇.

소프트웨어
사용자가 컴퓨터 하드웨어에 접근할 수 있게 해 주는 운영 체제, 프로그램, 펌웨어.

송신기
신호를 생성하여 보내는 장치.

시뮬레이션
무언가의 컴퓨터 모델. 새 프로그램을 곧바로 로봇에게 입력하여 실행시켰을 때 문제가 생길 수도 있다. 시뮬레이션을 이용하면 로봇이 어떻게 이해하고 실행할지를 안전하게 살펴볼 수 있다.

식용 로봇
사람이나 동물에 삼켜져 몸속에서 일을 하는 로봇. 일을 마치면 해를 끼치지 않고 분해된다. 아직 완전한 식용 로봇은 개발되지 않았다.

신경망
많은 수의 전자 신경 세포들이 연결되어 이루는 인공두뇌. 컴퓨터에 종종 모사되곤 한다. 얼굴 인식 같은 어려운 일들은 주로 신경망을 써서 수행한다.

심도 맵
3차원 컴퓨터 그래픽에서 관찰 시점으로부터 물체 표면과의 거리와 관련된 정보가 담긴 영상.

아바타
물리적으로 존재하지 않는 공간에 사람을 대신하도록 구현한 모사물.

아이콘
각종 프로그램, 명령어, 또는 데이터 파일 등 컴퓨터에 제공하는 명령을 쉽게 지정하기 위해 문자나 그림 같은 기호로 만들어 화면에 표시한 것.

안드로이드
단순히 인간의 모습만이 아니라 감정과 행동 등도 인간처럼 여겨지도록 흉내 낸 로봇. 진짜 안드로이드는 아직 없다.

알고리즘
컴퓨터가 어떤 문제를 풀거나 과제를 수행하기 위해 취하는 단계들의 집합.

압전 효과
어떤 물질이 눌리거나 힘을 받을 때 전기를 일으키는 현상.

앱(애플리케이션, 응용 프로그램)
특정한 목적을 이루기 위해 고안된 소프트웨어.

얼굴 인식
로봇이 사람의 얼굴을 기억하거나, 사람의 얼굴 표정에 맞추어서 반응할 수 있는 능력.

연결망(망, 네트워크)
자원과 데이터를 공유할 수 있는 연결된 장치들의 집합. 네트워크는 크기나 구조에 따라 분류할 수 있다.

오토마타
사람이나 동물의 행동을 모방하지만, 지능이 전혀 없는 기계. 오토마타는 미리 정해 놓은 움직임만을 수행할 수 있다.

우주 탐사 로봇
지구 너머의 행성, 달 같은 천체를 탐사하는 로봇.

운영 체제(OS)
컴퓨터의 하드웨어와 소프트웨어 자원을 관리하고 사용하기 쉽게 만드는 소프트웨어.

원격 조종 로봇
떨어져 있는 사람이 전부 또는 일부 조종하는 로봇. 적절한 수준의 자율성을 지니고 있지 않으므로 진정한 로봇은 아니다.

유압식
한정된 공간에 있는 액체에 압력을 가해서 움직임을 일으키는 방식. 로봇을 움직이는 데에도 쓰인다.

음파 탐지기
음파를 쏘아서 대상에 반사되어 돌아온 음파를 검출하는 장치. 일부 로봇은 음파 탐지기를 써서 주변 환경을 파악한다.

의료 로봇
장애인이나 환자를 돕는 로봇. 의료 활동을 돕는 로봇을 가리킬 때도 있다.

인간형 로봇(휴머노이드 로봇)
얼굴이나 몸이 사람과 비슷하게 생긴 로봇. 인간형 로봇은 대개 머리와 팔이 있으며, 다리까지 있는 것도 있다.

인공 지능
컴퓨터 프로그램과 기계가 보여 주는 지능의 시뮬레이션.

인터넷
컴퓨터 수십억 대로 이루어지는 세계적인 연결망.

인터랙션
인간과 인간, 인간과 물질, 인간과 시스템, 시스템과 시스템 등 둘 이상의 대상이 실시간으로 서로 영향을 주고받는 행동. 주로 상호 작용이라고 말한다.

인터랙티브
사용자가 마치 컴퓨터와 대화를 하듯이 데이터나 경령어를 입력할 수 있도록 한 프로그램.

인터페이스
두 서로 다른 시스템이나 인간과 로봇 사이에 의사소통을 할 수 있는 장치. 원격 조종 장치와 터치스크린도 인터페이스다.

입체시
두 눈으로 물체를 볼 때 두 시선이 이루는 각도에 의하여 원근을 판단할 수 있는 시각.

입체 카메라
사람의 입체시와 비슷한 효과를 일으키기 위해 둘 이상의 렌즈나 카메라를 나란히 놓은 것.

자동적
르봇이나 기계가 사람의 제어를 거의 또는 전혀 받지 않으면서 행동하는 것.

자율 잠수정(AUV)
수중 탐사에 쓰이는 무인 로봇 잠수정.

자율적
사람의 도움이나 제어 없이 판단을 하고 그 판단에 따라 행동할 수 있는 인공적인 존재를 가리키는 말.

자이로스코프
ㅈ·유롭게 방향을 바꿀 수 있는 축을 중심으로 빠르게 호 전할 수 있는 바퀴나 원반이 들어 있는 장치. 장치를 기울여도 축의 방향은 영향을 받지 않는다. 자이로스코프는 여러 장치에서 안정을 유지하는 더.에 쓰인다.

작업 로봇
사람을 위해 작업을 하도록 설계된 로봇.

잠수정
물속에서 작동하도록 설계된 배.

적외선
가시 스펙트럼의 빨강 바로 옆에 있는 빛으로서, 사람의 눈에 보이지 않는다. 적외선을 이용하여 길을 찾거나 통신을 하는 로봇도 있다.

조이스틱
기계를 조종하는 데 쓰는 작은 막대.

조향 장치
자동차 같은 장치의 방향을 트는 데 쓰는 장치.

중앙 처리 장치(CPU)
컴퓨터의 작동을 대부분 제어하고 있는 부품. 마이크로프로세서라고도 한다.

집게
물체를 쥐고 다루는 일을 하는 로봇 부품.

집적 회로
규소(실리콘) 같은 반도체 물질로 아주 작게 만든 전기 회로 집합.

척수
목에서부터 둘째 허리뼈까지 척추 내에 위치하는 중추 신경의 일부분으로 뇌와 말초 신경의 중간 다리 역할을 한다.

초음파
사람이 들을 수 있는 한계 주파수 이상이어서 사람은 들을 수 없는 음파. 파장이 작고 앞으로 뻗어가는 지향성이 강하기 때문에 바다의 깊이를 재는 음파 탐지기로 이용한다. 또한 임신했을 때 타아의 형상을 보거나 고체 재료의 내부 결함을 검사하거나, 보석이나 유리를 자르거나 가공하는 일, 세척이나 살균 등 많은 분야에서 이용된다.

칩
반도체의 얇고 작은 조각판 표면에 많은 전기 회로 부분을 구성해 놓은 집적 회로(IC).

컴퓨터
데이터를 처리하는 전자 기기.

코드
컴퓨터에게 무언가를 하라고 말하는 프로그래밍 언어로 적힌 명령문.

콘솔
기계나 로봇을 제어하는 장치.

클라우드
인터넷을 통해 파일 저장 등의 서비스를 제공하는 특수한 컴퓨터 집합.

태양 전지판
태양으로부터 오는 빛에너지를 반도체의 원리를 이용해서 전기 에너지나 전기 열로 바꾸는 장치.

태블릿
주로 터치스크린을 통해 입력을 하고, 앱을 통해서 정보를 출력하는 휴대용 컴퓨터의 일종.

튜링 검사
영국 수학자 앨런 튜링이 내놓은 검사법. 기계가 사람 수준의 지능이 있다고 판단할 수 있는지 여부를 평가하는 방법이다.

트랜지스터
전류를 증폭하거나 켜고 끄는 작은 부품. 컴퓨터 칩의 기본 구성단위다.

티칭 펜던트
로봇에게 어떤 일을 할 명령이나 프로그램을 입력하는 데 쓰이는 디지털 장치. 대개 어떤 식으로든 로봇에 연결해 쓴다.

풀무
대장간에서 쇠를 달구거나 또는 녹이기 위하여, 혹은 부엌의 불을 지피기 위하여 바람을 일으키는 기구.

프로그래밍 언어
컴퓨터 프로그램을 짜는 데 쓰이는 단어와 기호의 집합.

프로그래밍
컴퓨터에 쓸 명령문을 짜는 과정.

프로그램
컴퓨터가 특정한 일을 하기 위해 실행하는 명령문의 집합.

프로펠러
무언가를 추진하는 데 쓰이는 기계 장치 중 하나. 회전하는 축에 두 개 이상의 비틀린 날개가 달린 장치다.

피드백
컴퓨터 같은 장치가 내놓은 결과를 다시 컴퓨터에 입력하는 것. 되먹임이라고도 하며, 결과를 더 개선하거나 주변 상황에 맞추어서 조정하는 데 쓰인다. 에어컨의 온도 조절에도 쓰인다.

하드웨어
외부 덮개와 내부 회로 등 컴퓨터의 물리적 부분.

하이브리드 지능
서로 다른 분야에서 쓰이는 인공 지능의 기술과 방법을 함께 써서 구성한 인공 지능.

햅틱
촉감을 이용하는 기술. 로봇은 진동이나 물리적 저항이라는 형태로 사람에게 햅틱 피드백을 할 수도 있다.

헥사콥터
6개의 모터 및 로터를 가진 비행체를 말하며 대개 드론의 한 종류를 가리킨다. 일반적으로 로터의 개수와 배치 형태에 따라 이름이 달라진다. 로터가 3개일 때 트리콥터, 4개는 쿼드콥터, X콥터, Y4콥터, 6개는 헥사콥터, Y6콥터 등으로 불린다.

현가장치
진동을 줄이기 위해 바퀴를 차틀에 연결하는 완충 장치.

협력 로봇
사람과 함께 일하도록 설계된 로봇. 함께 일하는 사람에게 해를 입히지 않도록 매우 높은 수준의 안전 예방 조치를 취한다. 코봇(cobot)이라고도 한다.

회로판
컴퓨터의 다양한 부품들을 끼우는 판. CPU, 기억 장치 같은 부품들이 끼워져 있으며, 센서가 연결되는 곳이다.

흐름도
일의 진행 순서를 그림으로 나타낸 것. 흐름도는 컴퓨터 프로그램이 무엇을 하며, 어떻게 결정을 내리는지를 사람에게 설명할 때 쓸 수 있다.

3D
'삼차원'의 준말. 깊이, 높이, 길이를 지닌다는 뜻.

6족 로봇
곤충의 모습을 흉내 내어 걷는 다리 6개인 로봇.

GPS
지구 위치 확인 시스템. 몇 대의 인공위성에서 오는 무선 신호를 비교하여 지상에 있는 무언가의 위치를 파악하는 방식. 신호들이 도착하는 데 걸리는 시간 차이를 이용하여 GPS 수신기의 위치를 몇 미터 이내로 알아낼 수 있다.

HD
고화질. 동영상, 사진, 음성 데이터의 해상도(품질)가 높음을 뜻한다.

LED
발광 다이오드. 전기를 흘려보내면 빛을 내는 반도체.

MAV
초소형 무인 비행체.

SF
science fiction의 약자로, 공상 과학 소설을 말한다. 현실의 시간과 공간에서 일어나기 어려운 일을 과학적으로 가상하여 그린 소설.

찾아보기

ㄱ

가디언 LF1 115
가디언TMS 142~143
가라쿠리 18
가사 도우미 로봇 38, 72, 97, 152
가속도계 106, 116, 152
가정 로봇 27, 33, 38, 152
감시 61, 112, 126, 136~137, 140, 142~143
감정 13, 31, 38, 44, 48, 54, 70~71, 76, 82, 96~97, 140, 154
개인 비서 27, 47
거리 센서 135
거미 로봇 63
겉뼈대 25, 27, 36~37, 152
게임 44~45, 48~49, 88, 97, 139, 141, 143
고유 감각 32, 76
곤충 27, 34, 98, 110, 150, 152, 154
공장 11, 12, 21, 51, 52, 56~57, 61, 108, 114, 126, 135, 152~153
과산화수소 112~113
과학 소설 13, 21, 22, 95, 152
광각 105, 107
구동부 14~15, 113, 128, 150~151, 153
구라타스 94
구조 로봇 27, 126, 144~145
균형 25, 33, 34~35, 72, 90, 106, 125, 139, 142, 144~145, 150
그라운드봇 14, 61
그리스인 16
극장 18, 82
기계 학습 75
김미 집게 42
깊이 지각 75
꼭두각시 로봇 18

ㄴ

나오 90~91
나침반 116

날개 46, 98~99, 100, 116~117, 128~129, 154
내구성 124
내비게이션 152
노인 24, 31, 90, 97
놀이 38, 41, 44, 48, 70, 99
농담 20, 80, 82, 88
니티놀 99

ㄷ

다리 13, 27, 32~37, 65, 67, 77, 108, 114, 118~119, 125, 127~128, 141, 144~145, 149~154
다이오드 25, 152
닥터 후 23
달 17, 114~115, 133
달렉 23
대상 인식 45, 149
데이터 23, 39, 46, 75, 81, 86, 106~108, 117, 124, 126, 142~143, 152~154
동영상 32, 38, 46, 48, 70, 91, 120, 134, 136, 140, 142, 152
두 발 로봇 139, 150, 152
드래곤러너 134
드래곤플라이 114
드론 24, 46, 98, 126~127, 129, 136~137, 140, 149, 152
디버깅 152

ㄹ

라이더 106, 145, 149, 152
래트로 141
레로 126
레이더 106, 145, 152
레이저 15, 59~60, 71, 82, 106, 132~133, 145, 149, 152
레이저스네이크 60
레카 26, 48~49

로보데스피안 82
로보비 129
로보틱키친 86~87
로봇 공학 20, 36, 76, 100, 103, 106, 113, 147
로봇 공학자 15, 27, 34, 74, 90, 103, 118, 147, 152
로봇 팔 14~15, 21, 26, 44, 52~53, 55, 56~57, 58~59, 60, 63, 74, 86~87, 133, 152
로비 22
로숨의 만능 로봇 22
로커보기 35, 152
루이지 140
룸바 41, 47
리맥 25
리워크 36
리틀리퍼 라이프세이버 136

ㅁ

마스 2020 26, 132~133
마이크 30, 47, 70, 77, 90, 106, 152, 153
마이크로봇 114
마이크로컨트롤러 98~99, 116, 153
마이크로 팩토리 114
마이크로프로세서 65, 116, 153, 154
마이크로 칩 112
메가봇 94~95
메소드 138~139
메트로폴리스 22
모마로 149
몸짓 30~31, 71, 88, 97, 140
무기 95
무리 로봇 27, 64, 108, 126, 129, 153
무선 신호 46, 111, 117, 134, 152
무선 컨트롤러 64, 134
무선망 108
무인 항공기 24, 46, 136, 149, 153
무한궤도 34, 94, 95, 144~145

물시계 16~17
미니만보 134
미라 41
미로 12~13, 16, 30~31, 75

ㅂ

바이오닉앤트 108, 111
바이오닉옵터 98~99
바이오닉캥거루 27, 118~119, 124
바이올린 연주 83
바인봇 115
바퀴 35
반려 로봇 24
방사성 60, 106, 133~134, 141
배터리 15, 36~37, 40~41, 64~65, 72, 96, 99, 100, 104, 109, 112, 114, 116, 129, 136, 140, 150,
백스터 55~56
뱀봇 14, 118, 127, 142~143, 153
번역 90
변신 82, 121, 126~127
변환기 108
병원 61, 71, 82, 87, 96, 135, 140
보안 38, 61
부유 기구 137
불쾌한 골짜기 81
브라바젯 140
비디오카메라 24, 46, 76~77, 149
비서 로봇 43
비행 로봇 24, 129
빛 감지 31
빛 센서 31, 39, 62, 129, 135, 149

ㅅ

사이보그 22~23, 153
산업 로봇 26, 56, 62, 153
산호초 115
상점 47, 61
상호 작용 13, 14, 26~27, 48~49, 60~61, 71, 74~75, 76~78, 81, 88, 126, 140, 153, 154
생체 모방 로봇 27, 30, 98, 112, 124, 153

샤크스포터 136
소셜 로봇 12, 26, 31, 44, 48, 71, 88, 96, 153
소프트 로봇 113, 127, 153
소프트 식각법 112
소프트웨어 40, 42~47, 62, 80, 88, 100, 145, 148~149, 152~154
소피아 80~81
손 14~23, 32, 38, 47~48, 53~59, 70, 73~78, 80~93, 104~109, 114~118, 130, 138, 140, 150~153
수도사 18
수술 15, 26, 58~59, 82
수술 로봇 58~59
수압 107
수영장 41
수중 로봇 104~105, 107, 112~113, 115, 120~123, 134, 149
수직 운동 119
슈퍼마켓 47, 60~61
스누키 107
스마트패드 52~53
스마트폰 45~47, 56, 84, 100~101, 140
스크래치 63
스타트렉 23
스탠 60
스테레오 30
스트레스 30~31, 49, 97, 140
스파코 20
스팟 32
스팟미니 32~33
스푸트니크 20
스피커 47, 70, 90, 136~137
슬램 149
시각 33, 41, 45, 75~76, 80, 90, 104~105, 114~115, 148~153
시계 16~17, 84
시계태엽 18
시료 채취 126
시뮬레이터 59, 63
시민권 80
식용 로봇 153

심층 학습 75

ㅇ

아르키타스 12
아바타 91, 104, 154
아이보 24
아이언 자이언트 23
아이올로스의 공 17
아이컵 27, 76~78
아킬레스건 124
아트론 126
아틀라스 114
아틀라스 2030 25, 37
안전 25~26, 40, 52, 55~56, 60, 63, 71, 73, 82, 100~101, 113, 117, 121, 134, 136~149, 153~154
안정성 34, 124, 144
안티키테라 기계 16
알고리즘 47, 66, 80, 140, 145, 148, 154
알렉산드리아 17
알자자리 16
압력 13, 15, 47, 56, 77, 107
압전 변환기 108
애슬리트 150
애커먼 조향 장치 35
앱 38, 40, 45~49, 56, 61, 98, 154~155
언어 19, 22, 62~63, 80, 82, 90, 155
얼굴 표정 35, 39, 42~45, 48, 76, 80, 82, 97, 154
엄지 76
에니악 20
에프에프제로01 100
엑소트레이너 26, 36~37
엘룸 120~122
엘리 108, 129, 140
엘머와 엘시 20
영화 13, 22~24, 39, 45, 139
오션원 104~105
오토마타 16~19, 154
오프라인 프로그래밍 62~63
옥토봇 112~113
온라인 프로그래밍 57, 62

옴니봇 35
외국어 88
요리 로봇 86
우주 탐사 로봇 26, 133, 154
운동 33, 54, 72, 81, 106, 145, 153~154
운영 체제 63, 154
원격 제어 38
원격 조종 46, 60, 120, 134, 136, 140~141, 145, 152~154
원격 조종 로봇 154
월터, W. 그레이 20
위치 추정 148
위치 확인 41, 73, 148, 152
위험 감지 106
유미 26, 84~85
유포니아 19
음성 24, 39, 47, 60, 70, 74, 81, 89~90, 97, 140, 142, 152
음성 명령 39, 97
음성 비서 로봇 24
음성 인식 74, 89~90
음악가 83
음파 탐지기 90, 149, 154, 155
의료 로봇 27, 36, 43, 154
의사 58~59, 61, 140
의사소통 13, 48, 71, 90, 104, 154
의학 27, 114,
이글프라임 94~95
이동 로봇 134~135
이동 보조 97
이모션버터플라이 116
이집트인 17
인간형 로봇 12, 24, 27, 71, 76, 80, 82, 85, 88, 90, 92, 114, 144~146, 150~151
인공위성(위성) 20, 148, 152
인공 지능 21, 27, 45, 47, 74~75, 80~81, 88, 137, 154
인터넷 13, 47, 90, 152
일렉트로 20
입체 시각 104, 105
입체시 30

ㅈ

자동인형 18
자동차 11, 23, 25, 56, 60, 84, 87, 95, 100~101, 133, 148~149, 155
자율 드론 127, 149
자율 로봇 46, 113
자율 운송 차량(AGV) 135
자율 잠수정(AUV) 115
자율 주행차 25, 74, 100~101, 106~107, 149
자이로스코프 72, 116, 152
자크드로즈, 피에르 19
작업 로봇 26, 60~1, 108~11
잠수부 104, 114~115, 121
잠수정 로봇 104
잠수함 115
장난감 로봇 44~45
장애물 33, 34~35, 40, 46, 71, 107, 115, 118~119, 127, 132, 134~135, 141, 149
장애아 36, 88
장애인 24, 27, 29, 32, 97, 152
재난 지역 24, 64, 130, 134, 136, 142~144, 149
적외선 15, 64~65, 116~117, 135, 154~155
전자 공학 21, 100
전기 공학자 21
전원 14~15, 40, 96, 120~121, 136, 143
전투 로봇 95
접수원 83
접촉 센서 12, 71, 90, 135
제노 88-9
젠보 27, 38-9
조립라인 12, 84, 114
조이스틱 42, 46, 56, 95, 104, 134, 143, 154
조종 로봇 27, 58, 95, 100, 114, 136, 139, 144, 154
조종석 27, 95, 138~139
주방 86~87

주차 60
주차 대행 60
중력 중심 35, 124
중앙 처리 장치(CPU) 15, 45, 106, 155
지능 12~13, 16, 21, 24, 27, 41, 44, 46~47, 52, 74~75, 80~81, 88, 108, 117, 134, 137, 144, 152~155
지도 작성 46, 136, 148
지문 73
지보 24
지타 72~73
지휘자 84
진공청소기 41, 46, 135
진동 모터 65
집게 42, 53~55, 59, 74, 85, 108, 118, 141, 144
집안일 27
집적 회로 21, 129, 155

ㅊ

착용 로봇 25, 36-37
척추 근육 위축증 27, 36
천문 시계 17
천연가스 121
청소 27, 29, 40~41, 46, 64, 124, 127, 135, 140~141
체스 18, 46, 76,
초음파 15, 71
촉각 제어 39
촉각 105
추락 방지 센서 39
축구 90
충전기 46, 96, 109
치료 로봇 96~97
침프 27, 144~146
칩 14, 21, 155

ㅋ

카메라 14~15, 24, 26, 32, 39, 41~47, 54~55, 59, 60~62, 70, 73~74, 76~77, 80, 86~91, 95, 106~108, 116~120,

132~154
컴퓨터 12~14, 20~21, 37, 47, 63, 65, 75, 81,
　　88, 104, 108, 112, 116~117, 124, 134,
　　138, 140, 144, 149, 152~155
컴프레서헤드 83
케이블 129
켐펠렌, 볼프강 폰 18
코딩 35, 62~63,
코드 20, 45, 63, 77, 155
코미디언 82
코발트 60
코비 40, 82
코즈모 44~45
킬로봇 27, 64~66
킬비, 잭 21

ㅌ

타이탄 114
타잔 118~119
탈로스 16
탐사 14~15, 20~21, 26, 35, 46, 64, 104,
　　108, 111, 113~115, 121, 127, 131, 133,
　　135~137, 142, 148, 152~155
태블릿 26, 45, 48~49, 70, 82, 91, 154
태양 전지판 15, 126~127, 155
태엽 장치 11, 19
탤리 61
터미네이터 22-23
터치스크린 56, 88, 134
텔레비전 22-23
톱니바퀴 20, 45, 98
투리아노, 후아넬로 18
트랜지스터 21, 155
트럼펫 연주 85
티칭 펜던트 56~57

ㅍ

파로 96~97
파버, 요제프 19
파트너 로봇 85
팔그네 118

팩봇 141
페퍼 70~71
펜던트 56~57, 143, 155
폭탄 134, 141, 143
표본 126, 133, 152
풀무 19, 155
프러버 80, 89
프로그래밍 언어 62~63, 155
필로 40

ㅎ

하수도 140
학교 30, 64, 91, 104, 112, 128~129,
　　144~146, 149
학습 31, 38, 40, 48~49, 75~76
학습 장애 26, 48
해양 로봇 115
헥사콥터 24, 155
헥사포드 34
현가장치 35, 155
협력 로봇 52, 84, 103, 111, 127, 155
협력 작업 110
호빗 97
호텔 71, 83
화성 15, 26, 114, 132~134, 148, 151~155
화성 탐사 로버 148
화학 반응 112
환경 14, 44~47, 104~107, 112, 121, 124,
　　126, 132~134, 138, 140~142, 144,
　　148~154
회로판 12~13, 65, 155
훈련 52, 55, 57, 86
휠리 7 42~43
휠체어 42~43
휴머노이드 71, 155
흐름도 62, 155
힘 센서 55, 104~105

기타

3D 33, 39, 42, 59, 63, 70, 75, 80, 86~87, 106,
　　108, 110, 112, 119, 145, 149, 150, 152

3D 프린터 112, 114
4D 107
6족 로봇 34
GPS 40, 61, 140, 148, 152
HD 40, 44, 88~89, 120, 152
LBR 이바 52
LRI 웨이브글라이더 126
MAV 152
NOC 로봇 115
OLED 25
R5 발키리 150
RP-비타 61
R.U.R. 22
SF 영화 22, 24
UAV 24, 136, 149, 153

도판 목록

Dorling Kindersley would like to thank the following people for their assistance with their book: Tony Prescott, Michael Szollosy, Jonathan Aiken, Daniel Camilleri, Michael Port, Giovanni Reina, Salah Talamali, and Natalie Wood from the robotics laboratory in the University of Sheffield, UK; Priyanka Kharbanda, Smita Mathur, Sophie Parkes, Neha Ruth Samuel, and Vatsal Verma for editorial assistance; Mansi Agarwal, Priyanka Bansal, Kanupriya Lal, Arun Pottirayil, and Heena Sharma for making illustrations; Katie John for proofreading; and Helen Peters for indexing.

Picture Credits

The publisher would like to thanks the following for their kind permission to reproduce their photographs:

(Key: a-above; b-below/bottom; c-centre; f-far; l-left; r-right; t-top)

1 The Ripper Group International: (c). **2-3** © Engineered Arts Limited: (c). **4** Alamy Stock Photo: Aflo Co. Ltd. (br). **5** Dorling Kindersley. Marsi Bionics. **6** Dorling Kindersley. Festo. **7** Dorling Kindersley. NASA: JSC (bl). **8** Dorling Kindersley. **10-11** Alamy Stock Photo: dpa picture alliance (c). **12** Alamy Stock Photo: Chronicle (bl); ZUMA Press, Inc (bc). Dorling Kindersley. Getty Images: baranozdemir (br). **13** Dorling Kindersley. Rex by Shutterstock: Tony Kyriacou (bl). **14** Rex by Shutterstock: Carnegie Mellon University (tr). Rotundus AB: (cr). **14-15** Festo. **15** Dorling Kindersley. Getty Images: Monty Rakusen (tl). NASA: JPL (cr). **16** Alamy Stock Photo: Malcolm Park editorial (bl). Rex by Shutterstock: Cardiff Univeristy / Epa (cl). **16-17** Alamy Stock Photo: World History Archive (tc). **17** 123RF.com: tomas1111 (bc). Alamy Stock Photo: North Wind Picture Archives (bl). **18** akg-images: Eric Lessing (tl). Alamy Stock Photo: INTERFOTO (bl). **18-19** Rex by Shutterstock: Everett Kennedy Brown / EPA (c). **19** akg-images: (tr). Alamy Stock Photo: Granger Historical Picture Archive (cr). **20-21** Getty Images: Bettmann (bc). **20** Alamy Stock Photo: Art Collection 3 (tc). Getty Images: Historical (cl); Science and Society Picture Library (c). **21** Alamy Stock Photo: Granger Historical Picture Archive (tr). Getty Images: Andrew Burton (tl). **22-23** Alamy Stock Photo: Paramountn Pictures (c). **22** Alamy Stock Photo: Chronicle (tl); World History Archive (cl). Rex by Shutterstock: Universal History Archive / Universal Images Group (tc). **23** Alamy Stock Photo: AF Archive (br); Everett Collection Inc (cr). Dreamstime.com: Mark Eaton (tr). **24-25** Alamy Stock Photo: Aflo Co. Ltd. (bc). **24** 123RF.com: Alexander Kolomietz (bl). Getty Images: The Washington Post (tl). **25** Dorling Kindersley: Richard Leeney (bc/ball). Marsi Bionics: (cr). Rimac Automobili: (tl). **26** ABB Ltd.. Dorling Kindersley. Leka: (cl). NASA: JPL (bl). **27** ASUS: (cr). Dorling Kindersley. Festo. Getty Images: David Hecker (tl); Chip Somodevilla (t-). Marsi Bionics. **28** ASUS. **29** ASUS. **30-31** Dorling Kindersley. **32-33** Courtesy of Boston Dynamics. **32** Courtesy of Boston Dynamics. **33** Courtesy of Boston Dynamics. **36-37** Marsi Bionics. **36** ReWalk robotics GmbH: (bl). **37** Marsi Bionics: (tc). **38** Dorling Kindersley: Dreamstime.com / Prykhodov (tl). **38-39** ASUS. **39** Dorling Kindersley. **40** irobot: (cr). The Kobi Company: (tl). Pillo Inc: (bl). **41** irobot. **42-43** HOOBOX robotics: (all photos). **44-45** Anki. **44** Anki. **45** Anki. **48-49** Leka: (all photos apart from tablet at bottom left). **48** Dorling Kindersley. **50-51** Dorling Kindersley. **52** Dorling Kindersley. **52-53** Dorling Kindersley. **53** Getty Images: Bloomberg (bl). **54-55** Dorling Kindersley. **58-59** Getty Images: 3alexd (c). **58** Intuitive Surgical, Inc.. **59** Intuitive Surgical, Inc.: (br). **60** Cobalt robotics: Gustav Rehnby (cl, bl). OC robotics: (cr). **60-61** Stanley robotics: (tc). **61** irobot. Rotundus AB. Simbe robotics Inc: (cl). **64-65** Dorling Kindersley: (all photos). **66-67** Dorling Kindersley. **68-69** Dorling Kindersley. **70-71** Dorling Kindersley. **72-73** Piaggio Fast Forward: (all photos). **76-77** Dorling Kindersley. **76** Dorling Kindersley. Getty Images: David Hecker (tl). **78-79** Dorling Kindersley. **80-81** Matthew Shave for Stylist Magazine: (c). **81** Rex by Shutterstock: Ken McKay / ITV (crb). Matthew Shave for Stylist Magazine. **82** © Engineered Arts Limited: (bl). Swisslog Healthcare: (tl). Waseda University., Tokyo, Japan: Atsuo Takanishi Lab. (c). **83** Compressorhead: (tl). Rex by Shutterstock: Aflo (c, br). Toyota (GB) PLC: (bl). **84-85** ABB Ltd.: (c). **84** Getty Images: AFP (bl). **85** Getty Images: Haruyoshi Yamaguchi / Bloombert (br). **86-87** Moley robotics: (all photos). **88-89** Dorling Kindersley. **90** Dorling Kindersley. **90-91** Dorling Kindersley. **91** Getty Images: BSIP / Universal Images Group (tc). **92-93** Dorling Kindersley. **94-95** MegaBots, Inc: (c). **94** MegaBots, Inc. **96** Dorling Kindersley. **96-97** Dorling Kindersley. **97** AIST: (tr). Rex by Shutterstock: APA-PictureDesk GmbH (br). **98-99** Festo. **100-101** Farady Future. **100** Farady Future. **101** Farady Future. **102-103** Festo. **104-105** Teddy Seguin: © Osada / Seguin / DRASSM (c/main robot image). **105** Teddy Seguin: © Osada / Seguin / DRASSM (br). **108-109** Festo. **109** Festo. **110-111** Festo: (c). **112-113** Harvard John A. Paulson School of Engineering and Applied Sciences: (all photos). **114** Courtesy of Boston Dynamics: (cl). Johns Hopkins University Applied Physics Laboratory: (br). SRI International: (tr). **115** National Oceanography Centre, Southampton: (tc). RSE:robotsISE.org. Stanford News Service. : Linda A. Cicero (br). **116-117** Festo: (all photos). **120-121** Eelume AS: (all photos). **122-123** Eelume AS. **124-125** Festo. **128** Harvard John A. Paulson School of Engineering and Applied Sciences. **128-129** Harvard John A. Paulson School of Engineering and Applied Sciences. **129** Harvard John A. Paulson School of Engineering and Applied Sciences. **130-131** NASA: JSC (c). **132-133** NASA: JPL (c). **133** NASA: JPL (c). **136-137** The Ripper Group International: (c). **136** The Ripper Group International. **138-139** HANKOOK MIRAE TECHNOLOGY, www.k-technology.co.kr. **138** Getty Images: Chung Sung-Jun (ca). HANKOOK MIRAE TECHNOLOGY, www.k-technology.co.kr: (tl). **140** Lockheed Martin: (tr). Massachusetts Institute of Technology (MIT): Underworlds is a project by the MIT Senseable CIty Lab and Alm Lab (cl, c, bc). USC Institute for Creative Technologies: (br). **141** Farshad Arvin: (bc). DVIDS: Sgt Cody Quinn (tr). **142-143** Sarcos: (all photos). **144-145** Carnegie Mellon University. **146-147** Carnegie Mellon University: (c). **150-151** NASA: JSC (c). **150** NASA: JPL (br)

All other images © Dorling Kindersley
For further information see:
www.dkimages.com